BRITTA VON BEZOLD

Wie finde und binde ich Mitarbeiter für unsere Steuerkanzlei?

Praxis Kanzleimanagement

Band 1

Britta von Bezold

Wie finde und binde ich Mitarbeiter für unsere Steuerkanzlei?

Ein innovativer Wegweiser für die Praxis

Edition Wissenschaft & Praxis

Bibliografische Information der Deutschen Nationalbibliothek

Die Deutsche Nationalbibliothek verzeichnet diese Publikation in
der Deutschen Nationalbibliografie; detaillierte bibliografische Daten
sind im Internet über http://dnb.d-nb.de abrufbar.

Alle Rechte vorbehalten
© 2025 Edition Wissenschaft & Praxis
bei Duncker & Humblot GmbH, Berlin
Satz: 3w+p GmbH, Rimpar
Druck: CPI Books GmbH, Leck
Printed in Germany

ISSN 3052-2897 (Print)
ISSN 3052-2900 (E-Book)
ISBN 978-3-89673-812-7 (Print)
ISBN 978-3-89644-341-0 (E-Book)

Gedruckt auf alterungsbeständigem (säurefreiem) Papier
entsprechend ISO 9706 ∞

Verlagsanschrift: Duncker & Humblot GmbH, Carl-Heinrich-Becker-Weg 9,
12165 Berlin, Germany | E-Mail: info@duncker-humblot.de
Internet: https://www.duncker-humblot.de

Für Grischa und Gideon

Vorwort

„Lieber ein Optimist, der auch mal irrt,
als ein Pessimist, der dauernd recht hat."
Peter Hohl (*1941), deutscher Journalist und Verleger,
Redakteur, Moderator und Aphoristiker

Krisenmodus ist das Wort des Jahres 2024 der *Gesellschaft für Deutsche Sprache* (GfDS): eine treffsichere Beschreibung auch für den eklatanten Engpass an qualifizierten Mitarbeiter/innen in den steuerberatenden Berufen.

Im Frühjahr 2025 ist das Wissen um das knappe Gut Arbeitskraft mit voller Wucht als Dauer- statt Ausnahmezustand in den Kanzleien angekommen und der allgegenwärtige Krisenmodus in den Kanzleien lautet:

„Jeder sucht alles."

Etliche Kanzleinhaber bzw. Berufsträger lassen sich vom Krisenmodus beherrschen und erwarten in ihrer Bedrängnis Tipps, was sie tun können, damit sie immer genügend gute Mitarbeiter/innen haben.

Sollten Sie auch dazugehören, muss ich Sie schon jetzt in zweierlei Hinsicht enttäuschen:

1. Es gibt kein Masterplan-Vorgehen, das für alle Kanzleien passt – zum Glück! Wir werden darauf noch ausführlich zu sprechen kommen.
2. Jede Kanzlei muss selbst Verantwortung übernehmen und überlegen: Welche attraktiven Rahmenbedingungen setzen wir, um neue und vor allem die richtigen, passenden (!) Mitarbeiter/innen anzulocken und sie zu binden? Welche Angebote (und Anforderungen) repräsentieren uns und jenen Personen- oder Charaktertypus, den wir erreichen und gewinnen wollen?

Ein Steuerberater versendete an Mitarbeiter/innen konkurrierender Kanzleien ein nagelneues Smartphone mit nur einer Nummer drauf – *seiner*. Angeblich riefen zwei von drei der Angeschriebenen an, um sich von ihm – für eine saftige Gehaltserhöhung – abwerben zu lassen. Fraglich ist, welchen Menschen-Typus man über ein solches Vorgehen anspricht – und gewinnt. Wer wegen Geld kommt, geht mit hoher Wahrscheinlichkeit bei der nächsten, noch höheren Offerte auch wieder.

Sie erkennen: Es geht um Werte, um eine lebendige, spür- und sichtbare Kanzleikultur. Dazu sollten gehören: Zusammenarbeit auf Augenhöhe, wertschätzende, stete und verlässliche Kommunikation, Flexibilität, hohe Arbeits- und Beratungsqualität und – natürlich – attraktive Gehälter sowie nützliche Benefits.

Kein Schnickschnack, sondern echter Mehrwert, der bindet und *ver*-bindet.

Nehmen Sie also das Heft des Handelns beherzt selbst in die Hand, gewinnen *Sie* Kontrolle über den Engpassmarkt und nicht umgekehrt er über Sie!

Selbst wenn in jüngster Zeit etwas Entspannung auf der Angebotsseite qualifizierter Fachkräfte eingetreten sei – so wurden laut Statistischem Bundesamt (Destatis) 2,1 % oder 10.000 Ausbildungsverträge mehr geschlossen als im Jahr 2022 (469.900 Neuverträge) –, bleibt das hohe Gut Arbeitskraft wertvoll und damit die Notwendigkeit, sich darum zu bemühen.

Wir werden uns anschauen, welche aktuellen Arbeitsmarkt-Trends gesuchte „Köpfe" knapphalten und wo Chancen darauf warten, dass Sie sie erkennen und ergreifen.

Seit 25 Jahren beschäftige ich mich als Branchenspezialistin mit dem steuerberatenden Berufsstand: Die Kanzleien wandelten sich den letzten zwei Jahrzehnten, wurden „bunter", vielleicht auch diverser.

Die Ansprüche sind gestiegen, halten Digitalisierung und nun Künstliche Intelligenz den Änderungsdruck hoch.

Meine zwei zentralen Thesen:

1. Der Steuerberater erfindet sich neu – und mit ihm diejenigen, die dort arbeiten. Wer auch zukünftig mit gutem Personal am Start sein will, *muss* den Wandel mitgehen, am besten mitgestalten.
2. Das (Selbst-)Verständnis von Führung ist noch immer stark geprägt von Hierarchie-Denken. Einen entscheidenden Wettbewerbsvorteil bei der Gewinnung und Bindung qualifizierter, mitdenkender Mitarbeiter/innen haben jene Kanzleiinhaber/innen und deren Führungskräfte, die sich der wirklichen Kernaufgabe von Führung widmen: der richtigen Platzierung und der strategisch-gezielten Weiterbildung/Entwicklung jedes Mitarbeitenden. Denken Sie immer auch an Ihre Mitarbeiter/innen jenseits der 50! Auch sie erwarten eine positive, entwickelnde Kanzleikultur genauso wie die Jüngeren.

Der vorliegende Wegweiser stellt das Gewinnen und Binden der Mitarbeitenden ins Zentrum zeitgemäßer, wirksamer Kanzleiführung. Längst steckt die Wertsteigerung von Kanzleien nicht mehr (nur) in den Mandaten, sondern in Anzahl und Qualität der Mitarbeiter/innen.

Leser/innen erlangen Kenntnis der wesentlichen Erfolgsstellschrauben bei der Mitarbeiter/innen-Gewinnung und -Bindung: kompakt auf den Punkt gebracht.

Alle Fallbeispiele stammen aus der Praxis und geben bewährtes Erfahrungswissen weiter, ebenso wie sie für innovative Ideen und Ansätze stehen.

Allen Leser/innen wünsche ich die Energie, Offenheit und den Mut neue Wege zu gehen – möge Ihnen der Wegweiser ein nützlicher Kompass sein!

Zielgruppen sind:
- Kanzleiinhaber/innen,
- deren Führungskräfte,
- verantwortliche HR-Manager/innen und Personalverantwortliche in Kanzleien,
- berufserfahrene Kanzleimitarbeitende mit Affinität zu diesen Themen (z. B. als Ausbilder/innen),
- Berufsanfänger/innen, die die Branche noch kennenlernen.

Und nicht zu vergessen:
- Ihre Mandant/innen, insbesondere solche, die – wie Sie – Dienstleistungen anbieten.

Empfehlen Sie ihnen und Ihren Berufskolleg/innen dieses Buch gerne weiter – vielen Dank!

Danksagung

„Sei wie eine Briefmarke. Bleib an einer Sache dran, bis du am Ziel bist."
Josh Billings, US-amerikanischer Schriftsteller (1818–1885)

Die Idee zum vorliegenden Buch hat *mich* gefunden. Dies verdanke ich Herrn Dr. Detlef Brauner, der mich als Autorin bereits für das Standardwerk *„Berufsziel Steuerberater/Wirtschaftsprüfer 2024"* gewonnen hatte. Sodann feilten wir gemeinsam am Konzept dieses Buches – und das Schreiben konnte beginnen.

Um im Bild des Wegweisers zu bleiben: Ich hatte keine Vorstellung davon, welche Zeit und Energie es kosten würde, diese Strecke zurückzulegen. Aber noch weniger hatte ich erwartet, dass mir dieses Unterfangen so viel Freude und Schub geben würde – allen Anstrengungen, Schreibblockaden und dem chronischen Zeitmangel zum Trotz!

All meinen Gefährten, die mich bis zum Ziel begleitet haben, danke ich:

Herrn Brauner für seine stets motivierenden und zeitnahen Rückmeldungen auf die regelmäßig zugesendeten Kapitel und meinen Freunden, die mir als wohlwollend-kritische „Review-Leser" eine echte Hilfe und Unterstützung waren: Dr. Carina und Bernhard Ortseifen, meine langjährigsten Freunde Monika Dürrer und Heiner Schilling, meine liebe Freundin und Steuerberaterin Anne Beving und Frau Tanja Creed, Steuerberaterin, die, in früheren beruflichen Stationen als Partnerin und Geschäftsführerin tätig, mir eine geschätzte und inspirierende Gesprächspartnerin war.

Außerdem danke ich herzlich allen Partner/innen, die mit ihren eigenen branchenspezifischen Angeboten, Informationen und Inhalten dieses Buch bereichern:

Frau Hamatschek, Geschäftsführerin von *delfi-net* für ihren spannenden Einblick, Frau Dr. Sabine Becker und Herr Bernhard Ferring als Vorstand des *Fördervereins für die steuerberatenden Berufe e. V.* (FFSB), Frau Janet Grau, Inhaberin von *mindset-creative solutions* für ihren anregenden Impuls und last but not least: der Abteilung Unternehmenskommunikation der *DATEV* für ihren wichtigen Beitrag zur kraftvollen Fachkräfteinitiative „GEMEINSAM handeln" im Verbund mit Bundessteuerberaterkammer (BStBK) und Deutschem Steuerberaterverband (DStV).

Ein großes „Dankeschön" geht auch an Luise Friedrich, Inhaberin der *DIE-IDEE-Agentur* für ihre stete Ausweitung meiner LinkedIn-Präsenz und unseren regelmäßigen und regen Austausch sowie meinem langjährigen, immer zuverlässigen Webmaster, Herrn Horst Zipp.

Danksagung

Mein besonderer Dank gilt Frau Dr. Maria Schellstede und Frau Anke Geidel vom Verlag Duncker & Humblot für unsere exzellente, gedeihliche Zusammenarbeit.

Aber wie hätte das Buch ohne meine ehemaligen Arbeitgeber/innen und heutigen Kundenkanzleien entstehen können? Sie alle gewähr(t)en mir wertvolle Einblicke in die spannende und facettenreiche Welt der Kanzleien, die danach streben, attraktive Arbeitgeber/innen, gute Vorgesetzte und geschätzte Berater/innen ihrer Mandant/innen zu sein. Ihnen allen, die ich beim Gewinnen neuer Mitarbeiter/innen und mit meiner Beratung unterstützen darf, herzlichsten Dank!

Meinem geliebten Mann und besten Freund Grischa Pfister danke ich von Herzen, dass er mich zu jeder Zeit unterstützt und immer wieder daran erinnert hat, dass unsere unterhaltsame, lebensfrohe Ehe auch während des Buch-Projektes ihren Platz hat.

Heidelberg, im April 2025 *Dr. Britta v. Bezold*

Inhaltsübersicht

Einleitung 19

Teil 1

Aktuelle Entwicklungen des Arbeitsmarktes   28

1. Ursachen des Engpassmarktes und aktuelle Mega-Trends auf dem Arbeitsmarkt 28
2. Nach Corona: Zäsur und Chancen im „Neuen Normal" unserer Arbeits- und Kanzleiwelt 43

Teil 2

Praxisbewährte und innovative Wege bei der Mitarbeiter/innen-Gewinnung   55

3. Neue Mitarbeiter/innen gewinnen – Worauf es wirklich ankommt! 55
4. Neue Wege der Mitarbeiter/innen-Gewinnung 70

Teil 3

Wirksame Führung und erfolgreiche Mitarbeiter/innen-Bindung   101

5. Nützliche und maßgeschneiderte Benefits 101
6. Führen und Binden von wertvollen Mitarbeiter/innen 107
7. Strategisches Weiterbildungs- und Kompetenzmanagement als „Kitt" in der Kanzlei   138
8. Konflikte fordern uns heraus – Schwierige Gemengelagen und Gespräche in der Kanzlei 169

Wunsch-Schreiben zum Abschluss: *Findet und bleibt zusammen!* 182

Literaturverzeichnis 187

Inhaltsverzeichnis

Einleitung 19

Teil 1

Aktuelle Entwicklungen des Arbeitsmarktes   28

1. Ursachen des Engpassmarktes und aktuelle Mega-Trends auf dem Arbeitsmarkt 28
    1.1 Ursachen für den generellen Engpass an Arbeitskräften 29
    1.2 Spezifische Ursachen der Engpasssituation in der steuerberatenden Branche . . . 30
    1.3 Aktuelle Trends auf dem Arbeitsmarkt 32
    1.4 Lösungsansätze zur Entschärfung des Fachkräfte-Engpasses 40
2. Nach Corona: Zäsur und Chancen im „Neuen Normal" unserer Arbeits- und Kanzleiwelt 43
    2.1 Gesellschaftliche Verwerfungen durch die Corona-Pandemie 43
    2.2 Verwerfungen in der Kanzleiwelt durch die Corona-Pandemie 45
    2.3 Neue Arbeits- und Lernformate als „Neues Normal" 47

Teil 2

Praxisbewährte und innovative Wege bei der Mitarbeiter/innen-Gewinnung   55

3. Neue Mitarbeiter/innen gewinnen – Worauf es wirklich ankommt! 55
    3.1 Auf dem Prüfstand: Kanzlei-Werte und -Anforderungen 55
    3.2 Wie attraktiv ist Ihre (Arbeitgeber-)Marke? 57
    3.3 Stellschrauben einer attraktiven Kanzlei-Arbeitgebermarke 58
    3.4 Werben Sie mit den Vorteilen des steuerberatenden „Berufs-Sonnenseiten" der Steuerberatung 61
    3.5 Mehr als ein Job – was Bewerber/innen heute erwarten 61
    3.6 Trends bei der Mitarbeiter/innen-Zufriedenheit 62
    3.7 Gründe für Bleiben oder Gehen im Überblick 65
    3.8 Einarbeitung und die ersten 100 Tage eines/einer neuen Mitarbeitenden 66
    3.9 Im Fokus: Generationen Y und Z 66
4. Neue Wege der Mitarbeiter/innen-Gewinnung 70
    4.1 Warum Menschen einen neuen Job antreten 70

4.2 Was Menschen innerlich antreibt – Leistung anders denken 73
4.3 Gewinnend Gewinnen – Dank guter, zugewandter Kommunikation 74
4.4 Vier-Felder-Übersicht: Zielführende Plattformen und Kanäle 76
4.5 Empfehlenswerte Jobbörsen und Jobportale 79
Spotlight 1: Übergreifende Fachkräfteinitiative GEMEINSAM handeln! 81
4.6 Werbemöglichkeiten im lokalen Fernsehen 83
4.7 Arbeit und Nutzen von Personalberatungen 83
4.8 Meine Anbieterpersönlichkeit – Warum sich Kanzleiinhaber/innen und Kandidat/innen an mich wenden 85
4.9 Plädoyer für alternative Zielgruppen und Wege 87
Spotlight 2: Arbeitskräftevermittlung und attraktive Fördermöglichkeiten der Agenturen für Arbeit 88
4.10 Sonderfall „Kompromiss-Kandidat/innen" und „schwierige" Bewerber/innen ... 91
4.11 Nützliche Hinweise zum Bewerbungsgespräch 93
4.12 Leitfaden für ein Bewerber/innengespräch in 6 Phasen 96

Teil 3

Wirksame Führung und erfolgreiche Mitarbeiter/innen-Bindung   101

5. Nützliche und maßgeschneiderte Benefits 101
    5.1 Meine TOP 25 sinnvoller, motivierender Benefits für alle – *Kategorie: „Must have" von A–Z* 103
    5.2 Meine TOP 10 maßgeschneiderter, individueller Benefits – *Kategorie: „Can have" von A–Z* 104
    5.3 Meine TOP 7 kurioser Benefits – *Kategorie „Nice or nasty" von A–Z* 105
6. Führen und Binden von wertvollen Mitarbeiter/innen 107
    6.1 Mitarbeiter/innen binden I: Zu Benefits und Bindungsmaßnahmen im Kanzleialltag 108
    6.2 Mitarbeiter/innen binden II: Meine TOP 25 wirksamer Bindung durch Tun und Tools *von A–Z – „Machbar und Machtvoll"* 109
    6.3 Aufgaben und Anforderungen an Führungshandeln als Kanzleiinhaber/in bzw. Führungskraft 110
       6.3.1 Führung im Umbruch: Früher – Heute – In Zukunft 113
       6.3.2 Trends und Herausforderungen von Führung – Motor von Innovation und Transformation 114
       6.3.3 Veränderte Anforderungen und Chancen durch KI in Kanzleien 115
       6.3.4 Empfehlungen für modernes (auch „KI-kompatibles") Führungshandeln   120
       6.3.5 Funktionierende, transparente Kommunikation 123
       6.3.6 Sonderfall Kanzleikauf: Aus zwei Welten *ein* Team machen 126
    6.4 Mitarbeiter/innen binden III: Binden mit praxisbewährten Instrumenten/Tools   127

Spotlight 3: Gemeinsam lernen, gemeinsam wachsen: Persönliche Kompetenzen fördern ... 132

7. Strategisches Weiterbildungs- und Kompetenzmanagement als „Kitt" in der Kanzlei 138

   7.1 Strategisches Weiterbildungs- und Kompetenzmanagement: Qualifizieren mit „Hand und Fuß" ... 138

   7.2 Mustervorschlag für ein kanzleiinternes Aus- und Weiterbildungsprogramm – „Weiterbilden – besser beraten" ... 140

   7.3 Bilden Sie aus! Alles Wichtige zum Thema Ausbilden in der Steuerkanzlei 141

      7.3.1 Auszubildende – nur mit Abitur?! ... 143

      7.3.2 Bewährte Ausbildungsmethoden: Auf dem Weg zum eigenständigen Arbeiten ... 144

      7.3.3 „Stolpersteine" während der Ausbildung ... 149

      7.3.4 Empfehlungen an Azubis und Kanzleien: Ausbildungszeit richtig nutzen! 154

Spotlight 4: Mission Zukunftssicherung des Berufsstandes – Förderverein für steuerberatende Berufe e.V. (FFSB) ... 155

   7.4 Talente-Entwicklung: Erkennen Sie (junge) Talente und Leistungsträger/innen möglichst frühzeitig ... 158

   7.5 Junge Führungskräfte – Auf dem Weg zu Mandats- und Führungsverantwortung 159

Spotlight 5: Warum Kreativität nicht nur etwas für Kreative ist – Innovation für Kanzleien ... 160

      7.5.1 Formate und Themen für eine gezielte Führungskräfteentwicklung ... 163

      7.5.2 Empfehlungen zur Beauftragung externer Anbieter/Trainer/innen ... 164

      7.5.3 Serviceteil: Anbieter/innen für Steuerkanzleien ... 165

8. Konflikte fordern uns heraus – Schwierige Gemengelagen und Gespräche in der Kanzlei ... 169

   8.1 Konflikte in Kanzleien – ausgelöst durch Führung ... 170

      8.1.1 Problematische Kanzleikultur ... 170

      8.1.2 Konkrete Ausprägungen von Führungsschwäche ... 171

   8.2 Konflikte in Kanzleien – ausgelöst durch Mitarbeiter/innen ... 176

   8.3. Hilfen zur Konfliktlösung mit lösungsorientierten Gesprächen ... 178

Wunsch-Schreiben zum Abschluss: *Findet und bleibt zusammen!* ... 182

Literaturverzeichnis ... 187

Einleitung

„Mögest du in interessanten Zeiten leben!"
(Chinesisches Sprichwort)

Der allgegenwärtige Mangel an qualifizierten Mitarbeiter/innen kommt als eigenwilliges und interessantes Phänomen daher – er ist jedoch vor allem eines: unwillkommen.

Aktuell haben verschiedenen Befragungen zufolge vier von fünf befragten Kanzleien Bedarf an zusätzlichen Fachkräften (u. a. Umfrage zu Ausbildung in Steuerberater-Kanzleien. Eine Studie der Steuerberaterkammer Nürnberg, Mai 2023). Antworten auf die Frage zu finden, wie neue Fachkräfte gewonnen werden könnten, ist daher auch für die Steuerberatung zu einer essenziellen und dringenden Aufgabe geworden.

Laut *ifo Institut* liegt die Branche der Rechts- und Steuerberatung/Wirtschaftsprüfung im Ranking des höchsten Fachkräftemangels mit 72 % auf dem zweiten Platz innerhalb der dienstleistenden Branche (ifo-Umfrage Juli 2022).

Die jährlich von der *Agentur für Arbeit* (AA) veröffentlichte Engpassanalyse zur Fachkräftesituation am Arbeitsmarkt belegt, dass die Steuerberatung über alle Anforderungsniveaus hinweg (Fachkräfte, Spezialist/innen, Expert/innen) deutliche Engpässe aufweist: Mit einem Wert von 2,3 (ab 2,0 gelten Berufe als Engpassberuf) lagen die zugehörigen Berufsgruppen bereits 2020 im oberen Bereich und 2022 mit einem Anstieg von 0,4 Punkten nochmals darüber. Bei den Fachkräften (z. B. Steuerfachangestellten) ist der Wert mit 2,7 am höchsten, bei den Expert/innen (Steuerberater/innen) mit 2,2 Punkten noch am niedrigsten (Engpassanalyse der AA, Mai 2024). Dies sagt jedoch nichts über die Verfügbarkeit von Berufsträger/innen in einer konkreten Region aus bzw. die Werte schwanken abhängig davon.

Zwei negative Wirkmechanismen sind für die steuerberatende Branche[1] relevant:
1. Eklatanter Personalnotstand als Wachstumsbremse für die einzelne Kanzlei.

Neumandate können nicht (mehr) angenommen werden, anderen, vor allem C- und D-Mandaten wird gekündigt, um Ressourcen frei zu machen für ein lukrativeres Geschäft.

---

[1] Zum Stichtag am 1. Januar 2024 zählten die Steuerberaterkammern in Deutschland 105.896 Mitglieder. Im Vergleich zum Vorjahr ist der Berufsstand somit um 1,5 % gewachsen. Das entspricht 1.575 neuen Mitgliedern. Die Anzahl der Steuerberaterpraxen ohne weitere Beratungsstellen lag in Deutschland bei 53.124. Hierbei handelt es sich um 36.032 (67,8 %) Einzelpraxen, 14.211 (26,8 %) anerkannte Berufsausübungsgesellschaften und 2.881 (5,4 %) nicht anerkennungspflichtige Berufsausübungsgesellschaften (aus: Berufsstatistik der Bundessteuerberaterkammer 2023, S. 2).

2. Zunehmende Gefährdung der Versorgung mit Steuerberater/innen, insbesondere für die KMU (kleinere und mittlere Unternehmen).

Unternehmen und Selbstständige finden keine/n Steuerberater/in mehr und dies, weil die Mitarbeiter/innen fehlen, um die Nachfrage verantwortlich zu decken. Unliebsamen Mandaten wird gekündigt, keine Neumandate mehr angenommen oder Kanzleien schließen einfach wegen des fehlenden Nachfolgers.

Die drohende strukturelle Unterversorgung mit Steuerberater/innen ist ein noch weitgehend verkanntes volkwirtschaftliches Problem.

Gleichzeitig werden von außen immer neue Pflichten und Aufgaben an die Branche herangetragen: Ob mit Beginn der Corona-Pandemie Anfang 2020 die Beantragung der sog. „Überbrückungs-Hilfen", einschließlich deren Schlussabrechnungen bis Ende 2024, die laufende Umsetzung der Grundsteuerreform bis weit ins Jahr 2025 – der Berufsstand wurde und wird mannigfaltig mit Zusatzaufgaben überhäuft und gerät durch den Personalengpass noch stärker unter Druck.

Hinzu kommen die ungünstige demografische Entwicklung und ein Berufsbild mit einem – nicht zwingend attraktiven – Image, das konkurriert mit rund 700 anderen Ausbildungs- und Studienalternativen für alle, die vor der Berufswahl stehen.

Die Lösung des Problems „Mitarbeiter/innen-Engpass" liegt offensichtlich weniger außerhalb als vielmehr innerhalb der Kanzleien.

Womit tut sich die Branche schwer?

Eine Auswahl:

1. Statt sich Strategien gegen den Mangel zu überlegen, lässt man sich in den Sog der Bewerber/innen-Knappheit hineinziehen, frei nach dem Motto: „Es gibt einfach keine Bewerber/innen, dagegen sind wir machtlos". Oder man greift zu „Kompromiss-Kandidat/innen" und sieht sich dann schnell enttäuscht.

Dazu eine Anleihe aus einem anderen Bereich:

Rainer Zittelmann, führender Forscher zum Thema Reichtum, verweist in seinem Buch *„Reich werden und bleiben"* auf die hohe „Kontrollüberzeugung" reicher Menschen, ihre Geschicke selbst bestimmen und steuern zu können – und damit auf *die* wesentliche Voraussetzung, Reichtum zu erlangen und zu halten.

Er plädiert dafür, selbst *Verantwortung* für die eigene Geldanlage zu übernehmen. Wer dies dagegen unterlässt, also den klugen Umgang mit Geld nicht gelernt hat und auch nicht lernen will – so illustriert *Zittelmann* anhand vieler, auch prominenter Beispiele – wird immer wieder viel oder alles Geld verlieren (Zittelmann 2022, 86).

Auch *Ihre* wertvollen (zu gewinnenden) Mitarbeiter/innen sind ein Vermögen (wert), das gut und verantwortlich gemanagt sein will. Dass dies einfach sei oder beiläufig klappt, behauptet niemand – im Gegenteil.

2. Viele Kanzleien sind überaltert und nicht offen für Digitalisierung oder KI (oder besser: algorithmische (Vor-)Entscheide von ADM-Systemen[2]). Sie werden über kurz oder lang aus dem Markt ausscheiden.
3. Etliche Kanzleien sind in puncto Führungshandeln – vorsichtig ausgedrückt – nicht auf der Höhe der Zeit. Ungeschicktes, hilfloses oder unfaires (Führungs-)Handeln ist das Ergebnis.

Ein kurzes Beispiel: *Gitte* erfuhr 3 Tage (!) vor Ablauf ihrer Probezeit von der Geschäftsleitung, dass sie nicht übernommen würde. Im Gespräch hantierte man mit BWAs, die belegen sollten, dass sie zu langsam arbeite. In den fast 6 Monaten davor hatte es leider kaum Rückmeldungen oder Warnsignale gegeben.

Man kann sich vorstellen, dass ihr dieses Verhalten missfiel und sie sich nicht korrekt behandelt sah. Kommunikation auf Augenhöhe sieht anders aus. Fairer Umgang miteinander auch.

Jüngere Mitarbeiter/innen und Berufsträger/innen haben einen besonders hohen Anspruch an einen steten, transparenten Austausch mit ihren Vorgesetzten, formulieren klare Erwartungen an die eigene Entwicklung und nicht eingehaltene Zusagen sind rasch Anlass für Enttäuschungen, die sofort „bestraft" werden – erst mit Rückzug, dann mit Trennung.

Der im Oktober 2024 veröffentlichte *AOK-Fehlzeitenreport* belegt, dass Mitarbeiter/innen signifikant weniger Fehltage haben, wenn sie sich an ihrem Arbeitsplatz wohlfühlen (vgl. dazu auch Kap. 1.3).

Nicht zuletzt deshalb ist zu beherzigen:

Ein positiver und regelmäßiger Austausch miteinander ist beim erst gestern neu eingestellten Mitarbeiter ebenso wichtig wie in der Zusammenarbeit mit der langgedienten Mitarbeiterin, die „über die Zeit" nicht vergessen werden darf.

4. Was neu eingestellte Mitarbeiter/innen angeht, wissen wir gesichert, dass die ersten 100 Tage maßgeblich über das Bleiben im neuen Job oder das Gehen entscheiden.

Daher sind Kanzleiinhaber/innen und ihre Führungskräfte – und auch ich als externe Vertrauensperson meiner Kandidat/innen – aufgefordert, in dieser Zeit besonders den Kontakt zu halten und beim Neubeginn zu unterstützen. Dies beginnt mit einem professionellen On-Boarding (z. B. sofort verfügbare Arbeits- und IT-Ausstattung), über zugewandte Ansprechpartner bei der Einarbeitung bis hin zur „Portionierung" der Arbeit in ein angemessenes, machbares Pensum für den Neuzugang.

Die enge Kommunikation mit neu eingestellten Mitarbeiter/innen kommt indes gut an. Das erlebe ich immer wieder in Form des positiven Feedbacks an mich, sei es

---

[2] ADM-Systeme = Automated-Decision-Making-Systems.

vonseiten der Kundenkanzleien oder Kandidat/innen: Man ist froh und dankbar um die „Kümmerin".

Kummer kommt dann auf, wenn sich niemand kümmert, der Neuzugang *verkümmert*, ohne sichtbar und anerkannt arbeiten zu können. Es geht hier daher auch darum, zu vermeiden, dass fachlich gute Leute frühzeitig wieder gehen. Oder – sobald erkennbar – klar und konsequent kommuniziert wird, dass der gemeinsame Nenner einer gedeihlichen Zusammenarbeit einfach zu klein ist.

Laut einer Studie von *Xing* in Zusammenarbeit mit der Meinungsforschungsagentur *Apponio* hat 2023 jeder zweite Deutsche aus Unzufriedenheit die gerade angetretene Stelle bereits in der Probezeit oder im ersten Jahr gekündigt (Männer: 52%, Frauen: 48%). Vor allem bei der sog. Generation Y (1980–1995) ist die Unzufriedenheit besonders ausgeprägt: 58% kündigten in den ersten 12 Monaten, mehr als in jeder anderen Altersgruppe. Als Hauptgründe wurden angegeben: ein als zu niedrig empfundenes Gehalt (eher Männer), Schwierigkeiten mit den Führungskräften und eine unpassende Teamkultur (eher Frauen) sowie Unzufriedenheit mit den übertragenen Aufgaben, zu viel Stress und zu viele Überstunden.

In meiner Praxis verzeichne ich Abgangsquoten von (nur) 20–25%, was sicherlich mit dem sehr akribischen Auswahlprozess zu tun hat. Doch um jede/n Einzelne/n tut es mir jedes Mal von Herzen leid.

5. Mangelhafte kanzleiinterne Kommunikation zwischen Kanzleien und deren Mitarbeiter/innen (vgl. Abb. 1).

Der Blick auf die Aufstellung zeigt, wie *schädlich* verkümmerte oder fehlgeleitete Kommunikation sein kann. Viele Kanzleien leiden darunter, ziehen jedoch keine oder die falschen Schlüsse, handeln nicht ausreichend konsequent (vgl. dazu auch Kap. 8.1).

Für Kanzleiarbeitgeber/innen geht es um eine gegenseitige, tragfähige und persönliche Beziehung zu ihren (potenziellen) Mitarbeiter/innen als Basis von allem Weiteren. Ob beim Erstkontakt, dem Vorstellungsgespräch, der Unterzeichnung des Arbeitsvertrages oder bei der Entscheidung über die Übernahme in ein unbefristetes Arbeitsverhältnis: Ohne dauerhaft gelingendes „Wir", das zum „Weiter" antreibt, trennen sich früher oder später beide Seiten wieder voneinander.

Für Mitarbeiter/innen geht es ihrerseits darum, sich als wertvollen Teil des Teams einzubringen und mit positiver und zielgerichteter Kommunikation zum Kanzleierfolg beizutragen.

Als zentrale These dieses Buches formulierte ich, dass sich der Berufsstand anhaltend und nachhaltig neu erfinden muss – soweit damit noch nicht begonnen wurde. Dies ist sowohl technisch getrieben, als auch der *Notwendigkeit folgend, sich moderner und (zeit-)intensiver in Sachen Kommunikation und Führung aufzustellen.*

Beispiele für Konflikte vonseiten der **Kanzleiarbeitgeber/innen und deren Führungskräften**	Beispiele für Konflikte, ausgelöst durch **Mitarbeiter/innen**
– mangelnde Rückmeldung zur geleisteten Arbeit	– mangelhafte Arbeitsergebnisse unter Kanzlei-Niveau und/oder Verweigerung von Arbeitsleistung
– kaum oder kein Lob/Anerkennung – respektloses Verhalten, z. B. Anschreien, Kritik vor Mandant/innen (statt „Schutzschirm") etc.	– respektlose, nicht wertschätzende Kommunikation untereinander (z. B. „Care-Shaming" gegenüber teilzeitarbeitenden Müttern oder Vätern), Mobbing
– fehlendes Signal: *„Wir sehen dich! Du bist wichtiger Teil unseres Teams."* Für viele Mitarbeiter/innen ist nichts schlimmer als „unsichtbar" zu bleiben!	– Probleme nicht offen ansprechen, stattdessen „leiser" Rückzug – „Dampf-Plauderer"
– keine oder zu seltene Team-Besprechungen	– „Information-Hiding"
– keine Rückkehrer-Gespräche nach längeren Fehlzeiten wegen schwerer Erkrankungen	– häufige Fehlzeiten aufgrund von Krankschreibungen, psychische Erkrankungen als Ursache auf dem Vormarsch
– inkonsequentes Agieren gegenüber mutmaßlich unentbehrlichen Leistungsträger/innen („Leistungs-Diven"), die oft eine Besserstellung einfordern (vgl. Kap. 8.2)	– toxische Mitarbeiter/innen, die das kollegiale Miteinander durch Manipulation, widerständisches Verhalten und Lügen unmöglich machen – und nicht selten die Kündigung der Ehrlichen und Engagierten auslösen

Abb. 1: Auflistung – Beispiele von Konflikten

6. Doch noch immer zu wenige Kanzleiarbeitgeber/innen erfinden sich neu, geschweige denn, dass sie zukunftsfähig voranzugehen und alternative Wege zum Althergebrachten ausloten.

Das wiederum bemerken Bewerber/innen, die in der Mehrheit eher dynamische, innovative Arbeitgeber/innen suchen. Denn Wunsch und Antrieb vieler Mitarbeiter/innen ist es, sich mit ihrer Kanzlei zu identifizieren und (sichtbarer) Teil davon zu sein bzw. dort gerne zu arbeiten. Wenigstens im Großen und Ganzen wollen sie mit dem Kanzleiumfeld und den dort gelebten Werten einverstanden sein. Trifft dies in zu geringem Maße zu, hält man schnell Ausschau nach „neuen Ufern" und wird ebenso rasch fündig.

Den Blick auf die Dinge „im Plural" denken und sehen – oder:

„Wer nur seinen Standpunkt in einer Sache kennt, weiß über die Sache wenig."
John Stuart Mill, britischer Philosoph und Ökonom (1806–1873)

Frühjahr 2025: Wir befinden uns im Krisenmodus *„Jeder sucht alles"*, doch *gleichzeitig* (er-)leben wir als Zeitzeugen die Transformation unserer Arbeits- und Kanzleiwelt – ein Privileg. Wo Schatten ist, gibt es auch Licht: Im Umbruch liegt eine

Chance, die eigene Kanzlei vorteilhaft und zukunftsfähig neu auszurichten und dem Mitarbeiter/innen-Engpass aktiv entgegenzusteuern.

Aber wie als Kanzlei die richtige Ausrichtung unter den sich wandelnden Rahmenbedingungen finden? Worauf legen gute, interessante Bewerber/innen in diesen Zeiten besonderen Wert – und kann oder will man das mittragen?

Umgekehrt fragen sich Bewerbende, wie sie jenes Kanzleiumfeld identifizieren können, das zu ihnen passt. Welche Angebote (z. B. Benefits, Rahmenbedingungen) sind ihnen wichtig – und was nicht? Verkauft man sich am Ende „unter Wert" oder schießt mit den Gehaltswünschen übers Ziel hinaus?

Auf beide Seiten blickend: Wem ist was wichtig?

Wer hat was im Kopf und wo sind die jeweils „roten Linien"?

Wo sind die einen wie die anderen in ihren „Glaubenssätzen", Klischees oder Vorurteilen verhaftet – und wie kommen sie wieder raus?

Aus der Soziologie kennen wir den Begriff der „Doppelten Wirklichkeit":

Er beschreibt die auseinanderklaffende Diskrepanz zwischen der „offiziellen" (Kanzlei-)Wirklichkeit und der Arbeitswirklichkeit der Mitarbeiter/innen. Der Soziologe *Friedrich Weltz* beschrieb 1988 dieses Phänomen am Beispiel eines (damals noch gängigen) Schreibbüros. Am „grünen Reißbrett" geplant, passten die vorgegebenen, (oft verkomplizierenden) Prozesse und Dienstanweisungen so wenig zur Realität der damit betrauten Damen, dass diese das System (heimlich) umgingen und sich eigene, praktikablere Regelungen schufen, um das geforderte Arbeitspensum schaffen zu können. Als einen Ausweg aus dem Dilemma riet *Weltz* dazu, „den Unternehmen quasi den Spiegel vorzuhalten, in dem die Widersprüchlichkeit der ‚Doppelwirklichkeit' deutlich werden, wobei der eigentliche Maßstab [...] primär die Arbeitswirklichkeit sein müsse" (Weltz, in: Soziale Welt, 1988, 103).

Ausgehend von einer solchen „doppelten Wirklichkeit", lädt dieser Wegweiser alle Akteur/innen der steuerberatenden Branche dazu ein, ihre naturgemäß verschiedenen Interessenlagen zu betrachten, *vom eigenen zum jeweils anderen Standpunkt zu wechseln und mit ausreichend Empathie und Offenheit zu reflektieren.* Vielleicht lassen sich so eingetretene, mutmaßlich unveränderbare Pfade (Vorgehens- und Sichtweisen) verlassen und innovative Wege gehen?

Einer meiner Kanzleikunden berichtete mir unlängst, dass es in der Kanzlei nun als neuen Benefit eine Art „General-Eintrittskarte" gebe, die zum Besuch verschiedener Fitnessstudios und Schwimmbäder in der Stadt berechtigt. *„Da wäre ich nie draufgekommen, dass das meine Mitarbeiter interessieren könnte. Ein Werkstudent gab uns den Tipp. Es wird sehr gut angenommen".*

Perspektivenwechsel kann schon durch einfaches Nachfragen als eine Art Gesprächs-Technik gelingen. *Perspektivenwechsel ist aber vielmehr: Die Kultur von „Nehmen und Geben" auf Augenhöhe.*

Noch ein Gedanke dazu: Die Mediation ist ein probates Mittel, sich mit der Sichtweise der jeweils anderen Seite bekannt oder vertraut zu machen. Im Kern geht es darum, dass Verständigung gelingt. Den Blick wechselseitig zu richten auf die Belange, Interessen und Motivationen beider Seiten – in unserem Falle auf die von Kanzleien und ihren Bewerber/innen und Mitarbeiter/innen.

Gerne möchte ich mich im Buch als moderierende, klärende Kraft beim Ausloten der naturgemäß verschiedenen Interessenlagen anbieten.

Der tagtägliche Kontakt mit Bewerber/innen und meinen Kundenkanzleien zwingt mich, die jeweiligen Vorstellungen und Wünsche zu sondieren und idealerweise in Einklang zu bringen. Das funktioniert längst nicht immer, ist jedoch beim anfänglichen Kennenlernen viel weniger zeitraubend und kostenintensiv als in jedem anderen, späteren Stadium.

Es geht also erstens um Verständigung und zweitens darum, zu reflektieren, *wo Ihre (zukünftigen) Chancen im Kanzleiumfeld liegen.*

Im gesamten Buch finden Leserinnen und Leser etliche, teilweise auch anekdotenhafte Fallbeispiele, die Ihnen anheimstellen, dies oder jenes selbst umzusetzen oder es genau nicht zu tun. Dies zu entscheiden, möge Ihnen der Wegweiser nützliche Handreiche sein.

Diesem Leitmotiv und Anspruch folgend, ist der vorliegende Wegweiser aufgebaut:

Teil 1 (Kapitel 1 und 2) des Buches wirft ausgewählte Schlaglichter auf aktuelle Entwicklungen des Arbeitsmarktes, die für den Berufsstand relevant sind.

Kapitel 1 fragt nach den Ursachen der misslichen Engpass-Situation – zum Teil leider auch durch die Kanzleien selbst ausgelöst – stellt ausgewählte Studien zum Arbeitsmarkt vor und schaut auf aktuelle Trends der Arbeit, die scheinbar nach oben offene Gehaltsspirale sowie auf erste Lösungsansätze, dem akuten Fachkräfteengpass fiskalisch und auf Kanzlei-Ebene zu begegnen.

Kapitel 2 lenkt den Blick auf die Zäsur unserer Arbeits- und Kanzleiwelt nach der Corona-Pandemie, das sog. „Neue Normal". In Stichworten: Digitalisierung im Turbo-Modus, Kommunikation, Führung und Mitarbeiter/innen-Motivation auf Distanz bzw. im Homeoffice etc. Welche neue „Arbeitskultur" mit all ihren Begleiterscheinungen ist entstanden? Wie lassen sich ihre Chancen nutzen und Mitarbeiter/innen wieder ins Büro locken?

Kapitel 2 bis 8 runden die Ausführungen jeweils mit praxisrelevanten Handlungsempfehlungen sowohl für Kanzleiinhaber/innen als auch für Mitarbeitende ab und wollen damit einen Beitrag für konkretes Handeln und den eingangs zugesagten, kontinuierlichen Perspektivenwechsel leisten.

Nutzen Sie zudem gerne die 12 praxisbewährten Arbeitshilfen für das konkrete „Doing" im Kanzleialltag zum Download via QR-Code.

Bitte beachten Sie:

Gerne stelle ich Ihnen zahlreiche Vorlagen, Gesprächsleitfäden etc. zur Verfügung, die ich in Zusammenarbeit mit einer Vielzahl von Kanzleien über die Jahre entwickelt habe.

Sie sind prinzipiell für jede Kanzlei als gute Standard-Vorlagen nutzbar und nützlich.

Überprüfen Sie unbedingt vor *dem Einsatz einer Arbeitshilfe, ob sie in der vorgegebenen Form passt oder kanzleispezifisch auf Ihre Bedarfe maßgeschneidert werden sollte.*

Für Rückfragen dazu stehe ich Ihnen jederzeit zur Verfügung.

Teil 2 (Kapitel 3 bis 5) widmet sich praxisbewährten und innovativen Wegen bei der Gewinnung neuer Mitarbeiter/innen.

Kapitel 3 analysiert erstens die wichtigsten Stellschrauben einer attraktiven Kanzlei-Arbeitgebermarke und erleichtert es Ihnen als Kanzleiinhaber/in, diese mithilfe gezielter Fragestellungen zu identifizieren und festzulegen. Der Schnelltest *„Ist meine/unsere Kanzlei als Arbeitgeberin bekannt und attraktiv genug?"* gibt eine erste fundierte Orientierung. Zweitens schauen wir uns an, was Mitarbeiter/innen heute von ihrem Job und Arbeitgeber/in erwarten, warum Menschen im Unternehmen bleiben oder gehen, die große Bedeutung der ersten 100 Tage im Job und welche Spezifika den Generationen Y und Z im beruflichen Umfeld zugeschrieben werden – und wie Sie dies aktiv begleiten können.

Kapitel 4 thematisiert ausführlich bewährte sowie innovative Wege und Potenziale der Mitarbeiter/innen-Gewinnung. In einer *4-Felder-Übersicht* sind die zahlreichen Möglichkeiten, aktiv zu werden für folgende Gruppen dargestellt: für Bewerber/innen, Kanzleien, Ihre Mitarbeiter/innen – z.B. als Potenzialträger/innen und/oder Empfehlungsgeber/innen – sowie externe Personalberatungen.

Bereicherung erfährt das vorliegende Buch durch externe *Spotlights* zu aktuellen Themen von Branchen-Insider/innen.

Das erste Spotlight stellt die *neue, groß angelegte Fachkräfteinitiative „GEMEINSAM handeln" von DATEV, Bundessteuerberaterkammer und Deutschem Steuerberaterverband* vor und motiviert, die angebotenen Unterstützungsangebote anzunehmen.

Das zweite Spotlight widmet sich den *umfangreichen, vielfältigen Fördermöglichkeiten durch die Agenturen für Arbeit/Arbeitgeberservice*, die Sie bei Neueinstellungen und/oder der Weiterqualifizierung Ihrer Mitarbeiter/innen unbedingt in Betracht ziehen und nutzen sollten.

Kapitel 5 stellt im Besonderen die vielen Möglichkeiten nützlicher und maßgeschneiderter Benefits als echtem Wettbewerbsvorteil für Arbeitgeber/innen bzw. als wichtiges Auswahlkriterium für Bewerber/innen vor.

Teil 3 (Kapitel 6 bis 8) spannt den Bogen vom Gewinnen zum wirksamen Führen und Binden Ihrer Mitarbeiter/innen.

Kapitel 6 diskutiert den engen Zusammenhang zwischen wirksamer Führung und erfolgreicher Mitarbeiter/innen-Bindung. Das Wissen um grundlegende Mechanismen zwischenmenschlicher Kommunikation und Führung ist essentiell, um erfolgreich langfristig wirkende Bindungsstrategien anwenden zu können.

Im dritten Spotlight veranschaulicht Angela Hamatschek von *delfi-net*, dass gezielter Austausch zwischen Kanzleien ein echter Motivationstreiber sein kann, der den Teamgeist stärkt und ergiebige Möglichkeiten von Kanzleientwicklung bietet.

Kapitel 7 präsentiert die erfolgversprechendsten Ansätze im Bereich Aus- und Weiterbildung sowie gezielter, langfristig angelegter Personal- und Führungskräfteentwicklung für Ihre „Eigengewächse". Machen Sie sich diese als tragende „Stützpfeiler" für Ihren Kanzleierfolg zu eigen.

Im vierten Spotlight stellt sich Ihnen der im März 2024 gegründete *Förderverein für die steuerberatenden Berufe e. V.* (FFSB) vor, der mit seinen vielfältigen Aktivitäten den Nachwuchs für die Branche sichern und voranbringen will.

Im fünften und letzten Spotlight stellt uns Janet Grau von *mindset creative solutions* unkonventionelle, jedoch erprobte Vorgehensweisen vor, Kreativität gezielt freizusetzen, um Fragestellungen mit neuen Denkansätzen anzugehen und lösen zu können.

Nutzen Sie auch die sehr konkreten Ausführungen zum Thema *Ausbildung* und die vielen Handlungsempfehlungen für eine erfolgreiche Ausbildung in Ihrer Kanzlei.

Kapitel 8 schaut last but not least auf den professionellen und souveränen Umgang mit (unvermeidlichen) Konflikten am Arbeitsplatz und bietet Lösungsansätze.

Den Wegweiser schließe ich als moderierende Kraft mit einem „Wunsch-Schreiben" an Sie alle ab und wünsche Ihnen nun ergiebiges Lesen mit viel Benefit.

Teil 1

Aktuelle Entwicklungen des Arbeitsmarktes

1. Ursachen des Engpassmarktes und aktuelle Mega-Trends auf dem Arbeitsmarkt

> „Man muss etwas vom Wesen der Bewegung verstehen,
> um einen Sinn für die Zukunft zu erlangen."
> Aristoteles (384–322 v. Chr.), griechischer Philosoph und Wissenschaftler

Hurra, wir werden immer mehr – dachten wir – bis der Zensus 2022, erschienen Ende Juni 2024 unsere Einwohnerzahlen um 1,4 Mio. nach unten korrigierte: Statt den angenommenen 84,1 Mio. lebten zum Jahreswechsel 2023/24 82,7 Mio. Menschen in Deutschland (FR, 26.06.2024, bis Ende 2024: nahezu 83,6 Mio. (Destatis)). Dabei zogen 700.000 Menschen mehr zu als abwanderten. Die Anzahl der Erwerbstätigen erreichte laut Destatis einen neuen Rekordwert und stieg bis Ende 2023 auf 45,78 Mio. Dies entspricht bei den 25–64-Jährigen einer Erwerbstätigenquote von 76,9 %. Eine der wichtigsten Ursachen hierfür war im Jahr 2022 die Zuwanderung ausländischer Arbeitskräfte. Wichtigster Treiber ist eine gesteigerte Erwerbsbeteiligung der deutschen Bevölkerung, insbesondere von Frauen in Westdeutschland.

Das *Deutsche Institut für Wirtschaftsforschung* (DIW) ermittelte für 2023 eine Arbeitsleistung von 55 Milliarden Arbeitsstunden, ebenfalls ein neuer Rekord. Und dies, obwohl die wöchentliche Arbeitszeit in 2022 auf 35,3 Std. gefallen ist (Destatis) und damit gut 2,5 Stunden weniger gearbeitet wurde als noch 1990 (Deutsche Wiedervereinigung) (FR, 29.04.2024). Zusätzlich wurden laut *IAB* 2023 1,3 Milliarden Überstunden gemacht (2022: 1,4 Milliarden), davon 775 Millionen unbezahlt. Umgerechnet entfielen damit auf jede/n Beschäftigte/n 31,6 Überstunden, was 885 Vollzeitstellen (bei einer 40-Stundenwoche) entspricht (RNZ, 10.05.2024). Der leicht rückläufige Trend geleisteter Überstunden passt zu Befragungen Erwerbstätiger, wonach eine (vorzeitige) Kündigung häufig darin begründet liegt, zu viele Überstunden machen zu müssen.

Noch dämpfen die o.g. Impulse den sog. demografischen Wandel bzw. seine Effekte. Mittel- und langfristig wird sich dieser jedoch weiter verschärfen, manche Regionen erleben bzw. erleiden das bereits jetzt, insbesondere in den ostdeutschen Bundesländern (Bundesländer-Auswertung der AA 2023, in: FR, 30.04.2024).

Gewinner von Zuwanderung sind große, prosperierende Ballungsräume wie Hamburg, München oder Stuttgart. Der ländliche Raum hat eher das Nachsehen und am meisten strukturschwache Regionen (ebenda).

Seit der Covid-19-Pandemie sinken die Geburtenzahlen in ganz Deutschland – neben zu wenig Zuwanderung – ein gewichtiger Teil des Problems: Hierzulande sank die Geburtenrate laut *Bundesinstitut für Bevölkerungsforschung* im Herbst 2023 mit 1,35 Kindern pro Frau auf den tiefsten Stand seit 2009. Anders ausgedrückt, werden etwa 300.000 Kinder zu wenig geboren, was *einer* Großstadt jedes Jahr entspricht. Das sind gewaltige Dimensionen.

Sowohl für die Sozialversicherungssysteme als auch für den deutschen Arbeitsmarkt, der trotz der vielen Millionen Erwerbstätigen und seiner guten Produktivität unter dem Fachkräftemangel leidet, ist das eine bedenkliche Entwicklung.

Blicken wir nun auf die Ursachen für die missliche Engpass-Situation:

1.1 Ursachen für den generellen Engpass an Arbeitskräften

– Der demografische Wandel, also das Ausscheiden der geburtenstarken Jahrgänge der sog. „Baby-Boomer" (Jg. 1946–1964) aus dem Erwerbsleben und die immer geringere Anzahl an Arbeitskräften in den kommenden Jahrzehnten wegen der niedrigen Geburtenrate,

– Abwanderung Hochqualifizierter im Zuge des globalen Wettbewerbs um die besten „Köpfe" (z. B. in der Biotechnologie, Medizinforschung etc.),

– Transformation der Arbeitswelt, Strukturwandel,

– Technologieschübe und Digitalisierung, in der Folge die Möglichkeiten durch KI,

– zu wenige Auszubildende und Absolvent/innen in den Engpass-Berufen, also auch im steuerberatenden Beruf,

– zunehmend hohe Anforderungen in vielen Berufen, daher höhere Zugangshürden,

– prozentualer Anstieg von Schulabgänger/innen ohne Erstausbildung, den sog. NEETs (Not in Education, Employment or Training). Mehr als 1,6 Mio. hatten 2023 keine abgeschlossene Ausbildung, davon allein im Jahr 2023 neu hinzugekommen: 45.000 Menschen ohne Erstausbildung (FR, 22. 02. 2024),

– Nachwirkungen der Corona-Pandemie: Berufsorientierung und berufsspezifische Praktika fanden in 2020/21 kaum statt, manch eine/r orientierte sich neu,

– langsame Integration ausländischer Arbeitskräfte in den deutschen Arbeitsmarkt (vgl. IAB zur Beschäftigung von Geflüchteten April 2024, FOCUS vom 19.04. 2024),

– zu geringe Bezahlung bei hoher Arbeitsbelastung, also zu unattraktive Jobs, die kaum zu besetzen sind,

- (zu) frühes Ausscheiden aus dem Arbeitsleben,
- steigender Anteil von Erwerbstätigen in Teilzeitbeschäftigung,
- späterer Eintritt ins Erwerbsleben,
- individuelle Neubewertung von Privat- und Arbeitsleben.

Zusätzlich schreckt ein in Teilen offen fremdenfeindliches, rassistisches Klima gut qualifizierte Einwanderer/Einwanderinnen und Migrant/innen ab, sich hier niederzulassen und wirkt damit kontraproduktiv. Im Februar 2024 wurde eine Befragung von 50 Unternehmer/innen der grünennahen Wirtschaftsvereinigung bekannt, wonach 80 % der Befragten in der Politik der AfD ein Risiko für das Gewinnen internationaler Fachkräfte und Investoren sehen (FR, 14.02.2024).

Auch die hohe Besteuerung von Arbeitseinkommen schwächt Deutschland im Vergleich zu anderen, attraktiveren Einwanderungsländern. Schon kommen Forderungen der Politik auf, wonach es gezielte Steueranreize für ausländische Arbeitnehmer/innen geben sollte. Im April 2024 schlug die FDP vor, für diese Bevölkerungsgruppe einen Teil ihres Bruttoeinkommens für drei Jahre steuerfrei zu stellen, um Deutschland einen Vorteil im internationalen Wettbewerb zu verschaffen. Postwendend kam Widerspruch vom *Bund der Steuerzahler* (BdSt) mit dem Hinweis auf eine notwendige Gleichbehandlung bei der Besteuerung der arbeitenden Bevölkerung (Der Spiegel, 08.04.2024).

1.2 Spezifische Ursachen der Engpasssituation in der steuerberatenden Branche

Berufsstandspezifische Bedingungen wirken überdies negativ auf die Branche und verschärfen ihre Mangelsituation:

- *zu wenig Auszubildende*[1] und dual Studierende sowie versäumte Ausbildungsaktivitäten der letzten Jahre verursach(t)en einen spürbaren und nachhaltigen Engpass an qualifiziertem Nachwuchs.

In der *Berufsstatistik der Bundessteuerberaterkammer 2023* wird die Ausbildungsquote nach Mitgliedern der regionalen Kammerbezirke mit 16,4 % (!) ange-

---

[1] Zum Stichtag 31. Dezember 2023 waren insgesamt 17.355 Ausbildungsverhältnisse zum/zur Steuerfachangestellten bei den Steuerberaterkammern registriert. Das sind 16,8 % bzw. 1,0 % mehr als im Vorjahr. Die Anzahl der weiblichen Auszubildenden hat sich um 118 verringert und die Anzahl der männlichen hat sich um 286 erhöht. Damit beträgt der Anteil der weiblichen Auszubildenden 63,4 % und der Anteil der männlichen 36,6 %. Außerdem gab es insgesamt 1.684 Umschüler/innen zum/zur Steuerfachangestellten. Die meisten Umschüler/innen waren bei der Steuerberaterkammer Westfalen-Lippe mit 228, gefolgt von den Steuerberaterkammern Berlin mit 185 und der Steuerberaterkammer München mit 174 registriert (aus: Berufsstatistik der Bundessteuerberaterkammer 2023, S. 2).

geben. Durchschnittlich bildet also gerade mal jede sechste Kanzlei aus. Das ist – mit Verlaub – erschreckend.

Wie in den Vorjahren sind die meisten Ausbildungsverhältnisse im Bezirk der Steuerberaterkammer Niedersachsen registriert: Zum Stichtag 31.12.2023 befanden sich dort 2.117 Jugendliche in einer Steuerfachangestellten-Ausbildung. Dies sind 12,2 % aller Auszubildenden.

Interessant ist, dass kleine Steuerberaterkammern wie Mecklenburg-Vorpommern oder Schleswig-Holstein mit unter 1.000 Mitgliedern eine Quote von 31,6 % ausbildender Mitgliedskanzleien aufweisen, während die mitgliederstärkste Kammer München mit über 13.000 Mitgliedern gerade mal auf die Hälfte, nämlich 14,8 % kommt.

– Noch zu selten wird Augenmerk gelegt auf *ausbildungswillige Umschüler/innen im Erwachsenenalter*. Häufig sind diese hoch motiviert, da sie sich den neuen Beruf gezielt ausgewählt haben und/oder sich keine (weiteren) Brüche in ihrer Berufsbiografie erlauben können oder wollen.
– Das Image des Berufs gilt nicht unbedingt als „*super sexy*" und seine wachsenden digitalen Anteile sowie die hervorragenden zukunftsgerichteten Perspektiven von „Steuerleuten" werden häufig zu wenig wahrgenommen.
– *Hohe Anforderungen und Stressfaktoren*, z.B. Termindruck, gelten als „abtörnend". Woanders lässt sich Geld leichter und ohne das Damoklesschwert „Haftung" verdienen.
– *Kanzleischließungen: In den nächsten 15 Jahren kommen 57,5 % aller heute erwerbstätigen Steuerberater/innen ins Rentenalter*, mehr als die Hälfte davon steht bereits jetzt kurz vor dem Ruhestand (Bundesstatistik der Bundessteuerberaterkammer 2023 und Bender 2024). Dies könnte die bereits kurz skizzierte Mangelsituation für die KMU z.B. auf dem Gebiet der Lohnbuchhaltung/-abrechnung verschärfen.

Ähnlich dramatisch ist die Situation in der Ärzteschaft, wo fast jede/r vierte Arzt/Ärztin über 60 Jahre alt ist. Ärztepräsident *Reinhardt* hatte in diesem Zusammenhang von einer „Ruhestandswelle" gesprochen (Bundesärztekammer, 28.02.2024).

– Kanzleien stehen *in starker Konkurrenz zu Unternehmen und der Finanzverwaltung* als alternative – und im Falle der Unternehmen oft auch besser zahlende – Brötchengeber.
– *Die Führungskultur in Kanzleien gilt als zu wenig zeitgemäß*: Leider legen immer noch zu viele Kanzleiinhaber zu wenig Wert auf gute, mitarbeiterorientierte Führung (vgl. ausführlich Kap. 6.2 ff.).

Vorab nur so viel:

Es erreichen mich immer wieder Anrufe von Bewerber/innen, die dezidiert keine Kanzlei mehr als Arbeitgeberin wünschen, da sie dort zu viele negative Erfahrungen mit einem vernachlässigenden oder rücksichtslosen Führungsstil gemacht haben.

Kanzleien müssen wissen, was moderne Führung bedeutet und sie „leben".

Eine wirksame und wertschätzende Führung ist die zentrale Stellschraube – das A & O –, um Mitarbeiter/innen dauerhaft zu binden und motiviert zu halten.

Verweigern Kanzleiinhaber/innen diese, werden sie in Zukunft keine neuen Mitarbeiter/innen mehr gewinnen können und nur noch zusehen, wie die verbliebenen abwandern.

1.3 Aktuelle Trends auf dem Arbeitsmarkt

„Der höchste Krankenstand, die wenigsten Überstunden, die meiste Teilzeit" – so fasst *das Institut für Arbeitsmarkt- und Berufsforschung* (IAB) 2023 die aktuelle Situation auf dem Arbeitsmarkt zusammen (RNZ, 06.03.2024).

Es lohnt ein genauerer Blick darauf:

a) Mega-Trends: Flexibilität und Teilzeitbeschäftigung

Zauberwort Zeitautonomie: mehr Raum für Familie, Freundeskreis, Hobbys, Ehrenamt und die eigene Regeneration (v. Bezold, 2023, 2956). Insbesondere die *GEN Z* (1995–2010) sieht das Ideal eher in der Trennung von Beruf und Privatem. Das heißt nicht, dass Arbeit nicht auch einen wichtigen Stellenwert einnimmt, aber sie muss flexibel gestaltbar sein (vgl. u.a. Studie der *CONTINENTAL AG* 2023 zur *GEN Z*, weiterführender Link in Kap. 3.9).

Ähnlich, wenn auch anders motiviert, sehen dies auch die *GEN Babyboomer* (1946–1964) und *GEN X* (1965–1980): Laut einer Befragung der *Techniker Krankenkasse* (TK) vom Juli 2024 wollen gut 30 % der heute über Fünfzigjährigen nicht bis 67, sondern eher bis 64 Jahren arbeiten (RNZ, 03.07.2024). Eine andere Erhebung, beauftragt von der *IG Metall*, erbringt sogar, dass 51 % der befragten Nichtruheständler (Befragte: bereits ab 18 Jahren) nur bis zum Alter von 60–63 Jahren arbeiten möchten (FR, 01.07.2024). Auch wenn die befragten Arbeitnehmergruppen nicht komplett miteinander vergleichbar sind:

Der Trend bewegt sich deutlich in Richtung früheres Rentenalter und kann u. U. durch die hier zu diskutierenden Anreize abgeschwächt werden:

– *Flexibilität* (bei den Älteren z. B. wegen zu pflegender Angehöriger),

– *positive Unternehmenskultur* und

– *zeitgemäße, zugewandte Führung*.

Alles Mega-Trends des Arbeitsmarktes, über die Generationen hinweg gestützt und verstärkt!

Flexible Arbeitszeiten bedeuten also generationsübergreifend nicht nur mitzubestimmen, *wann* und *wo* man arbeitet, sondern auch *seltener* in Vollzeit beschäftigt zu sein. Teilzeit avanciert zur neuen Normalität – bei maximaler Flexibilität.

Die Viertagewoche ist das rund um diese Themen sicherlich bekannteste Arbeitsmodell. Die regelmäßige Berichterstattung steigert deren Relevanz und Dringlichkeit in der kollektiven Wahrnehmung.

„*Welcher Job passt zu meinem Leben?*"

Von Februar bis Oktober 2024 untersuchte eine Pilotstudie erstmals wissenschaftlich das Für und Wider der Viertagewoche. Ein Forscher/innen-Team der Universität Münster begleitete 6 Monate lang 45 (meist kleinere, d.h. weniger als 50 Mitarbeiter/innen) Unternehmen verschiedenster Branchen.

Zentrale Frage:

Welche Auswirkungen hat das Arbeiten an 4 Tagen die Woche, meist verbunden mit einem 9-Stunden-Arbeitstag?

Statt 40 wurden 36 Wochenstunden bei vollem Lohnausgleich gearbeitet. Bereits kurz vor Halbzeit des Pilotversuches gab es überwiegend positive Erfahrungen und sogar wissenschaftlich fundierte Ergebnisse mit dem Modell: So wurden teilnehmenden Arbeitnehmer/innen Haarproben entnommen, da sich dort das Stresshormon Cortisol einlagert. Die gemessenen Werte lagen bis Studienende unterhalb der Normwerte.

Die wichtigsten Ergebnisse der Studie im Einzelnen:

- signifikant positive Veränderung der Lebenszufriedenheit, die sich hauptsächlich durch zusätzlich gewonnene Freizeit ergab,
- leichte, aber nicht signifikante Steigerung der finanziellen Kennzahlen wie Umsatz und Gewinn: tendenziell verbesserte Produktivität,
- Berichte der Mitarbeiter/innen in den teilnehmenden Unternehmen von weniger Stress und Burnout-Symptomatiken, besserer mentaler und körperlicher Gesundheit,
- leichter Rückgang der Krankheitstage, jedoch nicht signifikant (Pressemitteilung der Universität Münster vom 18.10.2024).

Generell gilt eine verkürzte Arbeitswoche für Arbeitnehmer/innen als vorteilhafter, da sie mehr Zeit mit ihren Familien verbringen können und sich das Leben insgesamt ausgeglichener und entspannter gestalten lässt. Dabei legen erste Studien nahe, dass – nicht dennoch, sondern eher *deshalb* – effizienter und konzentrierter gearbeitet wird.

Als nachteilig wird aktuell diskutiert, dass die Kosten für Arbeitgeber/innen steigen könnten, wenn die Unternehmens- oder Kanzleiziele wegen der geringeren Arbeitszeit nicht erreicht werden, oder sollte das Arbeitsvolumen nur mit mehr (womöglich nicht vorhandenem) Personal zu schaffen sein. Mit Arbeitszeitverkürzung geht für Mitarbeiter/innen oft Arbeitsverdichtung einher, werden ggf. Pausen kürzer. Ein langer, wiederkehrender, vermutlich kompakterer Arbeitstag von bis zu zehn Stunden muss bewältigt werden, die Fehleranfälligkeit könnte steigen. Auch unternehmens- oder kanzleiinterne Abläufe, Kommunikation und Erreichbarkeit für den Mandanten/die Mandantin, können sich u. U. aufwändiger gestalten.

In unseren Kanzleien sieht manch einer die Viertagewoche als „Allheilmittel" zur Steigerung der eigenen Arbeitgeber-Attraktivität. Eine kleinere Kanzleieinheit, die bei der o. g. Studie teilgenommen hatte, berichtete von extrem positiven Wirkungen durch die Viertagewoche: höhere Zufriedenheit und Motivation der Mitarbeiter/innen sowie mehr Bewerbungen auf offene Vakanzen. Die Kanzlei wird das Projekt, wie 70 % aller Unternehmen, die an der Studie teilgenommen haben – verlängern (RNZ, 19. 10. 2024).

Andere warnen vor neuen Schwierigkeiten in der Umsetzung, z. B. wenn es bei krankheitsbedingten Ausfällen keine Redundanzen mehr gibt.

Ingo Hamm, Professor für Wirtschaftspsychologie an der Hochschule Darmstadt, geht in seinem, im April 2024 erschienenen Fachbuch *„Lust auf Leistung"* noch einen Schritt weiter und sieht den Wunsch nach weniger Arbeitszeit und mehr Teil- und Freizeit als Beleg großen Leidensdrucks durch Arbeit:

„Und warum wollen Menschen weniger arbeiten? Weil sie mehr Zeit mit dem verbringen wollen, was sie wirklich erfüllt. Sie wollen grob gesagt nicht weniger arbeiten, sondern mehr leben, mehr sich selbst erleben – und das in ihrer Freizeit, nicht bei der Arbeit. Soweit, so bedenklich." (*Hamm*, Lust auf Leistung 2024, 15)

Wie kann es also gelingen, den inneren Antrieb, die Motivation von Menschen (wieder) stärker auf die Arbeit zu fokussieren (jenseits ausschließlich äußerer Anreize wie Geld, Benefits, Büroräumlichkeiten, IT-Ausstattung etc.)?

Dazu mehr in den Kapiteln 6 (Führen & Binden) und 7 (Weiterbildung & Entwicklung).

Zurück zur Viertagewoche, die laut *ifo Institut* im Juli 2024 von 11 % der Unternehmen in Deutschland praktiziert wurde:

„Dabei verzichten 51 % der Mitarbeitenden mit einer Vier-Tage-Woche auf einen Teil des Gehaltes, um nur vier Tage in der Woche arbeiten zu müssen, während 39 % ihre Vollzeitstelle auf vier statt fünf Arbeitstage verteilen. Nur 10 % können ihre Arbeitszeit bei vollem Lohn verringern." (Randstad-ifo-Personalleiter-Befragung vom 05. 07. 2024)

Einig sind sich alle, dass eine Viertagewoche für jede/n einzelne/n eine individuelle Umstellung von (Arbeits-)Gewohnheiten und Abläufen mit sich bringt.

Ebenso sicher ist, dass das Modell einer Viertagewoche bei vollem Lohnausgleich die Beschäftigten ganz überwiegend überzeugt (vgl. erste Ergebnisse des Pilotversuches, FR vom 20. 04. 2024):

In einer Studie der *Hans-Böckler-Stiftung* im Mai 2023 stimmten 81 % der 2.500 repräsentativ ausgewählten Erwerbstätigen einer Entwicklung hin zur Viertagewoche zu und die jungen Arbeitskraftgeber/innen (*GEN Z*, vgl. oben) ganz besonders. In dieser Befragung ging es konkret um eine Reduzierung der Arbeitszeit von 40 auf 32 Wochenstunden. Bei vollem Lohnausgleich entspräche dies einer Gehaltssteigerung um 20 % (Lott u. a., Hans-Böckler-Studie zur Viertagewoche, Mai 2023, in: FR 02./03.09.2023).

Damit eine solch hohe Flexibilität der/des Einzelnen angesichts des aktuellen Fachkräftemangels überhaupt machbar ist, weisen die Forschenden auf die notwendige „Anpassung von Arbeitsmenge und den Arbeitsabläufen" hin (z. B. verbindliche Vertretungs- und Mandantenkontakt-Regelungen sowie mehr Automatisierung durch Digitalisierung). Als besonders wichtige, übergeordnete Grundvoraussetzung gelten gute Kinderbetreuungsangebote (v. Bezold 2024, 184).

Interessant in diesem Zusammenhang ist eine Untersuchung des *Kompetenzzentrums Fachkräftesicherung des arbeitgebernahen Instituts der deutschen Wirtschaft* (IW) im Auftrag des Bundeswirtschaftsministeriums:

Danach sind 75 % der Teilzeit-Führungspositionen von Frauen besetzt. 27,7 % der weiblichen Führungskräfte arbeiten in Teilzeit, dagegen nur knapp 5 % der Männer. Führen in Teilzeit findet vor allem in jenen Bereichen Verbreitung, in denen überwiegend Frauen arbeiten. Für Unternehmen, also auch für Kanzleien könnte dies insofern von Vorteil sein, den potenziellen Kreis an Führungskräften erweitern zu können, indem sie durch Teilzeitmodelle ein größtmögliches Maß an Flexibilität ermöglichen (Studie des IW, April 2024, RNZ, 06.03.2024).

Zwar ist Führen in Teilzeit mit einem Gesamtanteil von 12,2 % der Erwerbstätigen noch ein Randphänomen, nimmt jedoch an Relevanz zu (vgl. 2013: 8,9 %) und ist eine Chance im angespannten Fach- und Führungskräftemarkt.

„Es ist nicht der Unternehmer, der die Löhne zahlt –
er übergibt nur das Geld. Es ist das Produkt, das die Löhne zahlt."
Henry Ford (1863–1947), US-amerikanischer Erfinder und Automobilpionier

b) Nach oben offen: Die aktuelle Gehaltsspirale

In den letzten zwei bis drei Jahren haben sich die Gehälter in der steuerberatenden Branche steil nach oben bewegt, hat in Teilen ein regelrechter Überbietungswettbewerb eingesetzt, der die Gehaltsspirale immer weiter „hochjazzt".

Die wichtigste Ursache hierfür ist der Engpassmarkt selbst – Stichwort: Angebot und Nachfrage. Zusätzlich wirkte in den letzten Jahren die hohe Inflation, weswegen häufig zusätzlich die Inflationsausgleichsprämie vereinbart und gezahlt wurde.

Hinzu kommen oft übersteigerte Erwartungen von Berufseinsteiger/innen an ihre Einstiegsgehälter, die von Berufs- und Hochschulen und den sozialen Medien geschürt werden. Berufserfahrene werden von Headhunter/innen mit mehr oder minder seriösen Gehaltsversprechungen gelockt und – für die Bewerber/innen ideal – vorab schon überhöhte „Hausnummern" bei interessierten Kanzleien aufgerufen.

So dreht sich die Gehaltsspirale munter weiter – nach oben scheint kein Ende. Eine (baldige) Erhöhung der Gebührenverordnung für ratsuchende Mandant/innen könnte angesichts dieser Entwicklung unausweichlich werden.

Die Gehaltsstudie 2023/24 der Beratungsfirma *Robert Half* gibt für die Vergütung der verschiedenen Mitarbeitergruppen in Kanzleien folgende Bandbreiten an (abhängig von Region, Kanzleigröße, Aufgabenbereich etc.):

	Berufsqualifikation/Aufgabenfeld	Gehaltsspanne in € p. a. (brutto)
1	Sacharbeiter Buchhalter/in	42.250 – 48.500 €
2	Kreditoren-/Debitorenbuchhalter/in	43.250 – 49.500 €
3	Lohn- und Gehaltsbuchhalter/in	46.500 – 52.250 €
4	Finanzbuchhalter/in	48.750 – 52.750 €
5	Leitender Buchhalter/in	48.750 – 52.750 €
6	Bilanzbuchhalter/in	59.250 – 68.750 €
7	Steuerassistent/in	45.750 – 53.000 €
8	Steuerfachangestellte/r	41.750 – 50.750 €
9	Prüfungsassistent/in	43.500 – 67.000 € (Quelle: Gehalt.de 2024)
10	Kanzleimanager/in Digialisierung	47.500 – 90.000 € (Quelle: Glassdoor 2024)
11	Steuerberater/in (angestellt)	74.250 – 87.500 €
12	Assistenz/Sekretariat	53.000 – 61.000 €

Abb. 2: Übersicht Gehaltsspannen verschiedener Berufsgruppen in der Steuerberatung

Die Gehälter von Steuerberater/innen liegen nach Angaben von *Robert Half* (und etwas abweichend von Portal *Gehalt*) zwischen 55.000 Euro und 140.000 Euro p. a. (brutto):

– Einstiegsgehalt für eine/n angestellte/n Steuerberater/in: 66.750 Euro

– angestellte/r Steuerberater/in mit Berufserfahrung: 77.250 Euro

– angestellte/r Steuerberater/in überdurchschnittlich qualifiziert und mit viel Berufserfahrung: 91.500 Euro

– angestellte/r Steuerberater/in mit sehr viel Erfahrung und Expertise: 140.000 Euro

– als Partner/in: 180.000 Euro (oder mehr)

Der Bonus-Anteil von Steuerberater/innen liegt nach diesen Angaben bei 10,5 % in den ersten Berufsjahren. Er steigt in den folgenden acht Jahren im Median auf 12,3 % an, und danach auf 13,3 %.

Neben der Berufserfahrung hängt das Gehalt eines/einer angestellten Steuerberaters/Steuerberaterin im Wesentlichen von folgenden Faktoren ab:

Abb. 3: Übersicht Einflussfaktoren für die Gehaltshöhe von Steuerfachangestellten
Quelle: Homepage Steuerfachschule Dr. Endriss

Folgende Gehaltsstrategie ist zu empfehlen:

- Ein angemessenes/marktgerechtes, solides Gehalt zahlen. Wer gut und fair (etwas überdurchschnittlich) zahlt, gewinnt potenziell die besseren Mitarbeiter/innen,
- ein Gehaltsgefüge, das vor allem langjährige Mitarbeiter/innen nicht benachteiligt, indem überhöhte Gehälter an „Neueinsteiger" gezahlt werden und die so das Gehaltsgefüge „sprengen",
- Überprüfung der eigenen Honorare, ggf. Mandate mit niedrigen Deckungsbeiträgen kündigen,
- wirksame Bindung der Mitarbeiter/innen, u. a. auch durch profitable Mandate, die gut kalkuliert sind und eine zusätzliche Tantiemenzahlung bezahlbar machen.

Die zahlreichen *Plattformen zum „Gehaltscheck"* ermöglichen maximale Transparenz – eine Auswahl:

www.beruf-steuerberater.de/gehalt
www.gehalt.de
www.gehaltsvegleich.com
www.lohnspiegel.de

Eine wichtige, das Gehalt ergänzende Stellschraube für Arbeitgeber-Attraktivität sind möglichst nützliche, maßgeschneiderte Benefits. Informieren Sie sich dazu ausführlich in Kapitel 5.

c) Einbruch der mentalen Gesundheit vieler Erwerbstätiger

Sorgen bereitet aktuell das Rekordhoch an Krankschreibungen, laut *DAK-Studie 2023* durchschnittlich 20 Tage (DAK-Studie 2024: 19,1 Tage). Damit waren die Beschäftigten so oft krankgeschrieben wie seit 1991 nicht mehr und um 6 % öfter als noch in 2022 (Pressemitteilung zur DAK-Studie vom 19.01.2024).

Die *Techniker Krankenkasse* (TK) vermeldete für das erste Halbjahr 2024 neue Rekordwerte: Noch nie seien Beschäftigte in diesem Jahreszeitraum so lange krankgeschrieben gewesen. Im Schnitt fehlten die bei der TK versicherten Erwerbstätigen (5,7 Mio.) in den ersten sechs Monaten des Jahres 2024 9,6 Tage am Arbeitsplatz (Pressemeldung der TK vom 19.07.2024).

Der *AOK-Fehlzeiten-Report 2024* sah für das gesamte Jahr 2024 sogar noch höhere Fehltage von Beschäftigten auf uns zukommen. Als wichtigste Gründe hierfür wurden benannt: die telefonische Krankschreibung, Nachwehen der „Corona"-Pandemie (man bleibt bei Infektionskrankheiten aus Sorge vor Ansteckung eher zu Hause) sowie die rasante Zunahme von Krankschreibungen aufgrund psychischer Erkrankungen (Pressemitteilung zum AOK-Fehlzeiten-Report 2024 vom 08.10.2024).

Vor diesem Hintergrund forderte *Rainer Dulger*, Präsident der *Bundesvereinigung der deutschen Arbeitgeberverbände* im April 2024 die Abschaffung der telefonischen Krankschreibung. Die hohen Krankenstände würden sicherlich nicht weniger, solange ein Anruf genüge, um krankgeschrieben zu werden. In der Kritik schwingt der Vorwurf mit, Arbeitnehmer/innen könnten die telefonische Krankschreibung missbrauchen (RNZ, 20.04.2024).

Jedoch bleibt die telefonische Krankschreibung auch im Frühjahr 2025 weiterhin möglich und der *AOK-Fehlzeiten-Report 2024* sieht auch explizit keine Anzeichen für einen Missbrauch (Pressemitteilung zum AOK-Fehlzeiten-Report 2024 vom 08.10.2024).

Neben Erkältungen, Atemwegsinfekten und Erkrankungen am Skelett, nahm – wie bereits erwähnt – die Zahl der Krankschreibungen wegen psychischer Erkrankungen deutlich zu.

In *GOOGLE*-Suchanfragen wurde der Begriff „Stress" 2013 14.100 Mal aufgerufen, im Mai 2024 fast doppelt so häufig, nämlich 22.400 Mal (Personal Magazin 09/2024).

Im Frühjar 2024 löste die Nachricht Bestürzung aus, dass sich 2023 10.119 Menschen in Deutschland das Leben genommen haben. Die Suizidrate lag mit 8 Selbsttötungen pro 100.000 Verstorbene in NRW am niedrigsten, in Sachsen mit 17,2 am höchsten (Destatis 2024).

Die Anzahl der Krankheits- oder Arbeitsunfähigkeitstage von Beschäftigten wegen *psychischer Erkrankungen* stieg bis Ende 2023 auf 132 Mio. Tage (RNZ, 27.12.2023), so hoch wie noch nie.

Bei TK-Versicherten stieg die Quote von Krankschreibungen wegen psychischer Leiden um 35 % und belegte so Platz drei aller Krankschreibungen (aus: TK-Zukunftsstudie „#whatsnext-Gesund arbeiten in der hybriden Arbeitswelt", Techniker Krankenkasse, März 2023).

Konkret handelt es sich um Krankschreibungen aufgrund von Burnout, Überforderung und Depression.

61 % der befragten Arbeitnehmer einer Studie, beauftragt von der Krankenkasse *Pronova BKK*, halten sich selbst für Burnout-gefährdet, also mit einem hohen oder erhöhten Risiko konfrontiert, an einer dauerhaften Überlastung durch Arbeit zu erkranken. *Als gefährlichste Stresskfaktoren wurden Überstunden und ständiger Termindruck genannt.*

Eine Umfrage der *Kaufmännischen Krankenkasse Hannover* (KKH) offenbarte, dass oft die hohen Ansprüche der Beschäftigten an sich selbst verantworlich sind für den Stress-Pegel – in Gestalt der sog. „Perfektionismus-Falle". Denn seit den achtziger Jahren gewinnt die sog. zielgesteuerte Führung an Bedeutung: konkrete Handlungsanweisungen verschwinden zunehmend zugunsten von mehr Flexibilität bei der Umsetzung – die Ziele müssen dennoch erreicht werden. Soweit zu wenig Personal oder Arbeitsmittel verfügbar seien, entstünde dann eine Drucksituation, die für Mitarbeitende stressbehaftet sei (RNZ, 13.09.2024).

Neben individuellen Belastungsfaktoren wirkt seit Februar 2022 der russische Angriffskrieg auf die Ukraine zusätzlich negativ auf die kollektive mentale Gesundheit der Bevölkerung europaweit, unabhägig von Alter, Geschlecht oder politischer Orientierung.

Nachgewiesen wurde ein direkter Zusammenhang von starker Präsenz der Kriegsereignisse in den Medien und einer schlechteren mentalen Verfassung der Befragten (vgl. Projekt „Coping with Corona", RNZ 21.02.2024).

„Psychische Belastungen am Arbeitsplatz haben die körperlichen Belastungen in ihrer Dringlichkeit in vielen Branchen überholt. Das ist eine große Herausforderung, der sich Arbeitgeber stellen müssen – aber gleichzeitig auch eine Chance, die Gesundheit der Beschäftigten in Arbeitsprozessen und der Unternehmenskultur fest zu verankern." (TK-Zukunftsstudie „#whatsnext- Gesund arbeiten in der hybriden Arbeitswelt", Techniker Krankenkasse, März 2023)

Die im selben Zeitraum veröffentlichte Studie der DAK weist ergänzend darauf hin, dass besonders die Altersgruppe der 24–29-Jährigen (*GEN Y/Z*) betroffen sei und daher Auszubildenden und jungen Beschäftigten erhöhte Aufmerksamkeit zuteil werden müsse. Glücklicherweise nimmt die Branche der Rechts- und Steuerberatung/sonstige Unternehmensdienstleistungen in der Studie einen der unteren Plätze bei der Anzahl von Fehltagen aufgrund psychischer Erkrankungen ein (vgl. DAK-Psychoreport 2023).

Der AOK-Fehlzeiten- Report 2024 weist mit großer Dringlichkeit darauf hin, dass Beschäftigte, die eine hohe emotionale Bindung zum Unternehmen/Kanzlei hatten, zufriedener mit ihrer Arbeit waren und auch *siginfikant weniger Fehlzeiten hatten oder den Job wechseln wollten* (Pressemitteilung zum AOK-Fehlzeiten-Report 2024 vom 08.10.2024).

Kanzleien sind also gut beraten, den „Wohlfühlfaktor" im eigenen Hause im Blick zu haben und damit ihre wertvollen Mitarbeiter/innen effektiv an sich zu binden!

1.4 Lösungsansätze zur Entschärfung des Fachkräfte-Engpasses

Wie also Herauskommen aus der bedrängenden Fachkräfte-Engpasslage und ihren unerwünschten Begleiterscheinungen?

Vorschläge für fiskalische und politische/gesellschaftliche Ansätze:

– *Steuerliche Anreize* für Mehrarbeit als *„Brücken-Lösung"* für die kommenden fünf bis zehn Jahre:
  – steuerliche Anreize für Teilzeittätigkeiten und
  – steuerliche Anreize bei der Vergütung von Überstunden sowie
  – steuerliche Anreize für den Zuverdienst von Studierenden und insbesondere für Ältere/Rentner/innen, z.B. durch noch höhere Steuerfreibeträge von Renten und mehr Hinzuverdienstmöglichkeiten.

So bietet Griechenland seinen Bürger/innen enorme Aufschläge, wenn diese einen sechsten Arbeitstag in der Woche (zw. 40–115%!) arbeiten sowie steuerliche Erleichterungen für Rentner/innen, die ihre Arbeitskraft zur Verfügung stellen. Mit 41 Stunden Wochenarbeitszeit stehen die Griech/innen an der Spitze im EU-Vergleich (Deutschland: 34,7 Std./Woche) (FR 20.06.2024).

Vor allem das Arbeiten „jenseits der 63" (2022: durchschnittliches Renteneintrittsalter: 64,4 Jahre) muss so lohnend gestaltet sein, dass ältere Arbeitnehmer/innen motiviert werden noch oder wieder zu arbeiten – und sei es nur stundenweise. Meiner Erfahrung nach sind viele Kanzleien froh um die Expertise und Erfahrung ihrer ehemaligen, älteren Mitarbeiter/innen, die regelmäßig oder zeitweise unterstützen.

Tatsächlich gehen in Deutschland immer mehr Menschen zwischen 63 und 67 Jahren einer Beschäftigung nach: So stieg die Zahl der sozialversicherungspflichtigen und geringfügigen Beschäftigungsverhältnisse in dieser Altersgruppe von 1,31 Mio. in 2020 auf 1,67 Mio. im Jahr 2023 (Anfrage der Linken im Bundestag, RNZ, 20.02.2024).

Laut *Statistischem Bundesamt* nahm die Erwerbsbeteiligung der 60-64-Jährigen in den letzten zehn Jahren (2012–2022) so stark zu wie in keiner anderen Altersgruppe, nämlich um 47%. Jenseits des regulären Rentenalters hat sich der Anteil der Erwerbstätigen von 11% in 2021 auf 19% in 2022 erhöht, also derer, die mit 65–69 Jahren noch gearbeitet haben (ebenda).

In einer Pressemitteilung vom 7. Oktober 2024 nennt das *Statistische Bundesamt* (Destatis) sogar eine weiter gestiegene Erwerbsquote von 13 % bei den 65–74-Jährigen.

Schon gibt es auf diese Klientel spezialisierte Personalberatungen, die dieses Potenzial heben und anbieten (z. B. die Personalberatung *Die Silberfüchse* oder die Initiative „*Generation Ü*").

- *Raschere, unbürokratischere Anerkennung von im Ausland erworbenen Berufs- oder Studienabschlüssen,* um Beschäftigung hierzulande leichter zu ermöglichen,
- *verstärktes Bemühen um eine „Willkommens-Kultur",* um einwanderwillige Fachkräfte zu ermutigen, in Deutschland ihre Arbeitskraft einzubringen und hier ein neues Leben – ggf. mit ihren Familien – zu starten.

Insbesondere Ausländerbehörden sollten angewiesen werden, die Belange ausländischer Fachkräfte und jener Unternehmen, die diese gerne einstellen würden, zu berücksichtigen und nicht an bürokratischen, oft widersinnigen Regelungen scheitern zu lassen.

- *Keine Wiedereinführung der Wehrpflicht,* um Schulabgänger/innen oder Auszubildenden/Studierenden einen lückenlosen Übergang ins Berufsleben zu ermöglichen.

Die Diskussion um ein verpflichtendes Dienstjahr bei der Bundeswehr wird spätestens seit Beginn des Angriffskrieges auf die Ukraine und dem möglichen Rückzug der US-Streitkräfte aus Europa wieder lebendig und leidenschaftlich geführt. Sollte das Vorhaben umgesetzt werden, wäre dies ein tiefer Eingriff in die „biografische Souveränität junger Menschen" (Jörn Fischer, Mitherausgeber von *Voluntaris*). Würde man indes den „Spieß umdrehen", ergäbe sich ein verbriefter Rechtsanspruch auf einen Dienst- statt dem Einberufungsbefehl. Es wäre keine Verfassungsänderung notwendig, auch keine Sanktionsmechanismen bei Verweiger/innen und keine zusätzlichen Investitionen in Kasernen und Ausstattung angesichts der vielen Wehrpflichtigen. Der Vorschlag einer Beratungspflicht für die Dienstzeit ließe sich vergleichsweise einfach umsetzen (Jörn Fischer 2024).

Schon jetzt leisten ca. 12 % eines Jahrganges (ebenda) ihren Dienst – die freiwillige Verpflichtung (auf Zeit) bei der Bundeswehr steht jedem ebenso offen wie eine der vielen Berufs- und Karrierelaufbahnen dort.

Vorschläge auf Kanzlei-Ebene:

- *mehr Anstrengungen bei der Einstellung von Auszubildenden und/oder dual Studierenden.* Dies bezieht sich sowohl auf die Gewinnung von Azubis und Umschüler/innen als auch auf die Gewährleistung einer hochwertigen, umfassenden Ausbildung (vgl. Kap. 4 und 7),
- *Ansprache und Vergabe von Ausbildungs- und Studienplätzen an alle potenziellen Gruppen,* also auch Studienabbrecher/innen, erwachsene Umschüler/innen oder

Menschen, die mit einer sog. Anschlussqualifizierung den qualifizierten Einstieg in den Beruf schaffen (vgl. Spotlight 2 zu Fördermöglichkeiten der Agenturen für Arbeit),

- *Angebot von Teilzeitausbildung*, insbesondere für Frauen mit Kindern,
- *gezielte Förderung und Entwicklung von Mitarbeiter/innen in höher qualifizierte Berufsabschlüsse oder Positionen* (gezielte Entwicklung der „Eigengewächse", vgl. Kap. 7.3 und 7.5), um sich unabhängiger vom „freien" Bewerbermarkt zu machen,
- *Nutzung möglichst vieler verschiedener „Kanäle"*, um Bewerbende anzusprechen (vgl. Kap. 4.4).
  Denken Sie in Chancen!
- *Führungspositionen in Teilzeit*, um verantwortliche Aufgaben besser verteilen zu können.
- *„Verschlankung" bzw. Umstellung von Kanzleiprozessen*, damit Mitarbeitende produktiver arbeiten können. In Gesprächen mit Kanzleiinhaber/innen berichten diese von durchweg positiven Erfahrungen, verbunden mit Einsparpotenzialen von gut 30 % allein durch Prozessumstellungen.

2. Nach Corona: Zäsur und Chancen im „Neuen Normal" unserer Arbeits- und Kanzleiwelt

> „Die Pandemie beschleunigt(e), was in Zukunft wichtig wird."
> Andreas Schleicher (*1964), Direktor des Direktorats für Bildung bei der OECD, Statistiker und Bildungsforscher

Die Covid-19-Pandemie bescherte unserer Arbeits- und Kanzleiwelt eine Zäsur, die in ihren Ausmaßen bis 2020 nicht vorherseh- oder vorstellbar war.

Die deutsche Wirtschaft erlebte ihre schwerste Rezession seit dem Zweiten Weltkrieg, das Bruttoinlandsprodukt sank gegenüber 2019 um 4,9 %. Infolge dessen wurden Unternehmen und Selbstständige von März 2020 bis Anfang 2022 mit rund 170 Milliarden Euro unter- und der Arbeitsmarkt durch massiven Einsatz von (staatlich subventionierter) Kurzarbeit gestützt.

2.1 Gesellschaftliche Verwerfungen durch die Corona-Pandemie

Lockdowns und Ausgangssperren schleuderten uns alle in eine nie da gewesene Ausnahmesituation. Die Pandemiezeit und die damit verbundenen Einschnitte bleiben Teil des kollektiven Gedächtnisses und wirken bis heute nach:

- pandemische, rasante Ausbreitung des Coronavirus SARS-CoV-2 und damit einhergehend täglich steigende Fallzahlen (Inzidenzen) Erkrankter und Verstorbener. Strenge Zugangsbeschränkungen lassen viele Menschen in Krankenhäusern einsam versterben.

- Die z. T. intensivmedizinische Versorgung der vielen Patient/innen bringt unser Gesundheitssystem an seine Leistungsgrenzen, die drohende Anwendung einer sog. Triage (moderne, evidenzbasierte Ersteinschätzung der Behandlungsdringlichkeit bei hohen Fallzahlen von Schwerverletzten oder lebensbedrohlich Erkrankten) wird diskutiert. Die große Anzahl vorgehaltener Intensivbetten in deutschen Krankenhäusern stellt sich in dieser Situation als Segen heraus. Erkrankte aus Frankreich und Italien werden zeitweise aufgenommen.

- Die Mund-Nase-Maske wird zum ständigen Begleiter, deren Beschaffung und Verkauf nimmt Fahrt auf. Zeitweise werden astronomische Preise (zu Anfang der Pandemie: 4,50 €/Stück!) aufgerufen, manch Betrugsskandal wird später aufgedeckt und bundesweit bekannt. Prozesse um Rückforderungen überhöhter Preise und Strafzahlungen begleiteten uns noch in 2024.

- Sog. Testzentren schießen überall wie Pilze aus dem Boden (diese nehmen das in anderen Branchen freigestellte Personal z. T. auf), negative Testergebnisse (nach den Lockdowns) werden zur Zugangsvoraussetzung um wieder an soziale Orte zurückkehren zu dürfen (z. B. Besuch von Restaurants, Fitnessstudios etc.).

Fiktiv betriebene, aber voll abgerechnete Testzentren verursachen Millionenschäden für die Gemeinschaft, einige der Täter/innen erhalten mehrjährige Haftstrafen.

- Wochenlange Lockdowns (besonders dramatisch: Die Schließung von Kindergärten und Schulen) und Ausgangssperren machen vielen Alleinstehenden und Familien das Leben schwer.

Bis heute ist ein erhöhtes Einsamkeitsempfinden bei Alleinstehenden, aber auch bei Paaren messbar (IW-Kurzbericht 01/2024). Die ungleichen Zugangschancen zu einem effektiven Homeschooling wurden offenbar, es klaffen Bildungslücken aus dieser Zeit bis heute – trotz des sog. „Digitalpaktes" für deutsche Schulen (z. B. *Manderscheid u. a.*: Ungleicher Familienalltag durch die Pandemie, Universität Hamburg 2022).

- Stark erhöhte häusliche Gewalt,
- rasante Entwicklung wirksamer (in Teilen der Gesellschaft auch umstrittener) Impfstoffe und breit angelegte Impfkampagnen. Zunächst werden nur priorisierte Bevölkerungsgruppen geimpft, später gibt es ein ubiquitär verfügbares Impfangebot.

Die Adresse der Mainzer *Firma BioNTech SE* „An der Goldgrube 12" ist Sinnbild ihres wirtschaftlichen Aufschwungs während der Pandemiejahre. Als ab 2023 die Nachfrage nach Corona-Impfstoffen deutlich nachließ, brachen die Einnahmen daraus in den ersten drei Monaten 2023 von knapp 1,3 Milliarden Euro auf gut 124 Millionen Euro ein. Die „übrigen Erlöse" von gut 63 Millionen Euro resultierten vornehmlich aus Pandemie-Bereitschaftsverträgen mit dem beim *Paul-Ehrlich-Institut* angesiedelten *Zentrum für Pandemie-Impfstoffe und -Therapeutika* (Zepai). Da der Bund auf eine mögliche nächste Pandemie besser vorbereitet sein will, erhalten die Unternehmen Geld dafür, dass sie Kapazitäten vorhalten. Impfstoffe gegen Krebs sollen nun die neuen Produkte von *BioNTech* werden (SZ, 06.05.2024).

- Mit den Kontaktbeschränkungen und Impfpflichten für bestimmte Berufsgruppen kommen lautstarke Protestbewegungen auf. Woche für Woche gehen Hunderte, manchmal Tausende gegen die Corona-Maßnahmen auf die Straße und bestreiten die Existenz oder Gefährlichkeit des Virus'.

Der bei diesen Bevölkerungsgruppen ausgerufene Stresstest „Gesundheit gegen Freiheit" und der in dieser Zeit offenbar entstandene Vertrauensverlust in die Politik wirkt bis heute nach. Demokratiefeindliche oder zumindest skeptische Einstellungen (bis hin zu Übergriffen) haben seit dieser Zeit sprunghaft zugenommen.

- Etliche Berufsgruppen erhalten eine sog. „Corona-Prämie", andere haben vollständige Einbußen zu beklagen und bangen um ihr wirtschaftliches Überleben; auch das spaltet.

– Abwanderung von Fachkräften der von den Schließungen besonders betroffenen Branchen (Hotellerie und Gastronomie, Friseure, Kulturbetriebe aller Art, Kirchen, Vereine, Sport- und Tanzstudios, Festivals etc.).

Der Fachkräftemangel in diesen Branchen hat die Pandemie überdauert, hält weiter an. Branchen wie das Gesundheitssystem, die Logistik und – selbstredend – unsere Kanzleien erlebten eine enorme Überlastung.

– Digitale Parteitage, Konzerte etc. lassen neue Formate entstehen. Zwar kehrt man nach der Pandemie wieder zu analogen Formen zurück, doch auch die digitalen Formate behalten ihre Daseinsberechtigung, so haben sich z. B. Onlineseminare als feste Größe etabliert (vgl. Kap. 2.3).

Und last but not least:

– Das sog. *Fatigue-Syndrom* (dauerhafte seelische und körperliche Erschöpfung) als post-Corona-Krankheitsbild ist nun in aller Munde, nehmen psychische Erkrankungen (Depressionen, Angst- und Zwangsstörungen) aufgrund sozialer Isolation über lange Zeiträume signifikant zu. Diese gehen häufig einher mit großem Einsamkeits- und Ohnmachtsgefühl vieler Menschen.

Dass ausgerechnet jüngerere Arbeitnehmer/innen seelisch instabil sind, wird in großen Teilen der Corona-Pandemie zugeschrieben: Angst vor einem schweren Covid-Krankheitsverlauf, fehlende Sozialkontakte/Freundschaften durch lange Lockdowns, auschließliches Online-Lernen und -Studieren, mangelnde Bewegung bis hin zu ungünstigeren Ernährungsgewohnheiten haben die jungen Menschen unter erheblichen Stress gesetzt, der bei manchem bis heute Spuren hinterlassen hat – von post-Covid-Erkrankten ganz zu schweigen.

2.2 Verwerfungen in der Kanzleiwelt durch die Corona-Pandemie

Die steuerberatende Branche er- oder durchlebte wie andere auch ein „*Real-Life-Experiment*" auf dem Wege zur neuen Normalität. Quasi über Nacht erhielten Digitalisierung, Zusammenarbeit und Führung „auf Distanz" einen *ungeahnten Schub*, wurden Video-Konferenzsysteme und Homeoffice bzw. mobiles Arbeiten im Dauerbetrieb Teil de*s „Neuen Normal".

Zusätzlich bekam die Branche von Staatswegen viel Zusatzarbeit „aufgebrummt":

Die Beantragung der sog. Corona- und Überbrückungshilfen für ihre Mandant/innen hielten die Kanzleien ebenso in Atem wie später die Beantragung des Kurzarbeitergeldes für in die Krise geratene Unternehmen.

Während uns also vor fünf Jahren die Corona-Pandemie mit all ihren Begleiterscheinungen „kalt" erwischte, stellte sich mir umgehend die Frage nach den unmittelbar eingetretenen und zukünftigen, unumkehrbaren Veränderungen in der Kanzlei-Arbeitswelt.

Als Branchenspezialistin sah ich mich – nicht zuletzt für meine Kundenkanzleien – verpflichtet, den abrupt erzwungenen Änderungsbedarf zu erkennen und sie zu unterstützen, den dort täglich neuen Herausforderungen sinnvoll zu begegnen.

Im Sommer 2020 initiierte ich daher eine Branchenbefragung von Kanzleien unterschiedlicher Größen zu folgender Fragestellung:

„Neues Normal" durch Corona-Turbo oder Bremsklotz für die Wettbewerbs- und Zukunftsfähigkeit Ihrer Kanzlei?" Die wichtigsten Ergebnisse auf Grundlage der Rückmeldungen von rund 50 Kanzleien bundesweit:

Ranking Platz	Thema	Relevanz für die Kanzleien 1 (= trifft gar nicht zu) bis 10 (= trifft voll zu)		
		1	5	10
1	**Adäquate technische Ausstattung** für neue „hybride" Formen der Zusammenarbeit und Kommunikation in der Kanzlei	–	10 %	90 %
2	**Weiterentwicklung unserer Kanzlei** (z. B. neue Beratungsprodukte, neue Strukturen, Organisation etc.) **voranbringen**	10 %	–	90 %
3	**Fehlende Präsenz der Mitarbeiter/innen** macht es uns schwerer, unsere Kanzlei als **„berufliche Heimat"** zu erhalten	20 %	–	80 %
4	**Häufigere Symptome seelischer Belastungen** bei Mitarbeiter/innen (z. B. wegen vermehrtem Homeoffice, fehlendem sozialen Kontakt zu den Kolleg/innen etc.)	20 %	40 %	40 %
5	**Anforderungen von Führung haben sich durch das Arbeiten der Mitarbeiter/innen im Homeoffice verändert** (Kontroll-, Koordinations- und Kommunikationsaufwand)	70 %	30 %	–
6	**Der fachbezogene, kanzleiinterne Austausch leidet** wegen des Homeoffice bzw. der Zusammenarbeit auf Distanz (z. B. für eine effiziente Problemlösung im Tagesgeschäft)	5 %	70 %	25 %
7	**Die Auslastung der Mitarbeiter/innen** in den nächsten 6 Monaten ist schwer einzuschätzen/ bereitet sogar Sorge	80 %	10 %	10 %

Abb. 4: Ergebnisse Branchenbefragung Corona-Pandemie und „Neues Normal"
Quelle: v. Bezold 2024, 187

Das „Neue Normal": Wachstumsbremse oder Weiterentwicklungschance für Kanzleien?

Das „Neue Normal" bedeutet auch, aber *nicht nur* eine technische Zäsur. Mindestens ebenso bedeutsam ist die mit ihr einhergehende qualitative Veränderung von Kommunikation und Zusammenarbeit innerhalb der Kanzleien.

Megatrends wie die digitale Transformation und der Fachkräftemangel wurden durch die Corona-Pandemie verstärkt bzw. verschärft.

Wo also ist ein bleibender, nicht mehr umkehrbarer Wandel in unserer Arbeits- und Kanzleiwelt entstanden?

– Zentrales Merkmal des „*Neuen Normal*" ist der rasche Wandel von einer bislang als selbstverständlich gegoltenen *Präsenz- hin zur Erreichbarkeitskultur.*

Wie von vielen Expert/innen schon in 2020/21 vorhergesagt, scheint eine vollständige Rückkehr in die bis dahin bekannte Arbeitswelt ausgeschlossen. Vielmehr haben sich „*Mischformen*" althergebrachter und neuer Arbeitsweisen durchgesetzt.

Dabei wird in jeder Kanzlei individuell entschieden, wie sich die konkrete Zusammenarbeit gestaltet, welche „Bausteine" die Arbeitskultur prägen.

Aufgabe von Kanzleiführung ist es, gute Rahmenbedingungen für die getroffene Entscheidung zu schaffen, sie nachvollziehbar zu kommunizieren und eine gute Umsetzung zu ermöglichen.

Vielfältige praxisnahe Tipps und Strategien zur Umsetzung mobiler Arbeit in Kanzleien finden Sie im Fachbuch von *Elisa Lutz u.a.: „Mobile Arbeit in der Steuerkanzlei"* 2025.

2.3 Neue Arbeits- und Lernformate als „Neues Normal"

Hier eine Auswahl wichtigster Formate des „neuen Arbeitens":

1. Durchbruch des mobilen und flexiblen Arbeitens: Von der pandemischen Notlösung zur regulären, modernen Arbeitsform

Die Pandemiezeit lehrte uns in Turbogeschwindigkeit, dass Arbeit und Kooperation auf Distanz gut und leistungsfähig funktionieren können. Virtuelle Abwicklungsformen wurden zur Selbstverständlichkeit und werden es bleiben. Für den/die einzelne/n Mitarbeiter/in ist sowohl das regelmäßige als auch das nur gelegentliche (mobile) Arbeiten vom Homeoffice aus ganz überwiegend akzeptierte, geschätzte Normalität geworden. Musterbeispiele und Formulierungsvorschläge zu Vereinbarungen über mobiles Arbeiten in: Lutz u. a.: Mobile Arbeit in der Steuerkanzlei, 30 ff.

Übersicht über gängige Begrifflichkeiten mobilen Arbeitens:

Homeoffice „Hybrides Arbeiten"	Einrichtung eines Arbeitsplatzes in den privaten Wohnräumen, Anbindung an die IT-Infrastrutkur der Kanzlei plus einem Arbeitsplatz im Büro (Mischform)
mobiles Arbeiten	Räumlich flexibles Arbeiten, ohne zwingenden Anspruch auf eine Anbindung an die Kanzlei-Infrastruktur
Telearbeitsplatz	Ausschließlicher Arbeitsplatz zu Hause, kein Büro, ohne zwingenden Anspruch auf eine Anbindung an die Kanzlei-Infrastruktur
Workation	Kunstwort aus „work" und „vacation", also Arbeit und Urlaub. Mobiles Arbeiten von einem (entfernten) Ort aus – übrigens auch ein Beratungsthema für Kanzleien (vgl. A1-Bescheinigung, SV, EKSt, Workation als etwaige Betriebsstätte etc.)

Abb. 5: Übersicht Begrifflichkeiten/Formen von mobilem Arbeiten

Ende 2023 arbeiteten 48 % aller erwerbstätigen Internetnutzer/innen mindestens gelegentlich im Homeoffice (Schlude u. a.: Verbreitung und Akzeptanz von Homeoffice, hrsg. vom Bayerischen Forschungsinstitut für Digitale Transformation – Anzahl der Befragten: 994, 2023).

Die neue Studie *„State of Hybrid Work 2023"* (Internationale Studie im Auftrag von *Owl Labs*, durchgeführt von *Vitreous World*, Anzahl der Befragten in Deutschland: 2.000 Vollzeitbeschäftigte) ermittelte, dass 61 % aller Befragten sogar ein gesetzliches Recht auf Homeoffice befürworten, mehr als jeder Zweite ist bereit, auf Gehalt zu verzichten, solange er oder sie von zu Hause arbeiten darf.

40 % nutzen am liebsten festgelegte Tage im Homeoffice, 24 % bevorzugen eine flexible, anlassbezogene Lösung. Nur 18 % möchten am liebsten nur „on remote" arbeiten („State of Hybrid Work 2023", Zeitung für Kommunalwirtschaft, 11.10. 2023).

Eine Studie des *ifo Institutes* ergab im September 2024, dass das Homeoffice mitnichten auf dem Rückzug sei: Aufflammende Debatten um eine breite Rückkehr ins Büro hält man dort angesichts einer stabilen „Homeoffice-Quote" der Beschäftigten von 23,4 % (September 2024) für übertrieben. „Es verdichte sich das Bild, dass diese Debatte ein ‚Hype' sei, der sich in den Daten nicht widerspiegele" (RNZ, 13.09.2024).

Die sehr große Mehrheit von 92 % der Homeoffice-Nutzenden ist mit der eigenen Situation im Homeoffice zufrieden – warum?

1. 76 % der befragten Arbeitnehmer/innen sehen ihre Produktivität im Homeoffice nicht gemindert oder sogar verbessert. In der gleichen Befragung stimmten dieser Einschätzung 61 % der befragten Unternehmen zu (Studie Work from Home, TU Darmstadt 2023).
2. Ein zweiter wichtiger Grund liegt wohl darin, dass flexibler und freier zwischen den unterschiedlichen Arbeitsorten gewählt werden kann (Verbreitung und Ak-

zeptanz von Homeoffice Ende 2023, hrsg. vom Bayerischen Forschungsinstitut für Digitale Transformation).

Aber auch persönliche Befindlichkeiten, wie depressive Verstimmungen, starke Schmerzen während der Menstruation, fiese Kommentare/belastende soziale Interaktionen mit Kolleg/innen können im Einzelfalle wichtige Beweggründe sein, lieber von zu Hause aus zu arbeiten.

Die Studienergebnisse legen nahe, dass die Möglichkeit vom Homeoffice aus tätig zu sein, die Identifikation mit dem/der eigenen (Kanzlei-)Arbeitgeber/in erhöht bzw. stabilisiert. Andererseits kann die mangelnde persönliche Bindung das Zugehörigkeitsgefühl zum/zur eigenen Arbeitgeber/in schwächen und die Wechselbereitschaft erhöhen.

Nichtsdestotrotz sind alle Formen des mobilen und flexiblen Arbeitens zum Wettbewerbsfaktor im Kampf um gut qualifizierte Fachkräfte geworden:

Je höher die angebotene Wahlfreiheit bzgl. Arbeitsort und -umfang (z.B. frei wählbar in verschiedenen Phasen des Erwerbslebens), desto attraktiver wird die Arbeitgebermarke wahrgenommen (vgl. auch Kap. 3 und 5).

Wie sehr diese Flexibilität von Mitarbeitenden geschätzt wird, erlebt das Unternehmen *SAP* in Walldorf auf weniger angenehme Weise: Bereits im Mai 2024 sollte „das Rad zurückgedreht" werden und nur noch 2 Tage Homeoffice möglich sein. Dagegen lief der Betriebsrat Sturm und es wurde zunächst keine Einigung bei der Ausgestaltung der mobilen Arbeit mit dem Betriebsrat erzielt. Anfang Juli einigte man sich auf einen Vergleich und richtete eine paritätisch besetzte Einigungsstelle ein. Ab April 2025 tritt bei SAP eine verbindliche Betriebsvereinbarung in Kraft, die im Kern vorsieht, dass Mitarbeitende mindestens 3 Tage im Büro oder beim Kunden vor Ort verbringen. Allerdings wurden auch Ausnahmeregelungen vereinbart, die u. a. verschiedene soziale Belange berücksichtigen sollen (RNZ, 18.03.2025). Das Thema wurde SAP-intern, aber auch in der Presse sehr emotional ausgetragen – ein Ausdruck dafür, welch hohe Relevanz flexible Arbeitszeiten und -orte für breite Schichten der Beschäftigten mittlerweile eingenommen haben (RNZ, 06.06.2024 und 04.07.2024).

Für Kanzleien besitzt daher das Homeoffice als anzubietende Arbeitsform höchste Bedeutung für:

– das Gewinnen neuer Mitarbeiter/innen (vgl. dazu auch Lutz u. a.: Mobile Arbeit in der Steuerkanzlei, 36 ff.) und

– die langfristige Bindung der Mitarbeiter/innen an die Kanzlei.

Für ein gelingendes Arbeiten „on remote" ist eine offene, wertschätzende Kanzlei- und Vertrauenskultur unabdingbar. Kontrollen von Arbeitnehmer/innen sind möglich, jedoch nur unter Einbeziehung der Betroffenen (FR, 26.07.2021).

Zudem muss Arbeit (im Homeoffice) sorgsam gestaltet werden, sonst drohen Selbstausbeutung, Demotivation und infolge dessen z.B. Burnout-Symptomatiken oder das (Zoom-)Fatigue-Syndrom als Folge von Ermüdung und Überlastung wegen z. B. zu vieler Videokonferenzen.

Schon 2022 zeigte der bereits zitierte „State of Hybrid Work-Report", dass Skepsis gegenüber Arbeiten „on remote" bei 43 % der Befragten dahingehend besteht, ob Vorgesetzte die eigenen Kolleg/innen im Büro für fleißiger und vertrauenswürdiger halten als Teammitglieder im Homeoffice. 35 % befürchten, dass sie durch die Arbeit im Homeoffice weniger Mitspracherecht haben und Chancen verpassen („State of Hybrid Work 2023", Zeitung für Kommunalwirtschaft, 11.10.2023).

Wie lässt sich Homeoffice erfolgreich gestalten?

– Eine gute technische Ausstattung bzw. Infrastruktur für das problemlose Arbeiten „on remote" und Gewährleistung der Erreichbarkeit für Mandant/innen und Kolleg/innen.

– Möglichkeit zur Nutzung digitaler Überwachungstools, jedoch nur auf Basis der gesetzlichen Vorgaben wie z. B. dem Bundesdatenschutzgesetz und nur dann, wenn die betroffenen Mitarbeiter/innen im Vorfeld ihre Zustimmung dazu gegeben haben. Eine unangekündigte Kontrolle des häuslichen Arbeitsplatzes ist nicht gestattet. Verbindliche Regelungen zu Besprechungs- und Pausenzeiten sowie das regelmäßige An- und Abmelden am PC sollten zielführend sein.

– Laut der Konstanzer Homeoffice-Studie 2023 möchten Mitarbeiter/innen knapp 3 Tage im Homeoffice arbeiten und 2 Tage im Büro, häufig beobachtete Praxis ist die Umdrehung des Verhältnisses, also 1 – 2 Tage Homeoffice und 3 – 4 Tage Büro.

– Ansprechende Büroräumlichkeiten, um den kanzleiinternen Austausch und Begegnungen zu fördern – kurz: Es muss sich lohnen, ins Büro zu kommen!

So groß der Zuspruch bei Arbeitnehmer/innen zum Arbeiten „on remote" auch sein mag, so groß sind die Vorbehalte in deutschen Führungsetagen: Laut einer Umfrage von *KPMG* vom Oktober 2023 stehen nur 25 % der Führungskräfte dem hybriden Arbeiten vorbehaltlos positiv gegenüber.

Als Motive lassen sich vermuten: Sorge um die psychische Gesundheit der Mitarbeiter/innen, mehr Kontrollwunsch, der höhere Koordinationsaufwand oder die Befürchtung, man könne sich im Homeoffice ein „lockereres Leben" machen.

Wer jedoch keine oder nur geringe Arbeitsleistung bringen will, für den gab und gibt es auch in Präsenz Wege zur Nichtleistung (Rech, in: Personalmagazin 06/2024, 22).

Da eine vollständige Rückkehr ins Büro – auch in unserer Branche – ausgeschlossen scheint, bedarf es Überlegungen, was den Weg ins Büro dauerhaft lohnend macht.

Was motiviert, wieder ins Büro zu kommen?

– Nach einer Befragung des Karrierenetzwerkes *LinkedIn* (Anzahl der Befragten: 1.326) ist für 78 % der Befragten wichtigster Motivator für ihre Präsenzzeiten der

Austausch mit Kolleg/innen. Wichtige Voraussetzung dafür: Es müssen die anderen ebenfalls im Büro sein und arbeiten!
– Für 15 % ist der Wunsch nach räumlicher Trennung von Privatem und Beruflichem ein wichtiger Grund.
– Nur 5 % lassen sich von einer besseren technischen Ausstattung ins Büro ziehen (Gulden u. a., in: Personalmagazin 06/2024, S. 33).
– Der Büro-Arbeitsplatz kann sehr attraktiv sein, wenn eine Reihe von Merkmalen und Annehmlichkeiten erfüllt werden:
  – die Räumlichkeiten, also die physische Arbeitsumgebung,
  – die Technologie und die
  – Führungs- und Organisationskultur (vgl. Kap. 6).

Aufgabe von Führung ist es heute und zukünftig, den kreativen Austausch in der Kanzlei anzuregen und die intensive Zusammenarbeit untereinander zu fördern – ob in Präsenz oder „on remote".

2. Der Video-Call

Während der Pandemiezeit erkannten viele Unternehmen und Kanzleien, dass Video-Calls und -Konferenzen für interne und externe Besprechungen (mit Mandant/innen, Erstgespräche mit Bewerber/innen etc.) gegenüber Präsenztreffen spürbar Aufwand einsparen. Besonders geeignet für virtuelle Gesprächsformate sind kurze oder mittellange Routinebesprechungen.

Laut einer Studie des *Bundesdeutschen Arbeitskreises für umweltbewusstes Management* (B.A.U.M.) besitzen mittlerweile 93 % der Unternehmen Zugang zu entsprechender Software und nutzen sie regelmäßig (FR, 29.01.2024). Dies entspricht auch den Ergebnissen meiner Branchenbefragung (s. o.).

Die digitale Kommunikation ist wegen ihres hohen Optimierungspotenzials zur festen Größe der neuen Normalität von Arbeit geworden. Sie birgt ein umfängliches Potenzial für die Gestaltung nachhaltigerer Arbeitsprozesse/-organisation und einer ressourcenschonenden Umsetzung geschäftsbezogener Kommunikation und Kooperation.

Fokussiertes Arbeiten lässt sich in kompakten Videokonferenzen gut bündeln und ist zeitsparend.

Gleichzeitig stieg die Anzahl der Dienstreisen in 2023/24 wieder steil an und auch in den Kanzleien ist man ob der Bindung an die Mandant/innen froh darüber, diese wieder mit der alten Selbstverständlichkeit in deren Unternehmen oder den eigenen Kanzleiräumlichkeiten zum persönlichen Gespräch und Austausch begrüßen zu können.

3. Zusammenarbeit „on remote" und Führen auf Distanz

In der „hybriden" Zusammenarbeit oder „on remote" braucht es etwas andere Führungs- und Kommunikationsstrukturen.

Besondere Merkmale und Herausforderungen sind:

- Gestaltung von virtuellen Kommunikations- und Arbeitsprozessen (vgl. dazu auch Lutz u. a.: Mobile Arbeit in der Steuerkanzlei, 53 ff.),
- Übertragung der sozialen Interaktion ins Digitale, um Raum für persönlichen Austausch zu schaffen,
- gemeinsame Zielvorstellungen und Commitments sind digital herausfordernder als im persönlichen Austausch, da nonverbale Signale praktisch fehlen.

Richtiges Maß/Balance an Kontrolle und Vertrauen ist essenziell: Zu viel Kontrolle kann zu Widerständen und Demotivation führen, zu wenig zu Verunsicherung oder „Laissez-faire".

Wer eine Vertrauenskultur leben und bewahren will, muss auch Missbrauch aufdecken!

Empfehlungen für das Führen auf Distanz:

- Kommunikation persönlich halten, besonders höflich sein – Entfremdung vorbeugen!
- In öffentlichen Foren Kritik und Sarkasmus vermeiden!
- Regelmäßige Feedback-Gespräche/Einzelgespräche zwischen Führungskraft und Mitarbeiter/in. Mitarbeiter/innen sind gut beraten, ihre eigenen Erfolge zu thematisieren und Feedback ihrer Vorgesetzten einzufordern, um trotz räumlicher Distanz sichtbar zu bleiben.
- Verbindliche Spielregeln für das Homeoffice, z.B. Festlegung der Zeiten für den gemeinsamen Austausch, „stille Zeiten" etc.,
- klare Aufgabenverteilung und eine möglichst verlässliche Vertretungsregelung, da diese „on remote" erfahrungsgemäß umständlicher zu organisieren ist,
- gegenseitiges Vertrauen als Basis für eine erfolgreiche Zusammenarbeit auf Distanz,
- motivierende Worte und Sensibilität,
- Förderung der gemeinsamen Kommunikation, Kommunikationsstil und Einsatz der passenden Medien immer wieder hinterfragen, regelmäßige Meetings.
- Das „Wir-Gefühl" stärken, z.B. durch regelmäßige gemeinsame Austausch-Treffen online (auch „Digitale Kaffeepause"), aber insbesondere analog/persönlich vor Ort können helfen, einer Distanzierung entgegenzuwirken.

— Motivieren Sie Ihre Mitarbeiter/innen dazu, auch untereinander im Austausch zu bleiben (vgl. dazu auch Lutz u. a.: Mobile Arbeit in der Steuerkanzlei, 115 ff.).

4. Onlineseminare und digitale Veranstaltungsformate

Die Corona-Pandemie wirkte wie ein Katalysator auf die Digitalisierung betrieblicher Weiterbildungsangebote.

Die regionalen Steuerberaterkammern, Bundessteuerberaterkammer, Lehrgangs-Anbieter zur Vorbereitung auf Berufsexamina oder andere qualifizierte Abschlüsse in den steuerberatenden Berufen haben ihre digitalen Formate stark ausgeweitet.

Der Vorteil liegt für beide Seiten auf der Hand: Nutzer/innen können aus einer viel breiteren Angebotspalette auswählen und sparen Zeit und Kosten durch wegfallende Anfahrten, günstigere Teilnahmegebühren etc. Anbieter sprechen breitere Zielgruppen an und verkaufen ihre Produkte häufiger.

Jedoch ist und bleibt im Bereich der überfachlichen Weiterbildung, der Personal- und Führungskräfteentwicklung das analoge „Face-to Face"- Format die erste Wahl (vgl. Kap. 7.4 und 7.5).

Eine Kanzleiinhaberin schwärmte unlängst: *„Wir haben uns in 2023 selbst auf fachlichen Weiterbildungen so gefreut uns endlich einmal wiederzusehen, uns in den Pausen auszutauschen, ein bisschen zu tratschen etc. Das hatte uns allen so gefehlt".*

Analoge Formate, ergänzt um digitale Veranstaltungsformen – ein deutliches Plus für alle Beteiligten.

Handlungsempfehlungen für Kanzleiinhaber/innen und deren Führungskräfte

Ermöglichen Sie Ihren Mitarbeitenden eine wirkliche Wahlfreiheit/Flexibilität des individuellen Arbeitsmodells: hybrides Arbeiten, flexible Arbeitszeiten, Arbeitszeitkonten.

Machen Sie (auch) lebensbiografische Angebote:

- für Jüngere: Arbeitsteilzeitangebote in der „Rushhour des Lebens",
- für Ältere: Altersteilzeit für einen gleitenden Übergang in den Ruhestand, z.B. um Ehrenämter oder Hobbys auszuprobieren.

Beachten Sie die Besonderheiten in der Kommunikation und Zusammenarbeit auf Distanz und richten Sie Ihre Führung daran aus.

Profitieren Sie als Kanzleigemeinschaft vom möglichen Mix aus Präsenz- und Digitalformaten bei der (fachlichen) Weiterbildung.

Achten Sie unbedingt darauf, in regelmäßigen Abständen den persönlichen Austausch bzw. die „Nachlese" der geschulten Inhalte zu sichern (vgl. dazu ausführlich Kap. 6.3, 6.4 und Spotlight 3).

Handlungsempfehlungen für Mitarbeiter/innen

Sprechen Sie im Bewerbergespräch die individuellen Rahmenbedingungen oder Erfordernisse für eine langfristige, gesicherte Ausübung Ihrer Tätigkeit in der Kanzlei an.

Suchen Sie umgehend das Gespräch, wenn (Ver-)Änderungen anstehen, damit sich Ihr/e Arbeitgeber/in darauf einstellen und ggf. gemeinsam neue Regelungen vereinbart werden können.

Seien Sie zuverlässig „on remote" erreichbar, suchen Sie von sich aus bei Bedarf den Kontakt zu Vorgesetzten und Kolleg/innen.

Machen Sie Vorschläge, wenn Sie passende, attraktive Weiterbildungsangebote digital oder in Präsenz entdecken. Bieten Sie sich an, die geschulten Inhalte in geeigneter Form kanzleiintern weiterzugeben/vorzutragen.

Dies kann eine gute Gelegenheit sein, sich (regelmäßig) „face to face" in der Kanzlei zum Austausch zu treffen.

Teil 2

Praxisbewährte und innovative Wege bei der Mitarbeiter/innen-Gewinnung

3. Neue Mitarbeiter/innen gewinnen – Worauf es wirklich ankommt!

> „Menschen sind doch das Wertvollste, das man gewinnen kann."
> Sigmund Freud (1856–1939) an C.G. Jung (1875–1961): Briefwechsel (1910),
> hrsg. von William McGuire und Wolfgang Sauerländer, Frankfurt/Main, S. 154 (1984)

3.1 Auf dem Prüfstand: Kanzlei-Werte und -Anforderungen

Um zielgerichtet zu identifizieren, wer zu Ihnen und Ihrer Kanzleikultur passt, ist es unabdingbar, zunächst sich *selbst* als Kanzleigemeinschaft zu reflektieren und zu definieren, was *Sie* als Kanzlei ausmacht:

– *Wer sind wir? Wie „tickt" unsere Kanzlei? Wer passt zu uns?*
– *Wie sieht unsere Mandantenstruktur aus?*
– *Wie setzt sich unsere Mitarbeiterriege zusammen?*
– *Was ist uns im kanzleiinternen Umgang wichtig, wie wollen wir nach außen auftreten und wahrgenommen werden?*

Und nicht zuletzt:

– *Wie prägen Sie als Kanzleiinhaber/in die Zusammenarbeit sowohl zwischen Ihnen als Vorgesetzter/m und Ihren Mitarbeiter/innen als auch das kollegiale Miteinander untereinander?*

Folgende Fragestellungen sollen Ihnen Hilfestellung geben, die in Ihrer Kanzlei gelebten Werte zu reflektieren:

a) Arbeitsleistung und Arbeitsqualität

– Philosophie Ihres Beratungsansatzes, z.B. umfassende Unternehmer- bzw. Mandantenberatung, Spezialisierung etc.,
– Erwartungen der Leistungs*gemeinschaft* Kanzlei an die Leistungs*bereitschaft und Arbeitsqualität* jedes/jeder Mitarbeitenden,

- angesichts zunehmender Arbeitsverdichtung: täglich zu erbringendes Arbeitspensum, ggf. (auch) unter Zeitdruck, Anforderungen an die Stress-Resilienz Ihrer Mitarbeiter/innen,
- Anforderung an die geistige Flexibilität/Beweglichkeit Ihrer Mitarbeiter/innen, z. B. bei ständig wechselnden Projekten bzw. Mandantenanfragen,
- Arbeiten überwiegend in Einzeltätigkeit oder als Team (Grad der „Homeoffice-Eignung" der angebotenen Tätigkeiten),
- Maß an Eigeninitiative und Einsatzbereitschaft, hohe Eigenverantwortung vs. Arbeiten nach klaren Vorgaben mit eher geringem Gestaltungsspielraum,
- Fortbildung: gezielte Förderung der (fachlichen) Weiterentwicklung von Mitarbeiter/innen vs. Weiterbildung überwiegend im Selbststudium.

b) Ziele und Werte

- Was konkret bedeutet für Sie unternehmerischer Erfolg? Welche Ziele will die Kanzlei in den nächsten Jahren erreichen?
- Mandantenbetreuung/Dienstleistungsmentalität: sehr persönliche, individualisierte Beratung vs. „Massengeschäft",
- Qualität und Branchenzugehörigkeit der Mandantschaft, ggf. Zusammensetzung der A, B, C und D-Mandate.
- Loyalität der Mitarbeiter/innen gegenüber Ihnen als Arbeitgeber/in und welche unterstützenden/flankierenden Maßnahmen?
- Welche Benefits bieten Sie? (Diese geben Aufschluss über Ihre Kanzleiwerte, vgl. Kap. 5.)

c) Führung und Kommunikation

- Führung der Mitarbeiter/innen im partnerschaftlichen Miteinander vs. Verständnis vom Mitarbeitenden als auswechselbare Ressource,
- Kommunikation: regelmäßiger Austausch zwischen Führungskraft und Mitarbeiter/innen,
- z. B. „Politik der offenen Türe" und regelmäßige Mitarbeiter/innengespräche vs. einer überwiegend funktionalen, nicht strukturierten Kommunikation,
- Souveränität im Umgang mit Fehlern und Pannen in der Mandatsbetreuung vs. „Null-Fehler-Politik",
- Arbeitszeitmodelle: flexible Arbeitszeiten und -modelle vs. Festlegung auf eine Arbeitsform, meist Präsenzpflicht.

d) Kollegialität und innerer Zusammenhalt

- Regeln und Gepflogenheiten des Umgangs miteinander: Bedeutung gelebter Kollegialität, Hilfsbereitschaft/Unterstützung,
- offener Umgang/Transparenz mit Informationen als Teil der Kanzlei- und Kommunikationskultur.

Reflektieren Sie ehrlich und selbstkritisch, welche Organisations- und Verhaltensregeln in Ihrer Kanzlei tonangebend bzw. maßgeblich sind.

Kommunizieren Sie diese Werte auf Ihrer Kanzleihomepage und nicht zuletzt im Bewerber/innengespräch. Nur so können Sie sicherstellen, dass neu zu gewinnende Mitarbeiter/innen nicht nur fachlich, sondern auch ideell zu Ihnen und Ihrem Team passen.

3.2 Wie attraktiv ist Ihre (Arbeitgeber-)Marke?

Menschen möchten gerne stolz auf ihre/n Arbeitgeber/in sein, also darauf, wo und für wen sie arbeiten. Übersetzt auf unsere Branche: Ihre Mitarbeiter/innen wollen sich mit den Werten Ihrer und „ihrer" Kanzlei identifizieren, sich als Teil des Kanzlei-Teams und gemeinsamen Erfolgs begreifen.

Ihre Arbeitgebermarke ist „gefühlter Ausdruck" dafür, *warum* es sich lohnt, die eigene Arbeitskraft – als Arbeitskraft*geber* – für bzw. in *Ihre* Kanzlei zu investieren. Aus Sicht Ihrer anzuwerbenden Mitarbeiter/innen ist dies *Ihr* Versprechen, dass sich der Erfolg Ihrer Kanzlei auch in persönlichen Erfolg des Einzelnen umsetzen lässt – wenn der individuelle Beitrag stimmt.

Für Sie als Kanzleiinhaber/in ist sie Ausdruck Ihres Kanzleiimages, *Ihrer Reputation*. Die eigene Arbeitgebermarke zu etablieren, ist ein langfristiges Unterfangen. Zum Glück lässt sich dies steuern und prägen – genau hier beginnt die Arbeit damit.

Es bestehen große Überschneidungen zum Marketing. Der Fokus liegt jedoch weniger auf Mandantenseite, sondern darauf, interessante Bewerber/innen auf Sie bzw. die Kanzlei aufmerksam zu machen.

Fragen Sie sich als Kanzleiinhaber/in daher:

- Wie kann ich mich zukünftig als attraktive/r Arbeitgeber/in positionieren und bekannt machen? – „Schaufenster schaffen"

Was macht Sie bzw. Ihre Kanzlei als Arbeitgeber/in aus?

3.3 Stellschrauben einer attraktiven Kanzlei-Arbeitgebermarke

Dazu gehören die konkrete Arbeitsplatzgestaltung, die Prozessorganisation in der Kanzlei und die technischen Voraussetzungen für die verschiedenen Arbeitsformen.

Was können und wollen wir Bewerber/innen bieten?

- Ansprechendes, modern ausgestattetes Arbeits-(platz-)umfeld und Möglichkeit von Homeoffice,
- Flexibilität und Wahlfreiheit bei den Arbeitsmodellen (z. B. Anzahl der Wochenarbeitsstunden, „hybrides" Arbeiten, Auszeiten etc.),
- Qualität, Vielfalt und Profitabilität der vorhandenen Mandate bzw. Mandantenstruktur, ggf. auch Spezialisierung als Ausdruck eines Kanzlei-Alleinstellungsmerkmals.

Was macht bei uns und unseren Mandant/innen die Faszination Steuerberatung aus?

- Überzeugende Führungspersönlichkeiten und transparente, wertschätzende Kommunikation auf Augenhöhe,
- marktgerechtes Gehalt, Anzahl der Urlaubstage (30 pro Jahr sind üblich),
- nützliche Benefits (vgl. ausführlich Kap. 5),
- systematische und motivierende Aus- und Weiterbildung (vgl. ausführlich Kap. 7).

Alle Angebote von Aus- und Weiterbildung sowie Personal- und Führungskräfteentwicklung sind zwingend in ein Gesamtkonzept einzubetten

Welche Karrierepfade wollen wir unseren Leistungsträgern in Aussicht stellen?

- Wie fördern wir Talente? (vgl. Kap. 7.4 und 7.5)
- Welche langfristigen Perspektiven haben wir zu bieten?

Was macht uns stolz und was mögen wir an unserer Kanzlei besonders?

- Sympathische, kollegiale und offene Kanzleikultur, die verbindet,
- Dresscode (häufiger Wunsch von Mitarbeiter/innen: eher leger).

Sie sollten mehr anbieten als „nur" einen (sicheren) Job!

Eine hohe emotionale Bindung zur Kanzlei und Verbindlichkeit ist für die dauerhafte Arbeitsplatzzufriedenheit (und weniger Krankheitstage) wichtig (vgl. AOK-Fehlzeiten-Report 2024).

Für Ihre Kanzlei als attraktive Arbeitgeberin bedeutet dies, den Mitarbeitenden *„berufliche Heimat"* zu bieten.

Entscheidend ist es, sich in diesem Punkt positiv von Wettbewerbern abzuheben.

Nutzen Sie Ihre Kanzleihomepage für eine persönliche, emotionale Ansprache. Machen Sie aus Ihrem Internetauftritt (besonders auf der Karriereseite/Stellenangebote) *ein emotionales Erlebnis.*

Bringen Sie folgende Botschaften rüber:

– Was ist unsere ganz eigene, spezielle Story? Wie sind wir groß geworden?
– Worauf sind wir stolz?
– Was ist das Faszinierende an den Branchen, die wir betreuen? Worauf sind wir spezialisiert?
– Gibt es innovative Problemlösungen?
– Was macht Arbeiten bei uns aus?
– Wer sind unsere Mitarbeiter/innen?
– Was bieten wir an (Benefits)?
– Bewerberformular und/oder „Landing-Page", niedrigschwellige Möglichkeit der Kontaktaufnahme.
– Konkrete/r Ansprechpartner/in für Bewerber/innen.
– Nutzen Sie Bilder/Fotos, verzichten Sie auf lange Textpassagen.

▶ **Arbeitshilfe 1: Wie attraktiv ist Ihre Arbeitgebermarke? – Schnelltest**

Schnell-Test:
Ist meine/unsere Kanzlei als Arbeitgeberin bekannt und attraktiv genug?

- O Was macht uns als Kanzlei aus?
- O Was schätzen wir an unserer Leistungsgemeinschaft Kanzlei besonders?
- O Wieviel Prozent unserer/meiner Zeit verwende/n wir/ich auf Mitarbeiterführung?
- O Entspricht unser/mein Führungsverhalten dem Anspruch unserer Leistungsträger/innen?
- O Was macht für uns die Faszination Steuerberatung aus?
- O Haben wir attraktive Mandate bzw. eine attraktive Mandatsstruktur?
- O Ist die Fluktuation eher hoch oder gering?
- O Empfehlen Mitarbeiter/innen unsere Kanzlei als Arbeitgeberin weiter (z. B. in der Familie, im Freundeskreis etc.)?
  Gehen daraufhin Bewerbungen ein?
- O Erhalten wir zahlreiche Initiativbewerbungen übers Jahr?
- O Kommen ausreichend, gar viele gute Bewerbungen um Ausbildungsstellen, aus denen wir wählen können?
- O Wie/auf welchen Wegen sprechen wir potenzielle neue Mitarbeiter/innen an? Haben wir ausreichend unterschiedliche Plattformen im Blick?
- O Was konkret bieten wir neu eingestellten Mitarbeiter/innen, damit sie sich rasch integrieren?
- O Was bieten wir unseren Mitarbeiter/innen?
- O Welche Karrierepfade stehen unseren Leistungsträger/innen offen?
- O Ist die Arbeitsplatzgestaltung modern und ansprechend/leistungsfördernd?
- O Können wir verlässliche „Quellen anzapfen" wie wir „da draußen" wahrgenommen werden? Wie verwerten/nutzen wir das Feedback?
- O Wie könnten wir dies rausfinden?
- O Wie können wir unsere Reputation als Arbeitgeber/in positiv beeinflussen?

Diese Arbeitshilfe ist auch digital verfügbar.

3.4 Werben Sie mit den Vorteilen des steuerberatenden „Berufs-Sonnenseiten" der Steuerberatung

Zielgruppen:

Interessierte Schulabgänger/innen, Umschüler/innen, Quereinsteiger/innen (z. B. auf Vorträgen, Bewerbermessen, im persönlichen Gespräch mit Interessent/innen) ansprechen.

Die wichtigsten „Sonnenseiten" der steuerberatenden Berufe in Kürze:

- der konstruktive Umgang mit Zahlen,
- viele Kontaktflächen und abwechslungsreiche Tätigkeiten, v. a. im Umgang mit Mandant/innen,
- die Nutzung moderner Medien,
- eine gesicherte berufliche Zukunft in einem krisenfesten Umfeld,
- die Notwendigkeit berufslebenslanger fachbezogener Weiterbildung und die Möglichkeit, sich über berufsqualifizierende Abschlüsse sichere Aufstiegschancen zu erarbeiten.
- *Das Berufsziel Steuerberater/in lässt sich über eine Ausbildung erreichen – einmalig in den freien Berufen!*
- Locken Sie mit früher Eigenverantwortlichkeit und attraktiven, sicheren Karrierewegen für die, die leistungsbereit sind.

3.5 Mehr als ein Job – was Bewerber/innen heute erwarten

Die Erwartungen von heutigen Bewerber/innen an ihre/n Arbeitgeber/in, ihr Tätigkeitsfeld, ihre Arbeitsplatzumgebung und die Rahmenbedingungen ihrer Berufstätigkeit haben sich deutlich gewandelt.

Kurz: Die Ansprüche an den Job und an die Führung (!) sind spürbar gestiegen – und die meisten Bewerber/innen in unserer Branche können es sich leisten, wählerisch zu sein.

Zentral für ein „gutes Verhältnis" zur/zum Vorgesetzten ist eine stete Kommunikation, das regelmäßige Gespräch. „*Im Austausch bleiben*" ist entscheidend für gute, erfolgswirksame Führung.

Emotionale Mitarbeiterbindung ist die beste Schutzimpfung gegen ungewollte Fluktuation.

Gallup definiert emotionale Mitarbeiterbindung als „die Bereitschaft und Begeisterung, die Mitarbeitende bei der Arbeit und an ihrem Arbeitsplatz zeigen". Als ein Beispiel für die Wirksamkeit wird genannt: Motivierte Mitarbeiter/innen reichen signifikant mehr Verbesserungsvorschläge ein – die auch umgesetzt wurden – z. B. zu Kosteneinsparungen, Umsatzsteigerungen oder verbesserter Effizienz (Gallup 2024).

Tatsächlich förderte in Untersuchungen eine positive Beziehung zwischen Vorgesetztem und Mitarbeiter/in dessen/deren konkrete Arbeitsleistung, sowohl qualitativ als auch quantitativ.

Die Beziehungsqualität ist also fundamental für das Engagement und die Arbeitsleistung. Innere Verbindlichkeit setzt starke Bindungskräfte frei und ist der allerbeste Schutz gegen Abwanderung.

Als Vorgesetzte/r ist es an Ihnen, *„positive Mitarbeiterbindung" zu betreiben*. Das bedeutet, sich um Ihre Mitarbeiter/innen zu kümmern, sie mit adäquater Arbeit zu versorgen und zu unterstützen, Teil des Teams zu werden oder zu sein.

Nochmal eine Anleihe aus einem anderen Bereich, der wieder mit Reichtum zu tun hat:

Ingo Hamm verweist in seinem Buch *„Lust auf Leistung"* auf eine von ihm durchgeführte, repräsentative Befragung, in der unfassbare 85 % der Befragten äußerten, trotz Lotto-Supergewinn weiterarbeiten zu wollen (vielleicht nicht mehr im selben Beruf, aber keinesfalls bloß Faulenzen) (Hamm 2024, 14).

Laut der *„Kartographie der Arbeit"* der *Friedrich-Ebert-Stiftung* (FES 2024) haben (ebenfalls) 85 % einen positiven Blick auf ihre Arbeitsleistung, sind stolz auf ihre Arbeit. 83 % arbeiten gerne mit ihren Kolleg/innen zusammen und meinen, ihre Arbeit leiste einen wichtigen Beitrag für die Gesellschaft. Nur beim Respekt für das Geleistete hapert es: Keine 50 % sehen sich ausreichend anerkannt. Das ist nicht nur schade, sondern auch Ausdruck einer „negativen Mitarbeiterbindung": De-Motivation von Mitarbeiter/innen gehört ebenso dazu wie das Festhalten an schlechten, kanzleischädigenden, gar toxischen Mitarbeiter/innen, statt sich konsequent von diesen zu trennen und für neue, motivierte Menschen Platz zu machen.

3.6 Trends bei der Mitarbeiter/innen-Zufriedenheit

– Gute, kollegiale Zusammenarbeit: *Wunsch nach WIR-Gefühl*

Laut der *Capterra's Studie 2023* zur Mitarbeiterbindung ist Kollegialität das wichtigste Kriterium für das Wohlbefinden im Job. Die Mehrheit der Befragten (62 %) betonte die große Bedeutung positiver zwischenmenschlicher Beziehungen am Arbeitsplatz. Ein gutes Verhältnis zu den Kolleg/innen zu haben, ist danach der mit Abstand wichtigste Faktor für die Arbeitszufriedenheit (Capterra 2023).

Die Bewertungsplattform *kununu* gibt den dort durchschnittlich gemessenen Wert zur Mitarbeiter/innen-Zufriedenheit in Kanzleien/Branche der Steuerberatung mit 3,9 (von 5) Punkten an.

"Wenn ich Chef wäre ..." – Sieben Sachen, die Mitarbeiter/innen ändern würden

Rang	Ausprägung/Antwort	Zustimmung
1	mehr Gespräche mit Mitarbeiter/innen führen: reibungslose, effektive, anerkennende Kommunikation	63 %
2	individuellere Aufgabenverteilung nach Kompetenz und Neigung des einzelnen Mitarbeitenden	53 %
3	flexible bzw. noch flexiblere Arbeitszeiten	50 %
4	mehr Beteiligung/Mitsprache	47 %
5	mehr Gehalt bzw. besseres Gehaltsangebot	33 %
6	Reduzierung der internen Meetings/Besprechungen	26 %
7	sich selbst in eine Führungsposition befördern	21 %

Abb. 6: Was Mitarbeiter/innen ändern würden
Quelle: Umfrage Talents & Trends der Rundstedt & Partner GmbH, Düsseldorf 2019

Kanzleien, die dort z. B. mit einer Punktzahl von 4,4 durch ehemalige Mitarbeiter/innen bewertet werden, liegen also über dem Durchschnitt.

– Zunehmendes Bedürfnis nach mehr *Sinnhaftigkeit der Arbeit*

Der Wunsch, ein sinnvolles Ziel anzustreben und befriedigende, sinnstiftende Erfahrungen im Berufsleben zu machen. Menschen wollen in dem, was sie tun, eine Motivation finden.

– Transparenz in der Kommunikation

Ziele und Herausforderungen des/der Arbeitgebenden zu kennen, ist ein Zeichen von Vertrauen und hilft den Mitarbeitenden, motiviert zu bleiben. Jedes Unternehmen wünscht sich eine engagierte Belegschaft. Dies setzt umgekehrt jedoch Transparenz voraus: Mitarbeitende wollen über Prozesse und aktuelle Entscheidungen informiert sein, gleich, ob es sich dabei um große oder kleine Maßnahmen bzw. Veränderungen handelt.

– Feedback nehmen und geben

Insbesondere *engagierte* Mitarbeiter/innen erwarten eher mehr Feedback von ihren Vorgesetzten. Für die einzelnen, aber auch für die Leistungsgemeinschaft Kanzlei ist Feedback geben und nehmen wichtig, damit sich Mitarbeitende weiterentwickeln, ihre Stärken ausbauen oder an Defiziten arbeiten können. Das steigert die Arbeits- und Beratungsqualität der ganzen Kanzlei und generiert Impulse zur Kanzleientwicklung (vgl. Kap. 6.2/Punkt 2: Das Jahresmitarbeiter/innengespräch).

– *Moderne Technologien*: Implementierung

Mit fortschreitender Automatisierung und Digitalisierung im steuerberatenden Beruf haben Anwenderprogramme eine zentrale Stellung eingenommen und zusätzlich all die Software zur Zusammenarbeit „on remote".

Auch mittelständische Kanzleien schaffen vermehrt Positionen für „Digitalisierungsmanager", die den Überblick haben sollen über neue verfügbare Programme, ihre Einführung und Schulung. Angesichts sich verändernder Arbeitsprozesse und -routinen ist es erfolgsentscheidend, alle Mitarbeiter/innen „ins Boot" zu holen und für das neue, digitale Arbeiten zu werben – besonders bei den älteren Arbeitnehmergenerationen, den *Baby-Boomern* (1946–1964) und *GEN X* (1964–1980) (vgl. dazu ausführlich Kap. 6.1).

3.7 Gründe für Bleiben oder Gehen im Überblick

„Mitarbeiter/innen verlassen nie Kanzleien, nur Chefs." – *Erfahrungswissen/Maxime im Management*

	TOP- GRÜNDE für BLEIBEN u. a. Gallup 2016, 2024 andere Befragungsergebnisse	TOP- GRÜNDE für GEHEN T3n-Magazin 2017, Gallup 2024
1	gute, zugewandte Führung, die regelmäßige Kommunikation einschließt und signalisiert: „Ich sehe dich!" Wertschätzung und Anerkennen der erbrachten Arbeitsleistung (durch Worte und Gesten wie Glückwünsche zu Geburtstag oder Jubiläum, Ostern/Weihnachten etc.)	keine bzw. vernachlässigende oder rücksichtslose Führung, wenig und rein funktionale Kommunikation den/die Mitarbeiter/in „übersehen" und dadurch nicht wertschätzen bzw. Arbeitsleistung nicht anerkennen
2	nach eigenen Fähigkeiten und Neigungen eingesetzt + Anerkennung = Extrastunden + Extradenken + Extraleistung Interessante Aufgaben, Karrierepfade und Perspektiven, Entwicklungs- und Weiterbildungsmöglichkeiten	zu viele und ständige Überstunden keine Anerkennung dafür Überlastung vs. Langeweile keine Perspektiven, z. B. Aufstiegsmöglichkeiten (abhängig von Karriereorientierung)
3	(emotionale) Bindung = Schutzimpfung gegen Abwanderung/Fluktuation z. B. durch gute Kollegialität & gute Führung, gutes Betriebsklima & attraktive Angebote	keine oder zu geringe (emotionale) Bindung Mentalität gegenüber ehemaligen Mitarbeitenden: „Der/die hat ja sowieso nicht zu uns gepasst." bessere Job-Alternativen oder ein sich **sich ändernder Lebensweg** (Umzug oder Berufswechsel)
4	marktgerechtes, eher überdurchschnittliches Gehalt	keine oder schlechte Gehaltsentwicklung
5	flexible Arbeitszeitmodelle, Arbeitszeitkonten, Teilzeit, Homeoffice-Möglichkeiten etc. Lebensbiografische Angebote, also je nach persönlicher Lebenssituation mehr oder weniger arbeiten oder „Auszeiten" nehmen zu können	Nachteile durch (un)flexible Arbeitszeiten, keine Freiheiten oder völlige Freigabe aller Rahmenbedingungen (Risiko von Selbstausbeutung)
6	JOB-Sicherheit Vereinbarkeit Familie & Beruf Planbarkeit (je nach Mitarbeitergruppe wichtigeres Kriterium!)	unsicheres, prekäres Arbeitsverhältnis keine oder schlechte Vereinbarkeit Beruf und Familie („Ich will einen Job, der zu meinem Leben passt")
7	gut ausgestatteter Arbeitsplatz	schlecht bzw. unmodern ausgestatteter Arbeitsplatz
8	attraktive Mandatsstruktur bzw. rentable Mandant/innen oder Spezialisierung (mehr Freude an der Arbeit und realistische Aussicht auf Tantieme)	unrentable und nervige Mandant/innen mit zu geringer Kostendeckung
9	Freiräume und Beteiligung an Entscheidungen (kann wichtigeres Kriterium sein!)	keine oder zu wenig Freiräume, keine Beteiligung an Entscheidungen
10	konstruktiver Umgang mit Kündigungen, abgehenden Mitarbeiter/innen (z. B. Trennungsgespräche mit echtem Feedbackanteil an den/die Arbeitgeber/in, Kontakt halten, ggf. Aussicht auf Rückkehr etc.)	destruktiver Umgang mit scheidenden Mitarbeiter/innen (z. B. kein oder nur formales Trennungsgespräch, beleidigte Grundhaltung)

Abb. 7: Übersicht TOP-Gründe für Bleiben oder Gehen

3.8 Einarbeitung und die ersten 100 Tage eines/einer neuen Mitarbeitenden

Die ersten 100 Tage sind in der Politik nicht ohne Grund jene (symbolische) Zeitspanne, die als Einarbeitungs- und Schonzeit für den/die neue Mandatsträger/in gewährt werden.

Das sog. On-Boarding, also die umfassende Bereitstellung von Arbeitsmitteln samt Einführung ins neue Arbeitsumfeld, eine Einarbeitung und Begleitung der ersten Monate (z. B. über ein Mentoren-Programm) sind für Neueinsteiger/in und Arbeitgeber-Kanzlei eine *entscheidende Bewährungsprobe*:

Sehr oft werden hier die Weichen gestellt, ob jemand bleibt oder geht.

Der Psychiater *Förstl* weist darauf hin, dass schon in den ersten Lebenswochen eines Säuglings das *menschliche Gehirn beginnt zu bilanzieren: Was investiere ich, was bekomme ich zurück?* Im Gehirn entwickelt sich dann zunehmend ein Verständnis von Loyalität und geradezu eine Perfektion im Kalkulieren: Es verrechnet heutigen Aufwand schon mit einem Nutzen, den erst die Zukunft verspricht (Förstl, 67–68).

Aus Sicht der Kanzlei gibt es nur gute Gründe, eine/n neu gewonnene/n Mitarbeitende/n in dieser Phase nach Kräften zu unterstützen – vorausgesetzt, der Neuzugang überzeugt. Unterschätzen Sie diese ersten Monate keinesfalls und nutzen Sie sie, um sich gegenseitig kennenzulernen und ins produktive „Doing" zu kommen.

Ähnlich der Entwicklung eines Kindes bildet diese *Anfangszeit die Grundlage aller zukünftigen Zusammenarbeit, des gegenseitigen Vertrauens – und der (emotionalen) Bindung aneinander.*

3.9 Im Fokus: Generationen Y und Z

Obwohl sich nach jüngsten Untersuchungen die Einstellung zur Arbeit der sog. *GEN Y* (1980–1995) und *GEN Z* (1995–2010) gar nicht so sehr von anderen Arbeitnehmer/innen-Generationen unterscheidet wie landläufig behauptet (vgl. z. B. Kartographie der Arbeit, Friedrich-Ebert-Stiftung 2024), lohnt ein abschließender, vergleichender Blick auf die beiden Gruppen. Immerhin prägen sie die neuen Trends auf dem Arbeitsmarkt – und seine zukünftige Entwicklung.

GEN Y prägen Leistungsorientierung, Individualismus, hohe Affinität zu digitalem Arbeiten – und ihr Wunsch nach Unabhängigkeit. Übersetzt in Erwartungen an die Kanzlei, der sie das knappe Gut Arbeitskraft zur Verfügung stellen, heißt das:

– höchstmögliche Flexibilität bei Arbeitszeiten und -ort (Stichwort: „hybrides" Arbeiten),

- steter/permanenter Austausch zu den eigenen Entwicklungsfortschritten („Leistungsfeedback") und Perspektiven, da rasch Ungeduld bei ausbleibendem (zugesagtem) Aufstieg aufkommt,
- ehrgeizig, durchaus mit Ambition zu Führung,
- eine Kanzleikultur, die die eigenen Werte und Vorstellungen des „idealen Jobs" widerspiegelt (vgl. auch v. Bezold 2023, NWB, 2955–2956),
- ein stattliches Gehalt mit ergänzenden, nützlichen und möglichst maßgeschneiderten Benefits (vgl. Kap. 5).

GEN Z erwartet noch kompromissloser, dass sich „ihre" Kanzlei an die für sie relevante Lebenswelt anpasst (z.B. hoher Stellenwert Freunde, Hobbys, Klimaschutz etc.).
- Wollen SOFORT Feedback, können schlecht etwas aufschieben,
- sind deutlich sicherheits- und anerkennungsbedürftiger (junges Lebensalter!),
- entdecken das WIR-Gefühl wieder und schätzen das Arbeiten in stimmigen, unterstützenden Teams, suchen Selbstwirksamkeit,
- sind gesundheits-, umwelt- und klimabewusster, extrem IT-affin,
- trennen viel strikter Arbeit und Privates. Nicht mehr eine „Work-Life-Balance" erscheint erstrebenswert, vielmehr werden konsequent Trennlinien zwischen Job und Freizeit gezogen.

Gemeinsamkeiten von *GEN Y* und *Z* sind z.B.:
- Etwa der Hälfte beider Generationen ist ein besseres Gehalt wichtiger als die Anzahl der Urlaubstage.
- Gleichzeitig stimmt eine Mehrheit der Aussage zu, dass ihnen möglichst viele Sozialleistungen und hohe Flexibilität für den Ausgleich von Arbeit und Freizeit bei der Wahl ihres/ihrer Arbeitgebenden wichtiger sei als eine hohe Bezahlung und Karriereperspektiven.

Die folgende Übersicht (Abb. 8) bietet einen zusammenfassenden Überblick über wesentliche Werte der *GEN Y* und *Z*, ihre Merkmale, ihr Selbstverständnis als Arbeitnehmer/innen sowie die Bindungsbereitschaft und Erwartungen an den/die Arbeitgeber/in.

Die nachfolgende Generation *alpha* (ab 2010–2025) ist am Arbeitsmarkt noch nicht angekommen und ist daher (noch) kein Gegenstand weiterer Betrachtungen.

Weitergehender, nützlicher Link zu Ergebnissen einer großen Befragung des Unternehmens *Continental* zur *GEN Z*:

www.continental.com/de/presse/studien

Vergleichender Überblick – GENERATION Y vs. Z

		Weltpolitik Einordnung, ggf. Prägung	Alltagswelt
GEN Y 1980 bis 1995		– Terroranschläge 09/11 – Finanzkrise 2008 – Sorge um Klimawandel	„Milennials", („Digital Natives") – rasante Verbreitung und frühe Nutzung des Internets, der digitalen Medien generell – Globalisierung = Reisen, Mobilität, auch weltweit – „Generation Praktikum" – Engpass Fachkräfte spielt zunehmend große Rolle
		Werte, Merkmale	**Selbstverständnis** als Arbeitnehmer/in **Erwartungen** an Arbeitgeber/in
		– hoher Wunsch nach Sinn und Abwechslung – Teamplayer, Fähigkeit und Bereitschaft hoher Vernetzung/zum Networking – „Work-Life-Balance" – technisch versiert, multitaskingfähig, zuverlässig, leistungsbereit – oft anleitungsbedürftig, illoyal	**Motto der GEN Y: „Arbeit und Leben verbinden"** – Streben nach Selbstverwirklichung als wichtigstes non-monetäres Entscheidungskriterium – mit Leuten auf gleicher „Wellenlänge" arbeiten – Wunsch an Führung: intensive Information und Kommunikation, Karriere fördern durch Weiterbildung, klare Ansagen und Struktur **Erwartung an Arbeitgeber/in** – beste IT-Ausstattung – komfortable und „stylische" Arbeitsplätze – räumliche und zeitliche Flexibilität – Teamwork
GEN Z 1995 bis 2010		Weltpolitik Einordnung, ggf. Prägung	Alltagswelt
		– Angela Merkel als Bundeskanzlerin – Obama und Trump als US-Präsidenten – Reaktorunglück Fukushima 2011, Atomausstieg – Sorge vor den zunehmend sichtbaren Folgen des Klimawandels	**„Digital Natives 2.0"** **Einführung des Smartphone: 2007** – digitale Medien als Teil der Sozialisierung von Kindesbeinen an, Verschmelzung des Real Life mit dem digitalen – im Unterschied zu Y: zusätzlich soziale Netzwerke, Smartphones – „24h- vernetzte Community" – stets vergleichend (via Social Media), hinterfragend – tut sich mit Entscheidungen schwer – eher unverbindlich – „betreute" Kindheit mit vielen Angeboten, Familie als wichtiger Hort der Geborgenheit – Engpass Fachkräfte hat an Bedeutung weiter gewonnen
		Werte, Merkmale	**Selbstverständnis** als Arbeitnehmer/in **Erwartungen** an Arbeitgeber/in
		– verstärkter Trend zur Individualisierung – „pragmatischer Optimismus" – keine Karriere um jeden Preis – stärker projektbezogen & opportunistisch – offen für immer neue Techniken – leistungsbereit (nach klaren Vorgaben) – oft kleinteilige Arbeitsausführung – Sorgen wegen eigener Zukunft – Freizeit spielt immer größere Rolle, dafür weniger Interesse an Führungsverantwortung	**Motto der GEN Z: „Hier die Arbeit, da mein Leben"** – Streben nach Selbstinszenierung – Wunsch nach Abwechslung & Entfaltung – materielle Sicherheit – (freiwillige) Zugehörigkeit – Familie als Hort der Geborgenheit **Erwartung an Arbeitgeber/in** – zuhören und beteiligt werden – klare Ansagen – sofort Feedback geben – kleinteilige, portionierte Arbeitsaufträge – Hilfen bei Konfliktbewältigung – abwechslungsreiche, interessante Aufgaben

Abb. 8: Vergleichender Überblick – Generation Y vs. Z

Handlungsempfehlungen für Kanzleiinhaber/innen und deren Führungskräfte

Reflektieren Sie ausführlich Ihre Kanzleiwerte und die daraus ableitbaren relevanten Stellschrauben für Ihre attraktive Arbeitgebermarke.

Fragen Sie sich: Was können und was wollen wir Bewerber/innen bieten und wie tragen wie diese Offerte nach außen?

Nutzen Sie Ihre Kanzleihomepage für emotionale und authentische Botschaften zur Kanzleikultur.

Achten Sie auf ein gutes, professionelles On-Boarding und die gezielte Einarbeitung von Neuzugängen in den ersten 100 Tagen:

- essentiell für ein rasches produktives Arbeiten und die emotionale Bindung ans neue Umfeld
- Ausdruck von Wertschätzung

Pflegen Sie stete und wertschätzende Kommunikation: Bleiben Sie im permanenten, lebendigen Austausch. Insbesondere die jüngeren Kolleg/innen möchten etwas „bewegen" und erfahren, dass ihr Tun Wirkung entfaltet.

Geben und nehmen Sie Feedback!

Handlungsempfehlungen für Mitarbeiter/innen

Informieren Sie sich auf der Kanzleihomepage und im Bewerbergespräch über die Kanzleikultur.

Geben Sie von sich preis, was Ihnen in der Zusammenarbeit wichtig ist.

Achten Sie darauf, dass Sie gut und zielführend eingearbeitet werden – und fordern Sie es ein, wenn dies nicht erfolgt wie erwartet oder besprochen. Bitten Sie in Ihrer Probezeit schon frühzeitig um Feedback – sichern Sie sich Orientierung.

4. Neue Wege der Mitarbeiter/innen-Gewinnung

„Ein Experiment bringt immer Ergebnisse."
Aus: N. Truchseß/M. Brandl: „Mehr Bewerber! So begegnen
Personaldienstleister erfolgreich dem Fachkräftemangel", Weinheim (2019)

Standardsituation aus meinem Arbeitsalltag:

Eine Kanzleiinhaberin ruft an und betont, wie dringend sie nach den Sommerferien eine/n neue/n Steuerfachangestellte/n brauche, da der/die bisherige Mitarbeiter/in der Liebe wegen in eine andere Region Deutschlands wechselt. Eine möglichst rasche Lösung wäre gut.

Doch *wo* und *wie*, mögen Sie zurückfragen.

Denken Sie in Chancen!

Bei der Mitarbeiter/innen-Gewinnung lässt sich nicht jede Arbeit, jede Anstrengung zwingend und vor allem *nicht sofort* in Erfolg ummünzen. Menschen entscheiden – Gottlob! – aus freien Stücken, ob und wo sie ihre Lebens- und Arbeitszeit investieren und dies gilt in einem (engen) Bewerbermarkt umso mehr.

Goldene Regel/zentrale Empfehlung:

Zapfen Sie *jedes* „Reservoir" an und nutzen Sie *alle* verfügbaren, geeigneten Kanäle, um die richtigen Leute für Ihre Kanzlei anzusprechen und zu finden. Seien Sie mutig und gehen auch Sie neue Wege, von denen noch nicht sicher ist, ob sie zum gewünschten Ziel führen. Die alten, ausgetretenen Pfade sind ja auch (oder erst recht!) kein Garant dafür.

Erwarten Sie nicht zu viel von einer Aktion, agieren Sie „mehrgleisig".

Bevor wir uns die verschiedenen Wege der Mitarbeiter/innen-Gewinnung anschauen und reflektieren, blicken wir auf die *Grundlagen* einer gelingenden Bewerber/innen-Ansprache und fragen uns:

1. *Wofür* wechseln Menschen in einen neuen Job?
2. *Wie* lassen sich geeignete Bewerber/innen gewinnend ansprechen und „anwerben"?

4.1 Warum Menschen einen neuen Job antreten

In verschiedenen Studien wird alljährlich die Wechselbereitschaft von Arbeitnehmer/innen ermittelt. Zusätzlich werden die Befragten gebeten anzugeben, *warum* sie ihren Job wechseln wollen und *welche Erwartungen* sie mit ihrem neuen beruflichen Umfeld verbinden. Beides wird in Befragungen oft miteinander vermischt bzw. nebeneinandergestellt, so dass häufig nicht eindeutig zu erkennen ist, ob nach

Wechselmotivation oder Idealvorstellung des (neuen) beruflichen Umfeldes gefragt wurde.

In der Praxis spielt dies eine untergeordnete Rolle, vielmehr bieten die Ergebnisse Kanzleien wertvolle Hinweise darauf, was Bewerber/innen in Abwägung beim Für und Wider hinsichtlich des angebotenen Jobs wichtig ist (vgl. Abb. 9).

Für Kanzleiinhaber/innen lassen sich *drei relevante Botschaften* aus den vorliegenden Zahlen herauslesen:

1. Die Wechselbereitschaft ist bei vielen Beschäftigten vorhanden und es lohnt, sich als attraktive/r und alternative/r Arbeitgeber/in zu empfehlen und dafür zu „trommeln".

2. Jedes oder mehrere der hier aufgelisteten Kriterien könnte das überzeugende Argument dafür sein, sich für *Ihre* Kanzlei zu entscheiden. Da Sie die Stellschrauben *Ihrer* attraktiven Arbeitgebermarke definiert haben (vgl. Kap. 3.1–3.4), können Sie nun ein oder mehrere Merkmale gezielt bewerben, um die „Richtigen" anzusprechen und zu finden.

Die Analogie zu guten Verkäufer/innen, die das Kaufmotiv ihrer Kund/innen (z.B. Bequemlichkeit, Prestige, Sicherheit, Sparsamkeit oder gutes Gewissen) im Verkaufsgespräch erkennen und für ihren Verkaufserfolg einsetzen, drängt sich auf. Aus *welchem* Grunde letztlich gekauft wird, kann dem/der (Standard-)Verkäufer/in gleichgültig sein, Hauptsache verkauft.

Ihnen dagegen darf es als Kanzleiinhaber/in nicht „schnuppe" sein, *warum* jemand zu Ihnen ins Team kommt, denn die Arbeit geht mit dem Neuzugang erst richtig los und man möchte sie nicht aufs Geratewohl investieren.

Deshalb ist es im Vorfeld so wichtig, gemeinsame Werte und/oder Motive auszumachen, die Sie beide positiv miteinander verbinden und Basis sind für eine gedeihliche Entwicklung.

3. Es kommt an auf ein überzeugendes Gesamtpaket aus Gehalt (vgl. Kap. 1.3), Ihrem Arbeitgeber-/Kanzlei-Image (vgl. Kap. 3.2 und 3.3), passenden Benefits (vgl. Kap. 5), einer wertschätzenden Kanzlei- und Führungskultur (vgl. Kap. 6) nebst gezielten Weiterentwicklungsangeboten und -perspektiven (vgl. Kap. 7).

	Männer	Frauen
Wechselbereitschaft generell (über alle Branchen hinweg)	2024: 36 % 2023: 40 %	2024: 37 % 2023: 35 %
Verbleib bei dem/der aktuellen Arbeitgeber/in (über alle Branchen hinweg)	2024: 62 % 2023: 58 %	2024: 60 % 2023: 63 %
Kriterium für die Job-Auswahl Das ist mir wichtig …	Männer	Frauen
guter Zusammenhalt unter den Kolleg/innen	65 %	77 %
verbessertes Gehalt und Benefits	53 %	40 %
Verringerung des Stress-Levels	33 %	42 %
Qualität/Art der Aufgaben	26 %	32 %
Vereinbarkeit Beruf mit Familie	26 %	80 %
Work-Life-Balance (z. B. Zuschüsse für Fitnessstudios oder Kultureinrichtungen)	26 %	30 %
flexible Arbeitszeiten/Zeiteinteilung	62 %	69 %
Arbeiten on remote	39 %	47 %
empathische Führungskraft	25 %	37 %
No-Go: schlechter Führungsstil	77 %	82 %
Kriterium für die Job-Auswahl Das ist mir wichtig …	**geschlechter-übergreifendes Ergebnis**	
langfristig sicherer Job	69 %	
gutes Führungsverhalten	66 %	
höheres Gehalt	61 %	
gut erreichbarer Standort	60 %	
Möglichkeit Arbeiten on remote	43 %	

Abb. 9: Kriterien für die Jobwahl

Ergebnisse aus Forsa-Online-Umfrage im Januar 2024 unter 3.200 volljährigen Erwerbstätigen (Arbeitende und Angestellte) in Deutschland sowie in Österreich (N = 1.009) und der deutschsprachigen Schweiz (N = 500) im Auftrag von XING.

Übersicht Faktoren für Jobwechsel

Ergebnisse aus Studie „What Women Want @ Work" von Personaldienstleister Manpower Group: Was Frauen bei der Wahl ihres Arbeitgebers besonders wichtig ist. Befragung von 4.000 Frauen in Deutschland, den USA, Großbritannien, Frankreich, Spanien, Italien und Skandinavien, März 2023.

4.2 Was Menschen innerlich antreibt – Leistung anders denken

Punkt 3 benennt sowohl äußere als auch innere Motivatoren, die Menschen antreiben, etwas zu tun. Schauen wir sie uns genauer an.

Wenn sich überwältigende 85 % von Befragten nach einem großen Lottogewinn (dennoch) zum Weiterarbeiten entscheiden würden (vgl. Kap. 3.2), gibt es neben Geld und Benefits als den klassischen *äußeren* Motivatoren offenbar noch andere, *innere* Motivatoren, die uns antreiben, etwas leisten oder erreichen zu wollen.

Die in unserer Gesellschaft übliche Fokussierung auf äußere, oft statusanzeigende Anreize geht laut *Ingo Hamm* mit einer *Ökonomisierung des Leistungsgedankens* einher, also einer sehr einseitigen, verengenden Betrachtung des ökonomischen Aspektes von Leistung *unter weitgehender Vernachlässigung der psychologischen Komponente* (Hamm, 33).

Prinzip: Auf Leistung folgt Belohnung und wenn diese ausbleibt, ist/war es keine Leistung. Für die Mitarbeiter/innen-Gewinnung und den notwendigen Aufwand dahinter, wäre ein solches Denken fatal. Aber wir denken ja in Chancen!

Beim reinen Leistungs-Belohnungs-Prinzip drängt sich das Bild von der „Möhre" als äußerem Anreiz auf, der es hinterher zu rennen gilt, um mehr Geld, mehr Komfort, mehr Status zu erlangen. Doch macht es wirklich zufrieden, uns nur der Möhre wegen anzustrengen? Kann es dauerhaft motivierend und zufriedenstellend sein, sich von den *Folgen einer Tätigkeit*/Arbeit, also einer Belohnung, antreiben zu lassen, statt von der Tätigkeit selbst?

Hamm spricht von „Motivationsvergiftung" (Hamm, 81), wenn – z. B. bei unserer Arbeit – nur noch äußere an die Stelle von inneren Antrieben treten und sie überlagern. Das Ergebnis: „Verdrängung, Sublimation, Selbstentfremdung, Möhren-Safari. Kurz: Kultur und Geißel unserer Zeit" (Hamm, 85).

Der Bestsellerautor *Daniel Pink* (*„Drive"*, *„Die Macht der Reue"*) ergänzt dies um einen weiteren Aspekt: Zu viele individuelle Belohnungen können die Gemeinschaft bzw. das Team zersetzen.

> „Es spricht einiges dafür, dass ein Top-Fußballspieler wie z. B. Ronaldo ein höheres Grundgehalt haben sollte als viele seiner Teamkollegen. Aber wichtig ist vor allem, dass man ihn nicht vorwiegend wegen seiner Tore bezahlt. Er würde bei jeder Berührung mit dem Ball versuchen, aufs Tor zu schießen, anstatt den Ball zu passen und gemeinsam mit dem Team zu gewinnen." (Personalmagazin 03/2024, 35–36)

Was also ist ausschlaggebend für unser Lebens- und Arbeitsglück?

Das „Machen" – auch bei der Arbeit – aus *innerer* Motivation schützt vor Chaos, Stress und Not (Hamm, 29) und verleiht stattdessen Selbstwertgefühl und eine gute Selbstwirksamkeitserfahrung. Diesen inneren Antrieb nennt *Hamm* das *„Tiefen-Interesse"* am Tun bzw. an einer Tätigkeit, die viel eingehender wirke als der reine Effekt (Hamm, 84).

Wie lassen sich diese Überlegungen nun für die Mitarbeiter/innen-Gewinnung (und -Bindung!) nutzen?

Die psychologische Motivationsforschung, pädagogische Psychologie, Sozialpsychologie sowie die Kulturwissenschaften haben uns Erklärungsmodelle und Zusammenhänge bereitgestellt, aus denen sich laut *Hamm* im Wesentlichen drei Dimensionen von Motiven herauskristallisieren lassen (Hamm, 38 ff.):

Motiv 1: Zugehörigkeit zu Gruppen vs. Individualität und Abgrenzung

Motiv 2: (Selbst-)Vergleich mit anderen vs. Machen/Entfalten ohne Abstiegsangst

Motiv 3: Entwicklung, Selbsterweiterung und Wachsen vs. Sicherheit und Komfortzone

Die drei Motive gilt es in der Kanzleikultur positiv und nachhaltig zu verankern, z. B.:

Motiv 1: Zugehörigkeit zu Gruppen –
Kanzleiumfeld: kollegiale, unterstützende Zusammenarbeit im Team, verbindliches und wertschätzendes Miteinander

Motiv 2: Selbstständiges, eigenverantwortliches Arbeiten ohne Abstiegsangst –
Kanzleiumfeld: positive und angstfreie Führungs- und Fehlerkultur

Motiv 3: Entwicklung, Selbsterweiterung und Wachsen –
Kanzleiumfeld: Weiterentwicklungsmöglichkeiten, ggf. Job-Enrichment mit neuen, ergänzenden Aufgaben

Alle drei Motive/Antreiber können wertvolle Stellschrauben Ihrer Arbeitgebermarke sein. Nutzen Sie diese und denken Sie daran:

Als Kanzleiarbeitgeber/in haben Sie im Sinne dieser Motive viele Möglichkeiten, das Arbeitsumfeld inspirierend und motivierend zu gestalten – am besten unter Beteiligung des ganzen Teams (ausführlich dazu Kap. 5 bis 7).

4.3 Gewinnend Gewinnen – Dank guter, zugewandter Kommunikation

Die persönliche, gewinnende Ansprache von Menschen ist erfolgsentscheidend, um sie für *Ihr* Anliegen oder *Ihre* Botschaften zu interessieren. Indirekt über Ihre Kanzleihomepage oder im direkten Gespräch/Telefonat: immer geht es darum, Ihr Gegenüber dazu zu bewegen, sich Ihnen zuzuwenden bzw. Ihnen zuzuhören. Es gilt, die Aufmerksamkeit der „Richtigen" auf sich zu ziehen, indem Sie Ihre *leitenden Werte* und Motive erkennen lassen:

– „Das ist uns in der fachlichen und persönlichen Zusammenarbeit sowie an Ihrer Entwicklung wichtig…"

– „Gerne bieten wir Ihnen dafür…"

– „Was ist Ihnen in den nächsten Jahren wichtig ...?" (vgl. Motive 1 bis 3).

Mit einer ansprechenden, anregenden Gesprächseröffnung, dem Zuhören und Fragen nach (perspektivischen) Wünschen des/der Angesprochenen, heben Sie sich positiv ab. Ein solches Feedback erhalte ich oft von potenziellen Kandidat/innen, die ich kontaktiere. Die Art dieser Ansprache sei angenehm, sogar wohltuend – eben empathisch.

In der Konsequenz öffnen sich die Menschen und sind bereit, sich auf meine Offerten, Vorschläge und Argumente einzulassen.

Soweit der/die Gesprächspartner/in interessiert und passend scheint, steht am Ende das *Ziel: To-get-the-date*, also einen Termin für ein persönliches Vorstellungsgespräch zwischen den Interessierten und der Kanzlei.

Aus meiner täglichen Erfahrung bei der Kontaktanbahnung gebe ich gerne folgende *Empfehlungen zur gewinnenden Ansprache und zum Umgang mit eingehenden Bewerbungen* an Sie weiter:

- so persönlich und individuell wie möglich ansprechen,
- freundliche, zugewandte Ansprache – Botschaft: *„Sie sind uns wichtig!"*,
- Bedürfnisse und Erwartungen an Aufgabengebiete und Kanzleikultur erfragen und antizipieren (gemeinsame Werte und Übereinstimmungen im Gespräch herausarbeiten und teilen: „Was ist Ihnen wichtig"?, „Uns ist wichtig, dass..."),
- offene Fragen stellen, um Relevantes zu erfahren und Interesse zu signalisieren,
- über kleine Unsicherheiten, z. B. Formulierungsschwierigkeiten, Aufgeregtheit etc. hinweghelfen,
- berufliche Möglichkeiten/Perspektiven eröffnen,
- keinesfalls beleidigt reagieren, wenn sich das Gegenüber ablehnend äußert,
- Gespräch freundlich beenden, „Türe offenlassen" – manchmal ergibt sich ein erneuter Anlass zur Kontaktaufnahme,
- generell zügige Reaktion auf die eingehende Bewerbung:

Schnelligkeit ist entscheidend auf dem Bewerber-Engpassmarkt! Wenige Stunden können über Zu- oder Absage eines/einer guten Bewerbenden entscheiden.

Indirekte Botschaft: Wir als Kanzlei sind „auf Zack", d. h. gut organisiert und wir schätzen Ihre Anfrage/Bewerbung. Und im weiteren Verlauf:

- lückenlose, transparente Kommunikation (z. B. zum Stand der Bewerbung), gute Erreichbarkeit (der Kanzlei).

Nutzen Sie dazu auch gerne

▶ **Arbeitshilfe 2: Muster-Prozess: Eingehende Bewerbung und Bearbeitung**

Begreifen Sie Gespräche mit Bewerber/innen immer (auch) als Invest in Ihr Netzwerk und eine potenzielle Chance (z. B. Weiterempfehlung an Dritte) für die Zukunft. Selten sind solche Kontakte reine Zeitverschwendung.

4.4 Vier-Felder-Übersicht: Zielführende Plattformen und Kanäle

Die nachfolgende Übersicht unterscheidet vier „Player" im Bewerbungsprozess von Kanzleien:

1) die Bewerber/innen und ihre Aktivitäten,

2) Kanzleien und ihre Recruiting-Maßnahmen,

3) Ihre Mitarbeitenden, die Ihre Kanzlei als attraktive Arbeitgeberin weiterempfehlen,

4) externe Personalberatungen als Mittler zwischen Bewerbenden und Kanzleien.

Die Übersicht soll Handreiche sein, die für Ihre Kanzlei passenden „Kanäle" der Mitarbeiter/innen-Gewinnung zu reflektieren, um so gezielt und strukturiert in das Recruiting einzusteigen bzw. es zu professionalisieren.

4. Neue Wege der Mitarbeiter/innen-Gewinnung

1) Bewerber/innen suchen und bewerben, finden und/oder sich finden lassen	2) Kanzleien/Arbeitgeber/innen sich präsentieren, Stellen anbieten, sich finden lassen, Bewerber/innen ansprechen
Stellenangebote in Jobbörsen verfolgen, ggf. eigene Stellengesuche schalten, gezielte Suche nach geeigneten Kanzleien im Netz (via Homepages, (Branchen-)Jobbörsen, YouTube, über soziale Netzwerke etc.), Information zu: – (Beratungs-)Ausrichtung, Branchenspezialisierung/Mandant/innen – Kanzleikultur – Gehalt und Benefits – Räumlichkeiten – Standort etc. **persönliches und berufliches Netzwerk:** z. B. Empfehlungen für Arbeitgeber-Kanzleien aus Familie, Kollegen- oder Freundeskreis **Berufsberatung bei der AA,** sich arbeitsuchend melden etc. (zwingend), Einstellung des Bewerberprofils auf der Jobbörse AA, Vermittlungsberatung **Bewerbermessen:** Information/Suche nach Praktika, Ausbildungs- oder Arbeitsstellen	**Stellenangebote** in Jobbörsen und Jobportalen schalten, via Kanzleihomepage/Karriereseite mit den Offerten, ggf. auch in sozialen Netzwerken (vgl. Kap. 4.5). Eigene Recherche auf den Jobbörsen, in den sozialen Netzwerken etc. **gezielte Aktivitäten in den sozialen Medien,** z. B. Kanzlei-YouTube-Kanal, Kanzlei-Video oder Blogs auf LinkedIn oder Instagram & Co., Landing-Page etc. (vgl. auch Haufe-Recruiting-Studie 2024, 11–12) **persönliches und berufliches Netzwerk** zur Ansprache geeigneter Bewerber/innen, Kontaktaufnahme über soziale Netzwerke Laut der Studie der Steuerberaterkammer Nürnberg (vgl. Kap. 1) ist der persönliche Kontakt bzw. die Empfehlung besonders erfolgversprechend bei der Ansprache potenzieller Auszubildender. (DATEV magazin Mai 2024) **Arbeitgeberservice der AA:** Kontaktaufnahme, Nutzung von Vermittlungsvorschlägen oder eigene Recherche auf der Jobbörse der AA **Bewerbermessen:** eigener oder gemeinsamer Messestand
Berufsbildungsträger/Umschulung: Praktika, Nutzung Vortrags- und Informationsangebot **Beratungsangebote zur Berufsfindung** für Azubis, Studienabbrecher/innen, Wieder- und Quereinsteiger/innen **Information über die Initiative „GEMEINSAM handeln"** (vgl. Spotlight 1), Kampagnenwebsite www.zahltsichausbildung.de **Information über ansässige Kanzleien als Arbeitgeber** **Sondierung/Rückkehr** zum/zur ehemaligen Arbeitgeber/in **aktive Suche nach Kündigung** oder Notwendigkeit einer beruflichen Umorientierung **aktive Suche nach Möglichkeiten freier Zusammenarbeit** (z. B. ergänzend zur hauptsächlichen Berufstätigkeit, Nutzung freier Kapazitäten, Schwierigkeiten bei der Jobsuche aus Altersgründen oder wegen persönlichen Eigenheiten etc.)	**Vorträge** an Schulen, Hochschulen oder bei Berufsbildungsträgern, Stelle für Studienabbrechende, gezielte Ansprache von Quereinsteiger/innen **Angebote von Praktika oder Ausbildungsplätzen,** auch und gerade für Studienabbrecher/innen oder Quereinsteiger/innen **Unterstützung durch die Initiative „GEMEINSAM handeln"** (vgl. Spotlight 1) Website www.initiative-gemeinsam-handeln.de **Recruiting-Kampagnen**/Spots im lokalen Radio und lokalen Fernsehen (vgl. Kap. 4.7) im örtlichen Kino, im ÖPNV (Bildschirm oder Außenwerbung), Stadtblatt, örtlicher Supermarkt etc. **Sponsoring von Events,** z. B. im Sportverein, Schulen etc. **eigenes Banner** an der Fassade/Bürogebäude **Kontakt halten zu Ehemaligen,** ggf. über andere Mitarbeitende **Möglichkeit der Übernahme von Mitarbeitenden:** – Verkauf oder Schließung von Kanzleien – Schließung oder Personalabbau von Unternehmen in Ihrer Region **freie Zusammenarbeit** mit Berufsträger/innen und/oder Expert/innen der Branche (ggf. als Übergangslösung)

3) Ihre Mitarbeiter/innen a. als Empfehlungsgeber/innen b. als Potenzialträger/innen	4) Externe Personalberatung suchen mit Auftrag und eigenen, strukturierten Strategien für die beauftragende Kanzlei
a. Empfehlungsprämien für anwerbende Mitarbeiter/innen *Vorteil:* Angeworbene Mitarbeiter/innen kennen die Kanzleikultur bereits von „innen" und (glauben zu) wissen, worauf sie sich einlassen, sehen sich dem/r empfehlenden Kollegen/in verpflichtet, einen guten Job zu machen. *Problematik:* Empfehlende Mitarbeiter/innen fürchten oft, verantwortlich gemacht zu werden, sollte sich der über sie vermittelte Neuzugang als Fehlgriff herausstellen. In dieser Ambivalenz muss jede Kanzlei selbst entscheiden, ob dieser Weg sinnvoll ist. Sprechen Sie im Zweifelsfalle mit Ihren Mitarbeiter/innen darüber. **b. als Potenzialträger/innen in der eigenen Kanzlei** Häufig sind Kompetenzen von Mitarbeiter/innen nicht umfassend bekannt und werden daher auch nicht genutzt. **Nutzen Sie regelmäßige Mitarbeiter/innengespräche und kanzleiinterne Jobbörsen, um freie Positionen bzw. Aufgabenfelder intern zu besetzen.** Oft sind die passenden „Köpfe" schon da: Eine kostengünstige und motivierende Lösung.	**Strategien der Bewerber/innensuche und -ansprache:** **a. Executive Search, Active Sourcing** Qualifizierte und spezialisierte **Beratung, Suche** und **Ansprache** von Kandidat/innen für anspruchsvolle Positionen mit begrenzter Kandidatenauswahl. **Aktive und direkte** Ansprache interessanter Persönlichkeiten für zu besetzende Vakanzen. **Reservoir von anzusprechenden Kandidat/innen:** – Abwerbung von anderen Kanzleien (hierfür spielen soziale Netzwerke eine immer größere Rolle) – Hinweise aus dem eigenen Netzwerk bzw. konkrete Suche/Ansprache **b. Ansprache arbeitssuchender Bewerber/innen:** **gezielte Suche z. B. auf Jobbörsen und unmittelbare Kontaktaufnahme mit Arbeitssuchenden** Vorstellen von Stellenangebot/en und Kanzlei/en mit dem Ziel, einen Gesprächstermin zwischen beauftragender Kanzlei und Kandidat/in zu vereinbaren.

Abb. 10: 4-Felder-Übersicht Recruiting-Kanäle

Im Folgenden sind nun die aus meiner Sicht wichtigsten oder erfolgversprechendsten Instrumente näher erläutert bzw. werden vorgestellt.

4.5 Empfehlenswerte Jobbörsen und Jobportale

a. Jobbörsen und Jobportale	Konkrete Vorschläge und Empfehlungen	
Branchenspezifische Jobbörsen	www.berufsziel-steuerberater.de www.nwb-jobboerse.de www.steuerjobs.de www.steuermatch.com www.stb-jobs.com www.tax-talents.de www.rechnungswesen-portal.de	
Jobbörsen der Regionalkammern	alle 21 Regionalkammern bieten für ihre Mitglieder Jobbörsen an, z. T. werden auch Stellen*gesuche* veröffentlicht.	kostenfrei
Stellenbörse der Fachkräfte-Initiative „GEMEINSAM handeln" (vgl. Kap. 4.6)	www.initiative-gemeinsam-handeln.de/stellenboerse für Ausbildungs- und Praktika-Plätze	kostenfrei
Jobbörse der WPK Berlin	www.wpk.de	kostenfrei
Jobbörse der Agentur/en für Arbeit (deutschlandweit größte Jobbörse)	www.arbeitsagentur.de **Jobangebote und -gesuche**	kostenfrei
Jobbörse für ehemalige Soldat/innen (Vermittlungsdienst der Bundeswehr)	Vermittlungsdienst/Jobbörse der Bundeswehr www.bundeswehr.de/Stellenbörse Jobbörse für Soldat/innen www.dienstende.de	kostenfrei beide bieten branchenspezifische Jobangebote
Eigene Jobbörsen bei: – Hochschulen – Lehrgangsanbietern – (spezialisierte) Personalberatungen	regional unterschiedliches Angebot	

Abb. 11: Übersicht über empfehlenswerte Jobbörsen und Jobportale

Laut einer Umfrage des *Haufe-Verlags* zum Recruiting in Steuerkanzleien vom Januar 2024 haben folgende Kanäle besondere Relevanz:

b. Recruiting-Kanal	Nutzung durch die Kanzleien	
Klassische Jobportale	75 %	
Social Media	62 % – davon:	LinkedIn: 80 % Instagram: 62 % TikTok: 33 %
Fachmedien	61 %	

Abb. 12: Übersicht der am häufigsten genutzten Kanäle von Kanzleien beim Recruiting

Große Unterschiede gibt es insbesondere bei der Nutzung der sozialen Medien: Größere Kanzlei-Einheiten, die über die notwendigen Ressourcen verfügen, sind die Trendsetter bei der Nutzung von Social Media, kleinere Kanzleien hinken dagegen hinterher.

Social Media gilt in der Personalarbeit generell als der „Recruiting-Kanal der Zukunft". Kanzleien, die diesen Kanal gezielt einsetzen, erhalten laut der Studie 71 % mehr Bewerbungen. Von welcher Qualität diese sind, bleibt offen (vgl. Haufe-Recruiting-Studie Januar 2024).

Spotlight 1: Übergreifende Fachkräfteinitiative GEMEINSAM handeln!

Gemeinsame Fachkräfteinitiative der Bundessteuerberaterkammer (BStBK), des Deutschen Steuerberaterverbandes e.V. (DStV) und DATEV eG

GEMEINSAM handeln!
Fachkräfte für die Steuerberatung gewinnen.

EINE INITIATIVE VON
BStBK | DStV | DATEV

Dem Motto folgend: „Mehr erreichen durch gemeinsames Handeln" starteten im Mai 2024 Bundessteuerberaterkammer, Deutscher Steuerberaterverband e.V. und DATEV eine zunächst bis Ende 2028 geplante, gemeinsame Initiative, um die steuerberatende Branche bei der Suche nach Fachkräften sowie bei der Ausbildung und Weiterentwicklung neuer Mitarbeiter/innen zu unterstützen.

Auf dem Deutschen Steuerberaterkongress 2024 wurden die Initiative und ihre verschiedenen Bausteine von BStBK-Präsident Prof. Dr. Hartmut Schwab, DStV-Präsident Torsten Lüth und DATEV-CEO Prof. Dr. Robert Mayr vorgestellt. Alle drei gaben dort den – symbolischen – Startschuss für die groß angelegte Kampagne „GEMEINSAM handeln!", die den Berufsstand nachhaltig unterstützen soll und mit immer neuen Aktivitäten lebendig hält.

Imagekampagnen zur gezielten Ansprache der GEN Z

Daneben startete im August 2024 eine Imagekampagne, um die Bekanntheit und Attraktivität des Berufsbilds der/s Steuerfachangestellten und das der Steuerberater/innen zu steigern sowie um junge Menschen für eine Ausbildung und eine Laufbahn in der Steuerkanzlei zu interessieren und zu gewinnen.

Darüber hinaus werden Akteure an Schulen, Berufsschulen und Hochschulen eingebunden, um den potenziellen Nachwuchs möglichst frühzeitig anzusprechen (z.B. mit Praktikumsangeboten), zu fördern und für die Steuerberatung zu gewinnen. Zielgruppe sind junge Menschen im Alter von 14 bis 20 Jahren, die über Social Media aufmerksam werden sollen.

Auf der Kampagnenwebsite www.zahltsichausbildung.de finden Interessierte Informationen über Ausbildungswege und Karrieremöglichkeiten in der Steuerberatung.

Die zentrale Botschaft der übergreifenden Fachkräfte-Initiative:

Die Ausbildung zum/zur Steuerfachangestellten zahlt sich aus, denn sie hält, was sie verspricht, z.B. Abwechslung, IT-Affinität, Mandantenkontakt. Sie zahlt sich aber auch langfristig aus und es lohnt die Anstrengung, sich für diesen Weg zu entscheiden.

Nach meiner Erfahrung ist es für junge Interessierte immer spannend zu erfahren, dass

1. man in diesem (freien) Beruf auch ohne Studium Steuerberater/in werden kann und
2. Steuerberater/innen einer Berufsgruppe angehören, die zum einen als sehr einkommensstabil und gesellschaftlich angesehen ist und die zum anderen auch helfenden bzw. unterstützenden Charakter hat.

> Zusätzlich gibt es eine zentrale Stellenbörse mit einem umfassenden Überblick über offene Stellen und direkte Bewerbungsmöglichkeiten:
>
> https://www.initiative-gemeinsam-handeln.de/stellenboerse
>
> **Unterstützungsangebote für die Kanzleien**
>
> Die Kampagne „GEMEINSAM handeln!" richtet sich unmittelbar an Steuerberatungskanzleien, um sie bei der Gewinnung, Bindung und Entwicklung von Fachkräften tatkräftig zu unterstützen. Nur kompetente Mitarbeitende sind produktiv und können entlasten!
>
> **Über die Website www.initiative-gemeinsam-handeln.de erhalten Kanzleien praktische Tipps und Werkzeuge, um den Herausforderungen des Arbeitsmarktes aktiv begegnen zu können.**
>
> Kanzleien werden dazu motiviert, mit einer strukturierten Herangehensweise beim Bewerber-Prozess die eigenen Erfolgschancen auf neue Bewerbungen und neue Mitarbeitende spürbar zu erhöhen.
>
> In diesem Zusammenhang sind zudem regionale und überregionale Aktivitäten geplant, Kanzleien noch besser zu befähigen, sich als moderner, attraktiver und zukunftssicherer Arbeitgeber zu präsentieren.
>
> Und sie können freie Stellen – vor allem Ausbildungsstellen – sofort einstellen (lassen), so dass diese deutschlandweit sichtbar werden für interessierte Bewerber/innen.
>
> **Informieren Sie sich ergänzend über folgende empfehlenswerte Links:**
>
> https://www.initiative-gemeinsam-handeln.de/ (für Kanzleien)
> https://www.zahltsichausbildung.de/ (für Bewerber/innen)

4.6 Werbemöglichkeiten im lokalen Fernsehen

– *am Beispiel des RNF* (Rhein-Neckar-Fernsehen, ausgestrahlt in der Metropolregion Rhein-Neckar/Mannheim/Heidelberg/Darmstadt/Worms)[1]

Thema des Spots:

Als renommierte und bekannte Kanzlei unserer Region bieten wir Ausbildungsplätze/bilden wir aus und/oder attraktive Stellen für...

- *Tagesreichweite* im TV *RNF*[2]: 250.000 Zuschauer/innen
  zusätzlich in digitalen Formaten: 150.000 = *400.000* Zuschauer/innen täglich, bei besonderen Ereignissen bis zu 650.000
- *Image*
  - hohe Glaubwürdigkeit der lokalen Nachrichten
  - positives, hochwertiges inhaltliches Umfeld
  - hohe Kontaktdauer (auch während der Werbeblöcke)
- *Kanäle von Spot-Kampagnen*
  - RNF- TV- Programm
  - Mediathek des RNF
  - RTL-Gruppe/ RTL Lokal-TV
  - *rnv*- Fahrgast TV (Innenwerbung in öffentlichen Verkehrsmitteln in der Region)
- Kostenspanne von Spot-Kampagnen über 4 Wochen 10.000 – 21.000 €, abhängig von Anzahl der gewählten Kanäle, Spot kann selbstverständlich auch zur Ausstrahlung z. B. im städtischen Kino verwendet werden

4.7 Arbeit und Nutzen von Personalberatungen

Noch vor zehn Jahren war die Beauftragung externer Personalberatungen in der Branche die Ausnahme, mit drängendem Engpassmarkt wurde sie jedoch zur Regel – auch eine Variante des „Neuen Normal".

---

[1] Zuschauererhebung des RNF.
[2] Herzlichen Dank an Stefan Kühlein, RNF, der die vorliegenden Informationen zur Nutzung im Buch zur Verfügung gestellt hat (Stand: August 2024).

Motive sowohl von beauftragenden Kanzleien wie wechselinteressierter Bewerber/innen können sein:

Konkreter Nutzen für Kanzleien	Konkreter Nutzen für Bewerber/innen
– häufigere Gelegenheit, passende Bewerber/innen kennenzulernen und zum Gespräch einzuladen – vorausgewählte, handverlesene Profile bzw. Bewerbervorschläge – Zeit- und Kostenersparnis durch Auslagerung der Suche nach neuen geeigneten Mitarbeiter/innen – Fokussierung aufs eigene Kerngeschäft/ Mandantenbetreuung und -beratung – Verfügbarkeit eines/einer Sparringspartners/ -partnerin im Auswahlprozess und bei der Abwicklung – üblicherweise rasche Amortisierung der Kosten	– Zugang zu Kanzleien, die ihre Stellen nicht öffentlich ausschreiben – auf Wunsch bleibt man zunächst im Hintergrund, wartet erste Sondierung ab – Unterstützung im Bewerbungsprozess, intensive Gespräche und persönliche, vertrauensvolle Beratung – Zeit- und Kostenersparnis durch gezielte Begleitung – fundierte Informationen zur Kanzlei als Arbeitgeberin im Vorfeld einer Bewerbung, „Blick nach innen" – Briefing vor und Feedback nach Bewerbungsgesprächen – auch nach der Einstellung bleibt Ansprechpartner/in der Personalberatung verfügbar

Abb. 13: Nutzen von Personalberatungen für Bewerber/innen und Kanzleien

Die Palette externer Dienstleister reicht von Headhuntern (üblicherweise reine Personalbeschaffung) bis hin zu hoch spezialisierten Personalberatungen, die sich als echte Sparringspartner/innen im Recruiting-Prozess ihrer Kundenkanzleien verstehen.

Mit der Beauftragung professioneller Anbieter/innen dürfen Kanzleien folgenden Leistungsumfang erwarten:

– Definition des spezifischen Aufgaben- und Anforderungsprofils der Position,
– Definition und Abstimmung der Suchstrategie, z. B. Identifikation von Zielfirmen (bei Abwerbung),
– Identifikation und vertrauliche, positive Ansprache potenzieller Kandidat/innen,
– Kennenlernen von Kandidat/innen über ausführliche Gespräche (persönlich, per Video-Call oder telefonisch) unter gleichzeitiger Aufrechterhaltung des Interesses (bei mehreren Bewerbungen, doch die Wahl kann ja nur auf eine Kanzlei als zukünftige Arbeitgeberin fallen),
– Hintergrund-Recherchen zu Lebenslauf, Zusatzinformationen, ggf. Referenzen und Abfrage zu Gehaltswunsch/Abstimmung mit dem vorhandenen Gehaltsgefüge der anfragenden Kanzlei,
– Vorstellung geeigneter Kandidat/innen,
– wechselseitiges Feedback im Nachgang zu Gesprächen, ggf. Klärung noch offener Sachverhalte,

- oft weitere Unterstützung in vertraglichen Angelegenheiten, Vorabklärung von Gehaltsthemen und beim erfolgreichen On-Boarding,
- Abfrage zur erfolgreichen Einarbeitung und Einsatzes insbesondere in den ersten 100 Tagen,
- mehrfaches Einholen wechselseitigen Feedbacks während der Probezeit und Unterstützung bei der Übernahme in ein unbefristetes Arbeitsverhältnis.

Viele professionell agierende Personalberatungen bedienen sich sozialer Portale, Online-Plattformen, Diagnosetools und digitaler Assessments zur Recherche, Kontaktaufnahme und „Matching". Zunehmend sind Recruiter/innen gefragt, die angesichts von „Big Data" die fast unendlichen, online verfügbaren Mengen an Kontakten und persönlichen Daten bewerten und die wirklich relevanten Informationen – noch dazu unter Beachtung des Datenschutzes – herausfiltern und für den Suchauftrag nutzen können.

Die Honorare/Provisionen der jeweiligen Anbieter/innen bewegen sich zwischen 25 und 35 % des vereinbarten (vertraglich festgelegten) ersten Jahreseinkommens von vermittelten oder empfohlenen Kandidat/innen. Die Abwicklung des Auftrages und Rechnungsstellung können sehr unterschiedlich geregelt sein und sind grundsätzlich Verhandlungssache.

4.8 Meine Anbieterpersönlichkeit – Warum sich Kanzleiinhaber/innen und Kandidat/innen an mich wenden

Seit nahezu 25 Jahren bin ich der steuerberatenden Branche mit Kopf und Herzblut verbunden: Als frisch promovierte Erziehungswissenschaftlerin erwarb ich im Jahre 2001 meine ersten Meriten als Leiterin/Geschäftsführerin der kanzleieigenen *W+ST-Akademie*, einer damals neu gegründeten Gesellschaft der inhabergeführten, mittelständischen *W+ST-Gruppe* mit Sitz im saarländischen Dillingen (damals 400 Mitarbeitende, 2025: 640).

Meine Aufgabe war es, allen Mitarbeitenden Fortbildung auf hohem Niveau anzubieten und dafür vielfältige, strukturierte Aus- und Weiterbildungsangebote zu konzeptionieren und umzusetzen.

Ziel: den *W+ST*-eigenen Qualitätsanspruch an Beratung aufrecht zu erhalten oder weiter zu stärken. Mit den Jahren geriet zunehmend auch der Aspekt der Mitarbeiter/innen-Gewinnung und -Bindung in den Fokus.

Mit dem Erfahrungswissen aus dieser spannenden und facettenreichen Aufgabe machte ich mich 2007 mit meinem Beratungsunternehmen *Bildungsmanagement Dr. Britta v. Bezold* selbstständig und biete bis heute Seminare zur Personal- und Führungskräfteentwicklung zusammen mit Trainer/innen aus meinem Netzwerk an sowie die Konzeptionierung von kanzleiinternen Leitfäden, z. B. für Jahresmitarbeiter/innengespräche und die Begleitung bei der Implementierung in meist größeren Einheiten.

Ermutigt von den Rückmeldungen zu meinen Beraterseminaren für verschiedene Regionalkammern – das Thema Mitarbeiterengpass hatte uns spätestens seit 2014 fest im Griff – gründete ich 2019 mein zweites Unternehmen, die *Kanzlei- und Personalberatung*, um meine Kundenkanzleien nun ganz konkret bei der Mitarbeiter/innen-Gewinnung unterstützen zu können.

Vorteile für Kanzleien und Kandidat/innen möchte ich im folgenden Überblick auflisten:

Benefits für Kanzleien	Benefits für Bewerber/innen
– *bewährte und branchenspezifische Expertise* bei Mitarbeiter/innen-Gewinnung, Weiterbildung und Personalentwicklung	– sympathische und vertrauensvolle Ansprache und Austausch
– eigenes langjährig aufgebautes, sich ständig erweiterndes Netzwerk	– *Kandidat/in hat den „Hut auf"*, d. h. keine Aktivitäten ohne Wissen und Zustimmung
– *keine Abwerbung* bei anderen Kanzleien, für mich als Branchenspezialistin tabu	– niemals unabgesprochene Zusendung von Profil oder Vita/Bewerbung an Kanzleien
– persönliche, intensive Beratung	– *offene, hilfreiche Rückmeldung zu Bewerbungsunterlagen und Feedback* nach Gesprächen (auch von der Kanzlei)
– positive, überzeugende Ansprache, so dass sich interessante Kandidat/innen gerne bei meinen Kundenkanzleien bewerben	– auf Wunsch: persönliche Laufbahn- und Karriereberatung
– *„Kommunikations-Brücke"* zwischen Kanzleiinhaber/in und Bewerbenden, z. B. Feedback der Bewerber/innen nach einem Gespräch (was bei sehr umworbenen Personen entscheidend sein kann!)	– „Kommunikations-Brücke" zwischen Bewerbenden und Kanzlei (z. B. bzgl. Aufgabenstellung, Gehaltswunsch)
– *professionelles, zügiges und diskretes Agieren*, stete Erreichbarkeit für Kanzleiinhaber/in	– *Empfehlung ausschließlich von Kanzleien, die ein reguläres Anstellungsverhältnis* anbieten, also keine Zeitarbeit o. ä.
– Honorarstellung in *2 Teilrechnungen*, nämlich mit Einstellung (Rate 1) und nach erfolgreich absolvierter Probezeit und Übernahme in ein Anstellungsverhältnis der/s neuen Mitarbeiter/in (Rate 2)	– *gezielte Empfehlung von Kanzleien mit konkretem Bedarf* und bzgl. ihrer Kanzleikultur sehr wahrscheinlich passend
– bei Auftragsannahme: geringfügige Starter-Pauschale	– nur inhabergeführte Kundenkanzleien mit nachweislich attraktiver Arbeitgebermarke und Dynamik/Innovationspotenzial
	– zu jeder Zeit ansprechbar, unterstützend
	– kostenfreier Service

Abb. 14: Vorteile und Nutzen für Kanzleien und Kandidat/innen bei der Kanzlei- und Personalberatung Dr. Britta v. Bezold

Die genannten Nutzen-Aspekte lassen sich selbstverständlich auf andere Personalberatungen übertragen, soweit sich deren Anbieterprofil mit meinem deckt.

Einer meiner jüngst empfohlenen Bewerber bezeichnete mich in einem späteren Feedback-Gespräch als „erschreckend gut". Damit meinte er meine engagierte Hartnäckigkeit, gepaart mit einer persönlichen, authentischen Ansprache, die er so nicht erwartet hatte.

Selbstredend habe ich mich über dieses tolle Kompliment gefreut!

4.9 Plädoyer für alternative Zielgruppen und Wege

Denken Sie bei Ihrer Mitarbeiter/innen-Gewinnung bitte auch an *interessante, jedoch häufig vernachlässigte Ziel- bzw. Bewerber/innen-Gruppen:*

- *Quereinsteiger/innen*, z. B. Frauen nach längerer Familienphase oder Menschen, die sich erst in der Lebensmitte für eine Tätigkeit beim Steuerberater qualifiziert haben.

Potenzial:

- Berufserfahrungen aus anderen Branchen, ggf. mit unverstelltem, kreativem Blick und neuen Ansätze für Problemlösungen (Zugang zu neuen Technologien, Prozesswissen etc.),
- bewusste Entscheidung für die steuerberatende Branche (im fortgeschrittenen Erwachsenenalter),
- wollen neue Chance für sich ergreifen, sind oft hoch motiviert (ähnlich Studienabbrecher/innen).

Öffnen Sie sich für diese oft hoch motivierten Bewerber/innen.

- *Umschüler/innen* aus den Berufsbildungswerken oder anderen Trägern
- *Studienabbrecher/innen*
  - Jede Hochschule hat eine Beratungsstelle für abbrechende Studierende. Die Ansprechpartner/innen dort nehmen alternative Angebote für ihr Klientel gerne an.
  - Bedeutsam ist auch die Erfahrung des Scheiterns, die Studienabbrechende zwangsläufig mitbringen. Das Studium nicht gepackt, bietet die Ausbildung die Chance eines Neustarts, der gelingen *muss*. Attacke und Vollgas sind dann angesagt.
- *ältere Mitarbeitende* (50 oder 60 plus)
  - langjährige Berufserfahrung,
  - größere Gelassenheit im Umgang mit neuen Erfordernissen/Situationen als Teil der eigenen Lebens- und Berufserfahrung,
  - andere Bedürfnisse als *GEN Z*, ggf. gute gegenseitige Ergänzung.

Profitieren Sie für Ihre Kanzlei vom umfangreichen Beratungs- und Förderangebot Ihrer regionalen Agentur für Arbeit. Aus Bundesmitteln stehen jährlich große Etats bereit, um Menschen (wieder) in Arbeit zu bringen.

Spotlight 2: Arbeitskräftevermittlung und attraktive Fördermöglichkeiten der Agenturen für Arbeit

Die Agenturen für Arbeit (AA) unterstützen alle Arbeitgeber/innen (hier: Kanzleien) mit professioneller Beratung und vielfältigen Fördermöglichkeiten, wenn sie Menschen einstellen oder in ihrer Kanzleigemeinschaft weiter qualifizieren wollen. Ansprechpartner ist der sog. Arbeitgeberservice, den es in jeder regionalen AA, also auch am Sitz Ihrer Betriebsstätte, gibt. In erster Linie geht es um die Vermittlung von Arbeitskräften, doch es wird noch viel mehr geboten:

Die zuständigen Mitarbeiter/innen unterstützen Sie sowohl bei der qualifizierten Besetzung offener Stellen als auch durch Beratungsangebote zu etwaigen Fördermöglichkeiten. Konkret geht es um die Gewährung eines Eingliederungszuschusses (EGZ) bei der Neueinstellung von Bewerber/innen mit sog. Vermittlungshemmnissen und um die Weiterqualifizierung Ihrer Mitarbeiter/innen.

Handlungsempfehlungen:

- Nehmen Sie so frühzeitig wie möglich Kontakt zu Ihrem Arbeitgeberservice auf, sollten Sie ein/e Bewerber/in einstellen wollen oder Mitarbeitende haben, die ggf. förderfähig sind. Die Bewilligung von Fördermitteln bei einer Neueinstellung oder Weiterbildung ist an konkrete Voraussetzungen geknüpft (vgl. Fördermöglichkeiten 1–3).
- Nutzen Sie die Beratungskompetenz des Arbeitgeberservice, telefonisch oder online.
- Förderanträge, die elektronisch gestellt werden, können i. d. R. zügiger bearbeitet werden.

Nützliche Links zum Arbeitgeberservice:

- https://www.arbeitsagentur.de/unternehmen/arbeitgeber-service
- https://www.arbeitsagentur.de/unternehmen/downloads-unternehmen

Folgende drei Fördermöglichkeiten durch die Agenturen für Arbeit sind möglich:

1. Eingliederungszuschuss (EGZ) – Fördermöglichkeiten bei Neueinstellungen

Grundsätze für die Förderung:

- Zentral ist die persönliche und berufliche Situation des/der Bewerbenden und nicht etwa die Bedarfe der Kanzlei.
- Bewerber/in ist aktuell arbeitslos oder arbeitssuchend.
- Bewerber/in hat sog. Vermittlungshemmnis/se (erfüllt das Tatbestandsmerkmal „erschwerte Vermittlung"). Dazu gehören z. B. Langzeitarbeitslosigkeit, kann nur

in Teilzeit arbeiten, über 50 Jahre alt, dezentrale Wohnlage, keine aktuellen Fachkenntnisse (z.B. wegen langer Tätigkeit im Ausland), häufiger Stellenwechsel, mind. Schwerbehinderungsgrad von 50%.

- Beantragung muss vorliegen, *bevor* der Arbeitsvertrag unterschrieben wird. Es erfolgt eine Einzelfallprüfung des Antrags, es besteht Ermessensspielraum.
- Nur im Rahmen einer sozialversicherungspflichtigen Beschäftigung, ab 15 Std./Woche in Teilzeit möglich.

Anforderung an die Kanzlei:

1. Beim Bewerber muss ein Ist-Soll-Defizit bzgl. bestehender Anforderungen und Qualifikationen zu erkennen sein, das eine erweiterte Einarbeitungszeit erfordert.
2. *Es muss dargelegt werden, wie diese Lücken in absehbarer Zeit zu schließen sind* (z.B. mit einem Einarbeitungsplan).
3. *Es besteht Nachbeschäftigungspflicht,* d.h. grundsätzlich wird erwartet, dass Sie den/die geförderte/n Mitarbeiter/in auch über die Förderdauer hinaus – also ohne Förderung – beschäftigen. Die sog. „Nachbeschäftigungszeit" entspricht i.d.R. der Förderdauer, max. jedoch ein Jahr. Bei Kündigung während des Förderzeitraums ohne wichtigen Grund sind die Fördermittel teilweise zurückzuzahlen.

Weiterführende Links:

- https://www.arbeitsagentur.de/unternehmen/finanziell/eingliederungszuschuss-zur-foerderung-arbeitsaufnahme
  (zur Beantragung des EGZ online, Beantwortung häufig gestellter Fragen etc.)
- Fachliche Weisungen (FW): zum Eingliederungszuschuss §§ 88–92 SGB III:
  https://www.arbeitsagentur.de/datei/dok_ba036660.pdf

2. Abschlussorientierte Weiterbildung-Förderung einer qualifizierten Berufsausbildung

Grundsätze für die Förderung:

- Es besteht eine Beratungspflicht bei der AA.
- Beantragung *nur für* Ihre bereits eingestellten *Mitarbeiter/innen.* Es erfolgt eine Einzelfallprüfung, es besteht Ermessensspielraum.
- Mitarbeiter/in hat keinen verwertbaren Berufsabschluss oder
- letzte Berufsausbildung liegt länger als 4 Jahre zurück, er/sie hat nicht (mehr) im angestrebten Beruf gearbeitet.
- Nur im Rahmen einer sozialversicherungspflichtigen Beschäftigung, ab 15 Std./Woche in Teilzeit möglich.

Formen der Qualifizierung:

- Berufsausbildung (duale Ausbildung in Ausbilderkanzlei = Arbeitgeberin und Berufsschule),
- Umschulung (mit anerkanntem Weiterbildungsträger, zertifiziert): Auswahl einer Maßnahme aus dem *Nationalen Online-Portal für berufliche Weiterbildung* (NOW),
- Einzelumschulung (in der Ausbilderkanzlei),
- Vorbereitung auf eine externe Abschlussprüfung (vor der zuständigen Steuerberaterkammer).

Fördermöglichkeiten:

Leistungsumfang ist abhängig von Kanzleigröße und Alter der Mitarbeiter/innen. Die Förderung kann umfassen, z. B. Lehrgangs- oder Schulkosten, Arbeitsentgeltzuschuss, Zusatzleistungen für Mitarbeiter/in: z. B. Zuschüsse zu Betreuungs- und Fahrtkosten, Prüfungsprämien etc.

3. Anpassungsqualifizierung-Förderung, um „Tätigkeit von morgen ausüben zu können"

Grundsätze für die Förderung:

- Es besteht eine Beratungspflicht bei der AA.
- Beantragung *nur für* Ihre bereits eingestellten *Mitarbeiter/innen*. Es erfolgt eine Einzelfallprüfung, es besteht Ermessensspielraum.
- Nur im Rahmen einer sozialversicherungspflichtigen Beschäftigung, ab 15 Std./Woche in Teilzeit.
- Mitarbeitende dürfen in den letzten 2 Jahren keine Berufsausbildung abgeschlossen oder an einer geförderten Anpassungsmaßnahme teilgenommen haben,
- dürfen kein Aufstiegs-BaFöG beziehen.
- Die Anpassungsqualifizierung muss arbeitsmarktrelevant und betriebsbezogen sinnvoll sein,
- darf keine Aufstiegsqualifizierung sein.
- Mindestumfang der Weiterbildungsmaßnahme: 120 Stunden. Die Weiterbildungsträger (Anbieter der Schulungen) müssen AZ AV-zertifiziert sein. Auswahl einer Maßnahme aus dem *Nationalen Online-Portal für berufliche Weiterbildung* (NOW).

Fördermöglichkeiten:

Leistungsumfang ist abhängig von Kanzleigröße und Alter der Mitarbeiter/innen. Die Förderung kann umfassen, z. B. Lehrgangs- oder Schulkosten, Arbeitsentgeltzuschuss, Zusatzleistungen für Mitarbeiter/in: z. B. Zuschüsse zu Betreuungs- und Fahrtkosten, Prüfungsprämien etc.

Weiterführende Links:

- https://www.arbeitsagentur.de/unternehmen/finanziell/foerderung-von-weiterbildung (Stand: März 2025, rechtliche Änderungen vorbehalten.)

4.10 Sonderfall „Kompromiss-Kandidat/innen" und „schwierige" Bewerber/innen

Im aktuellen Bewerber/innen-Engpassmarkt neigen Kanzleien „in Not" dazu, auch Bewerber/innen einzustellen, die sie früher abgelehnt hätten und bei denen nach einem persönlichen Kennenlernen ein ungutes Bauchgefühl bleibt.

Obwohl fachlich nachweislich gut qualifiziert – dies betrifft Berufsträger/innen, Steuerfachwirt/innen etc. gleichermaßen – lassen sich „Alarmzeichen" erkennen, die fast immer deren komplizierte, zuweilen auch problematische Persönlichkeit betreffen. Ihr dauerhafter, auch mal stressbehafteter Einsatz und ihre nachhaltige Akzeptanz im Team sind oft gefährdet und daher für die Kanzlei wahrscheinlich nicht hilfreich.

Drei Fallbeispiele problematischer Persönlichkeitstypen:

A. Adamo (Anfang 50), berufserfahrener Steuerberater, bereits mit Mandats- und Führungsverantwortung

- im ersten Kontakt auffällig: hoch formale, überkomplizierte Ausdrucksweise, betont, sich jede Form von Humor oder Ironie abgewöhnt zu haben,
- regional völlig ungebunden – ungewöhnlich!,
- erwies sich im weiteren Kontakt als wenig nahbar/zugänglich, hölzern, für die Aufgaben einer Führungskraft vermutlich zu wenig flexibel,
- eher kein Sympathieträger/Akzeptanz als Führungskraft und beim Mandanten fraglich,
- im Feedback-Gespräch – in diesem Falle hatten zwei Bewerbergespräche auf Wunsch der Kanzleien stattgefunden – sah er nie bei sich den Fehler, sondern immer begründet in der Struktur der Kanzlei sowie bei einzelnen Entscheidungsträger/innen, die sich angeblich nicht zutrauten, „es mit ihm aufzunehmen".

B. *Lady Gaga (Ende 30) mehrjährige Berufserfahrung als Steuerfachwirtin*
- im ersten Kontakt auffällig: antriebsschwach, es brauchte viel Energie, um sie überhaupt für die angebotenen Positionen zu interessieren,
- misstrauisch und launisch,
- schnell abweisend und unter Druck scheinbar wenig belastbar,
- schien bereits länger ohne Job zu sein, wollte sich dazu nicht äußern, Lücken im Lebenslauf,
- unzuverlässig in der weiteren Kommunikation,
- sehr festgelegt, bereit, nur eine kleine Auswahl von Aufgaben zu übernehmen.

C. *Heino (Mitte 20) Steuerfachangestellter seit 5 Jahren*
- im ersten Kontakt auffällig: wirkte kompliziert, rasch irritiert,
- hohe Ansprüche an Aufgaben und Gehalt,
- erwies sich im persönlichen Gespräch als klassischer „Kompromisskandidat", wurde dennoch eingestellt und blieb nach zwei Monaten ohne Krankmeldung/ Nachricht der Arbeit fern.

Es stellte sich heraus, dass er wegen einer psychischen Erkrankung stationär aufgenommen und ihm sein Mobiltelefon weggenommen wurde, um ihn abzuschirmen. Warum es keinem seiner Familienangehörigen möglich war, den Arbeitgeber darüber zu informieren, blieb offen.

Um keine Missverständnisse aufkommen zu lassen: *Ich bin eine leidenschaftliche Befürworterin „krummer" Berufsbiografien, auch der mit „Brüchen",* denn nicht immer geht es im Leben linear nach vorne oder nach oben. Menschen wegen vermeintlicher Irr- oder Umwege, weil sie Auszeiten hatten und/oder nicht exakt dem vorgegebenen Anforderungsprofil entsprechen, keine Chance zu geben, halte ich für fatal.

Die oben skizzierten problematischen Bewerber-Typen zeigen: Es kommt gerade auf die jeweilige Persönlichkeit an, den (inneren) Antrieb, sich motiviert einzubringen, auch wenn die perfekten Voraussetzungen (noch) nicht gegeben sind.

Mit guter Ausbildung, gezielter Fortbildung und Training „on the job" lässt sich in überschaubarer Zeit viel erreichen, dazu ausführlich in Kap. 7.

In Chancen zu denken, gilt also nicht nur für Sie als Kanzlei, sondern auch für jene Bewerber/innen, die etwas abseits der Norm stehen und bei Ihnen Einsatz zeigen wollen. Die meisten von Ihnen – so meine langjährige Erfahrung – werden es Ihnen zukünftig als loyale und gute Mitarbeiter/innen danken.

4.11 Nützliche Hinweise zum Bewerbungsgespräch

In Kap. 4.3 hatten wir das Ziel ausgegeben: „To get the date"! Aus meiner langjährigen Erfahrung mit hunderten selbst geführten Bewerbungsgesprächen und der Begleitung von Gesprächen Dritter, möchte ich aus meinem Fundus von Beobachtungen und Erfahrungen Folgendes gerne an Sie weitergeben:

Häufige Fehler von Kanzleiinhaber/innen bei Bewerbungsgesprächen:

– Kanzleiinhaber/innen reden zu viel!

Es ist empirisch belegt: In vielen Bewerbungsgesprächen hat die Seite der Arbeitgeber/innen einen Redeanteil von 80 % – empfehlenswert ist ein Redeanteile von 30 % (und 70 % für den/die Bewerber/in).

Disziplinieren Sie sich selbst und Ihre anwesenden Kolleg/innen dahingehend, sich immer wieder bewusst zu hinterfragen: *Was erfahren wir in diesem Moment über unsere/n Bewerber/in?*

Natürlich sprechen Sie über Ihre Kanzlei, das Arbeitsumfeld und Tätigkeitsfeld, Ihre Beratungsphilosophie etc. Aber Sie leiten daraus jedes Mal gezielte Fragen an den/die Bewerber/in ab, fordern ihn oder sie dazu auf, Stellung zu beziehen.

– Sie geben zu viel auf den ersten Eindruck!

Lange wurde unserem ersten Eindruck größte Bedeutung beigemessen: Innerhalb von 9 Sekunden sei unser Gesamteindruck von einer fremden Person gebildet, eine zweite Chance für den ersten Eindruck für immer vertan.

Dem widerspricht die aktuelle Persönlichkeitsforschung entschieden: Kurzfristig prägt sich unvermittelt ein erster Eindruck und dies ist auch wichtig für unsere Orientierung. Mittelfristig hat jedoch hat der erste Eindruck eine weniger starke Langzeitwirkung, revidiert sich oft schon nach kurzer Zeit erheblich. Entsprechend empfiehlt die Forschung, mit Distanz den ersten, unwillkürlichen Eindruck wahrzunehmen und nicht überzubewerten.

– Oft stellt man immer den gleichen Mitarbeiter-Typus ein.

Als „Vater aller Denkfehler" benennt *Rolf Dobelli* den *Confirmation Bias* (Dobelli 2011, 29).

Gemeint ist die Neigung vieler Menschen, neue Informationen oder Eindrücke, die im Widerspruch zu ihrem Weltbild stehen, radikal herauszufiltern. Auf unsere Bewerber/innen übertragen heißt dies, dass äußere Merkmale (z. B. inadäquate Kleidung) oder Botschaften, die uns irritieren, zur sofortigen Auslese führen können – obwohl es sich gelohnt hätte, sich zu überwinden und genauer hinzusehen. Unsere mehr oder minder festgelegten Schemata im Kopf verleiten uns also dazu, uns immer wieder für denselben Typus Bewerber/in mit ähnlichen Eigenschaften zu entscheiden.

Sicherlich haben Sie schon vom sog. *Halo-Effekt* gehört, der unsere Tendenz beschreibt, bestimmte, von uns geschätzte Merkmale eines/einer Bewerbenden überzubewerten. Dabei entsteht oft eine verzerrte, nämlich unangemessen positive Wahrnehmung von dem/der Träger/in dieses einen Merkmals. Leider wird daraufhin das wahrhaftige Kompetenzprofil des/der Bewerbenden nicht mehr objektiv eingeschätzt und dies führt zur personellen Fehlentscheidung.

Natürlich spricht nichts dagegen, Bewerber/innen mit erkennbar positiven, bewährten Eigenschaften in die engere Wahl zu nehmen und schließlich ihnen den Vorzug zu geben.

Halten Sie sich jedoch auch gegenüber Bewerbenden offen, die aufgrund des oben erwähnten ersten Eindrucks, Ihres „Bauchgefühls" oder aufgrund von Brüchen im Werdegang nicht ins bekannte Schema passen.

Fragen Sie gerade dort gründlich nach und lassen Sie sich vielleicht von neuen Aspekten und Perspektiven überraschen und überzeugen.

– Oft fragen Sie zu unkonkret nach, erfahren zu wenig über das Gegenüber.

Obwohl sie nachweislich viel Erfahrung mit Personalauswahl haben, lassen leider viele Entscheider/innen Bewerber/innen nicht ausreichend zu Wort kommen und machen sich vorschnell ein Bild vom Gegenüber.

Ganz fatal wird es, wenn Bewerber/innen uns gezielt „spiegeln", es also darauf anlegen, das von uns Gesagte durch eigene Worte als mutmaßliche Antwort auf unsere Fragen einfach zu wiederholen. Damit vermitteln diese Menschen ihrem/ihrer Gesprächspartner/in – soweit diese/r das nicht durchschaut – den Eindruck, auf jede erdenkliche Frage die geradezu ideale Antwort parat zu haben. Erst später, wenn man ein solches Bewerbungsgespräch Revue passieren lässt, merkt man, dass kaum Substanzielles eingebracht wurde.

Gehen Sie immer vorbereitet in ein Bewerbungsgespräch! Das bedeutet, Sie haben die Unterlagen der/des angemeldeten Bewerberin/Bewerbers nicht nur dabei, sondern zeitnah vorher gelesen und sich dazu Fragen aufgeschrieben.

Stellen Sie in Ihren Bewerbungsgesprächen möglichst viele offene Fragen und Nachfass-Fragen. Vermeiden Sie durch zu hohe und zu frühe eigene Redeanteile, dass der/die Bewerber/in sich auf Sie „einschießen" und Sie manipulieren kann.

Sprechen Sie ganz offen die Stellen der Bewerbung an, die Sie irritiert haben und die Sie nun zu kritischen Rückfragen bewegen. Vermeiden Sie dabei jeden Anschein eines Vorwurfs, sondern fragen Sie sachlich und freundlich nach.

Werden Sie *hellhörig*, wenn sich Bewerbende negativ über ihre aktuellen oder vergangenen Arbeitgeber/innen, Lehrer/innen oder Ausbilder/innen äußern. Gleichgültig was vorgefallen sein mag, ist dies kein loyales und diskretes Verhalten. Im Falle einer späteren Trennung müssten auch Sie befürchten, dass über Sie (ungerechtfertigt) „hergezogen wird". Im Übrigen kann destruktives „Tratschen" bei Mandant/innen großen Schaden anrichten.

Ein Bewerbungsgespräch dauert üblicherweise mindestens eine halbe, eher eine volle Stunde. Länger als 1,5 Stunden sollten Sie es nicht ausdehnen. Beenden Sie ein Gespräch umgehend, wenn klar wird, dass die Person fachlich und/oder persönlich nicht in Ihre Kanzlei passt. Wenige Tage später werden die Unterlagen mit einer Absage verschickt oder per E-Mail abgesagt.

Nehmen Sie sich anschließend etwas Zeit und tauschen Sie mit Ihren Kolleg/innen Ihre Eindrücke aus. Vor allem wenn Sie ein eingespieltes Team sind, werden Ihre Einschätzungen eher übereinstimmen.

Manchmal senden Bewerber/innen aber sehr unterschiedliche Signale aus, die dann eine einheitliche Bewertung schwierig machen. Gerade dann ist es wichtig, sich an Einzelheiten zu erinnern und diese belegen zu können. Insbesondere kleine Kanzleien ergänzen das Bewerbungsgespräch mit dem/der Kanzleiinhaber/in zusätzlich um einen Austausch des Bewerbenden mit einigen Mitarbeitenden, um auch deren Votum einzuholen. Kleine Kanzleigemeinschaften kann eine personelle Fehlentscheidung leichter „zerreißen", daher kann ein solches Vorgehen Sinn machen.

Atmosphärische Bedingungen

Viele empfinden ein Vorstellungsgespräch als eine unangenehme Prüfungssituation. Tatsächlich hängt für manch eine/n sehr viel an einem positiven Ausgang.
– Schaffen Sie eine positive Gesprächsatmosphäre.
– Hören Sie Bewerber/innen aktiv zu!
– Nehmen Sie auch mal die Perspektive des Gegenübers ein und erlangen Sie gegenseitige Übereinkunft (z.B. in Sachfragen).
– Bieten Sie eine Problemlösung (z.B. zum Thema Arbeitsbedingungen) an, die die Bedürfnisse des anderen zufrieden stellt – und Ihre auch!
– Grundsätze für Ihren Gesprächsleitfaden.

Nutzen Sie gerne diesen Gesprächsleitfaden zur Vorbereitung und Durchführung von Bewerber/innengesprächen:

▶ Arbeitshilfe 3: Leitfaden Bewerber/innengespräch in 6 Phasen

Diese Arbeitshilfe ist in der ausführlichen Form auch digital verfügbar.

Die Kunst im Personalauswahl-Gespräch ist es, die richtigen Fragen zu stellen. Dabei gilt es sowohl mit einem durchdachten Fragen-Katalog gut vorbereitet zu sein, als auch die notwendige Flexibilität zu haben, davon bei Bedarf abzuweichen.

Zwei Grundsatz-Empfehlungen vorweg:

1. Stellen Sie sich nach der Begrüßungsphase selbst kurz vor und informieren Sie den/die Bewerber/in über den geplanten Ablauf des Gesprächs. So weiß diese/r, was auf sie/ihn zukommt und kann sich darauf fokussieren.

2. Stellen Sie Ihre Kanzlei erst zum Schluss des Gesprächs vor. Vermeiden Sie so, dass Bewerbende *Ihre* Informationen spiegeln und zu wenig von sich selbst preisgeben.

4.12 Leitfaden für ein Bewerber/innengespräch in 6 Phasen

1. Begrüßung und „Warming-up"
   - Gegenseitige Vorstellung, achten Sie auf den Händedruck der/des Bewerbenden, im Verlauf des Gesprächs generell auf dessen Körperhaltung.
   - Lassen Sie sie/ihn mit ca. 70 % Redeanteil zu Wort kommen und geben Sie ihr/ihm damit eine Chance, sich „freizureden", so dass Sie Relevantes erfahren.
   - *Konkrete Fragen, z. B.:*
     - Hatten Sie eine angenehme, stressfreie Anreise?
     - Sie kommen aus Baden-Baden. Am Sonntag war ich mit meiner Familie dort im Frida-Burda-Museum, sehr beeindruckend. Waren Sie auch schon dort?

2. Offene Fragen, überwiegend vergangenheitsbezogene an Bewerber/innen/ Übergang zum Bewerber-Interview
   - *Konkrete Fragen, z. B.:*
     - Welche Tätigkeitsbereiche machen Ihnen besonders Freude? Wo sind Sie richtig gut?
     - Wie gehen Sie mit Termin- und Zeitdruck um? Können Sie uns ein konkretes Beispiel aus Ihrem Arbeitsbereich nennen?
     - Warum interessiert Sie diese Herausforderung?
     - Hatten Sie damals schon die berufsbegleitende Weiterqualifizierung Bilanzbuchhaltung im Blick? Was oder wer hat Sie in all den Jahren besonders angespornt?
     - Wie verlief konkret Ihre praktische Ausbildung? Welche Ausbildungsmethoden würden Sie heute als besonders wirksam einschätzen?
     - Was ist Ihr wichtigstes Credo im Umgang mit Auszubildenen oder Mitarbeiter/innen?
     - Womit haben Sie gute Erfahrungen bei der Rekrutierung neuer Auszubildenden gemacht?
     - Haben Sie Wünsche oder Vorstellungen zu Ihrer Einarbeitung?

3. Vertiefende Fragen, Nachfass-Fragen etc.
   - *Konkrete Fragen, z. B.:*
     - Wir sind hier immer wieder mit Problem oder Tatsache xy konfrontiert: Wie gehen Sie damit um? Was sind Ihre Lösungsansätze dafür?
     - Welche Rolle spielt in Ihrem Umfeld kostenbewusstes Denken und Handeln?
     - Sie bewerben sich erstmals um eine Führungsposition: Gab es bei Ihrem/Ihrer aktuellen Arbeitgeber/in dafür keine Perspektive?
     - Jetzt wird der Spieß umgedreht: Fragen Sie uns danach, was Ihnen auf den Nägeln brennt!
4. Vorstellung der eigenen Kanzlei und des neuen Tätigkeitsfeldes, dabei Rückbezug auf von dem/der Bewerber/in bereits Gesagtes
   - *Konkrete Fragen, z. B.:*
     - Was wissen Sie bereits von uns?
     - Kennen Sie unsere Beratungsphilosophie? Welcher Aspekt interessiert Sie besonders?
5. Fragen und Darstellung der üblichen Arbeits- und Vertragsbedingungen (soweit nicht erst in zweitem Gespräch)
6. Abschluss, ggf. Vereinbarungen zum weiteren Vorgehen und ggf. Rundgang durch die Kanzlei

Fragen zur Nachbetrachtung

- Wie hat sich die Person verkauft?
- Kam Substanzielles, gar Kreatives rüber?
- Können wir uns ihn/sie im Kreise unserer Kolleg/innen vorstellen? Warum passt er oder sie besonders gut? Haben wir (k)ein Störgefühl?

Sind Sie sich nicht sicher oder wollen die Meinung eines/einer nicht anwesenden Kollegen/Kollegin noch einholen, haben Sie immer die Möglichkeit eines zweiten Gesprächs – vorausgesetzt, der/die Bewerber/in hat ebenfalls Interesse daran.

Leider kommt es häufig vor, dass Bewerbende nach einem Gesprächstermin selbst einen Rückzieher machen und sich für eine/n andere/n Arbeitgeber/in entscheiden. Das ist besonders ärgerlich, wenn man viel Zeit für das Auswahlverfahren aufgewendet hat – aber eben nicht zu ändern.

Freuen Sie sich daher über jede/n, den Sie als neue/n Mitarbeiter/in gewinnen können und der/die Sie überzeugt.

Handlungsempfehlungen für Kanzleiinhaber/innen und deren Führungskräfte

Nutzen Sie „innere Antreiber" für eine produktive und gute Zusammenarbeit in der Kanzlei.

Setzen Sie diese um in:
- eine kollegiale, unterstützende Zusammenarbeit im Team
- eine positive und angstfreie Führungs- und Fehlerkultur
- zielführende Weiterentwicklungsmöglichkeiten, ggf. Job-Enrichment mit neuen, ergänzenden Aufgaben

Denken Sie bei Ihrer Mitarbeiter/innen-Gewinnung immer in Chancen: Agieren Sie mehrgleisig und nutzen Sie auch mal neue, noch unerprobte Wege.

Bewerber/innen-Management: zügig und gewinnend

Pflegen Sie einen professionellen Umgang mit eingehenden Bewerbungen.

Bereiten Sie sich mit Vita und Leitfaden auf jedes Bewerbungsgespräch vor, achten Sie darauf, Ihre Redeanteile gering zu halten, damit Sie von Ihrem Gegenüber Relevantes erfahren. Achtung vor Bewerbenden, die Sie „spiegeln" und letztlich nur Ihre eigenen Worte paraphrasieren.

Hören Sie auf Ihr Bauchgefühl, wenn zwar fachlich alles passt, aber menschlich mit den Bewerbenden etwas nicht stimmt. Die persönliche Eignung ist ebenso wichtig wie die fachliche und kann diese nicht ersetzen.

Sprechen Sie Bewerbende so persönlich und gewinnend wie möglich an, fragen Sie nach konkreten Erwartungen und Wünschen zum Job und hören Sie zu!

Halten Sie eine lückenlose, transparente Kommunikation aufrecht und reagieren Sie zügig: Schnelligkeit kann entscheidend sein für die Zu- oder Absage eines/einer interessanten Bewerbenden.

Definieren/beschreiben Sie offene Positionen bzw. Stellenprofile genau und kommunizieren Sie dies: Ersparen Sie sich und Bewerber/innen Ablehnung wegen ungenauer Information im Vorfeld.

Dies gilt auch und insbesondere, wenn Sie die Dienste einer Personalberatung in Anspruch nehmen. Nutzen Sie die Expertise externer Dienstleister, wenn Sie wichtige Vakanzen nicht innerhalb von 6 Monaten selbst besetzen können. Schauen Sie sich die Konditionen genau an und verhandeln Sie ggf. nach.

Nutzen Sie unbedingt (auch) das Potenzial von Quereinsteiger/innen und Umschüler/innen. Nehmen Sie parallel Kontakt zu Ihrer örtlichen Agentur für Arbeit auf und fragen Sie nach Vermittlungsvorschlägen geeigneter Bewerber/innen und Fördermöglichkeiten für Personen, die für eine Einstellung in Frage kommen, aber ggf. noch nicht alle fachlichen Voraussetzungen mitbringen.

Soweit möglich, nehmen Sie mit potenziellen Bewerbern/innen, z. B. über die sozialen Netzwerke oder Jobbörsen persönlich Kontakt auf. Dies kommt oft gut an.

Handlungsempfehlungen für Bewerber/innen

Informieren Sie sich im Vorfeld Ihrer Bewerbung detailliert über die Kanzleihomepage (Schaufenster). Nutzen Sie die Gelegenheit im persönlichen Gespräch auch „hinter die Kulissen" zu blicken: Fragen Sie nach Prozessen und nach der Kanzleikultur: „Was schätzen Sie besonders an guten Mitarbeiter/innen?" oder „Welche Eigenschaften schätzen Sie hier an Führungskräften besonders?" etc.

Tipp: Falls möglich, achten Sie auf die Ansprache/den Umgang mit dem Reinigungspersonal im Hause (Stichwort: wertschätzende Kommunikation auf Augenhöhe).

Schießen Sie sich nicht durch zu hohe Gehaltsforderungen aus dem Rennen oder setzen sich damit unter enormen Erwartungs- und Erfolgsdruck. Beachten Sie unbedingt auch die Vorteile ergänzender Benefits und einer guten Kanzleikultur und nehmen Sie ggf. ein etwas geringeres Gehaltsangebot an.

Nehmen Sie die Dienste einer Personalberatung in Anspruch, wenn Sie:
- aus privaten Gründen in eine ganz andere Region ziehen und keinerlei Insider-Wissen oder Kontakte haben,
- in einem festen Beschäftigungsverhältnis stehen und daher lieber mit „verdecktem Visier" agieren möchten,
- sich im Bewerbungsprozess per se unwohl oder unsicher fühlen. Personalberatungen betreuen Sie gerne und können wichtige Hürden bis zum persönlichen Gespräch für Sie beiseite räumen.

Sollten Sie einmal eine Absage von einer Kanzlei erhalten, für die Sie gerne arbeiten würden: Geben Sie nicht auf, versuchen Sie Ihr Glück ein halbes Jahr später noch einmal. Leider – oder hier zu Ihrem Vorteil – verlassen etliche Menschen schon während der Probezeit das Unternehmen.

Vielleicht ist genau das *Ihre* Chance, einen frei gewordenen Platz neu zu besetzen.

Bleiben Sie „am Ball".

Findet und bleibt zusammen!

Kanzlei- & Personalberatung
Dr. Britta von Bezold

Lassen Sie sich gerne begleiten und profitieren Sie von den Vorteilen unserer Zusammenarbeit.

Erfahrungswissen seit 2001
Kanzlei- & Personalberatung Dr. Britta von Bezold
E: info@kanzlei-personalberatung.de
T: 06221 · 88 925 77
www.kanzlei-personalberatung.de

Teil 3

Wirksame Führung und erfolgreiche Mitarbeiter/innen-Bindung

5. Nützliche und maßgeschneiderte Benefits

Kanzleiinhaber zum Bewerber:
„Wir suchen jemanden, der sich vor keiner Arbeit drückt, nie krank ist und bei normalem Gehalt auf Benefits und sonstigen Firlefanz gerne verzichtet. Ist das für Sie ein Problem?
Bewerber:
„Nein, keinesfalls. Stellen Sie mich ein und ich helfe Ihnen suchen!"

Benefits sind materielle, das Gehalt ergänzende Komponenten und heute eine Selbstverständlichkeit in unserer Kanzleiwelt. Sie sind feste Größe jeder attraktiven Arbeitgebermarke, jedes Bewerbungsgesprächs und praktisch immer Gegenstand von Gehaltsverhandlungen.

Doch anders als bloßes Geld bzw. Gehalt sind Benefits „gestaltbar", sind sie *Ausdruck „gelebter" Kanzleikultur, also sichtbare „Insignien" des Kanzlei-„Spirits"* (vgl. v. Bezold 2023, 2959).

Daher sollte die Auswahl der anzubietenden Benefits durch die Kanzlei nicht beliebig sein, sondern ausdrücken, was in der Kanzlei „groß geschrieben" wird.

Aus Mitarbeitersicht sind *Benefits äußere, individuell wirkende Motivatoren*, die die Attraktivität der (täglichen) Rahmenbedingungen einer Erwerbstätigkeit steigern sollen. Zudem sind sie – salopp gesagt – Marketinginstrument, um Bewerbende auf die Kanzlei aufmerksam zu machen.

Frischer Obstkorb war gestern.

Obstkörbe, kostenlose Getränke und ein noch so guter Kaffee gelten nicht mehr als Benefits, sondern sind Standards in einer attraktiven Kanzlei (RNZ, 22.06.2024).

Zeitgemäße Benefits dagegen können sein:

– Maßnahmen zur Gesundheitsprävention und -förderung (z.B. gesponserte Eintrittskarten für Fitnessstudios, Schwimmbäder, ggf. betriebliche Untersuchungen, Massageangebote etc.) zeigen an, dass persönliche Fitness als wichtig erachtet und unterstützt wird. Auch betriebliche Schutzimpfungen werden gerne angenommen.

- Sponsoring eines ÖPNV- oder Deutschland-Tickets macht besonders dort Sinn, wo Parkplätze knapp sind und/oder viele Mitarbeitende mit Bus und Bahn zur Arbeit kommen. Das Benefit-Angebot könnte um ein E-Bike-Leasing für jene ergänzt werden, die zwar ohne Auto, aber dennoch individuell anreisen wollen. Ein Jobticket im Homeoffice wäre dagegen ein eher nutzloser Bonus.

Was Benefits definitiv nicht sind: Sie sind kein Ersatz für eine sinnvolle, gute und erfüllende Tätigkeit (vgl. Kap. 4.2).

Auch entscheiden Benefits *nicht* über die tägliche Zusammenarbeit und den Umgang miteinander, sondern verantwortlich ist das Führungshandeln von Kanzleiinhabern und deren Führungskräften (vgl. Kap. 6).

In der einschlägigen Fachliteratur, auf Kanzleihomepages und spezialisierten Anbietern finden sich vielfältige Auflistungen von Benefits.

In jeweils alphabetischer Reihenfolge liste ich nachfolgend nur jene auf, von denen ich ganz konkret in Kanzleien erfahren habe und unterscheide dabei drei Gruppen:

1. Empfehlungen für m. E. sinnvolle, motivierende Benefits, unabhängig von individueller Situation, Lebens- oder Arbeitsform der Mitarbeitenden.

2. Empfehlungen für maßgeschneiderte, individualisierte Benefits, die – abhängig von individueller Situation, Lebens- oder Arbeitsform der Mitarbeitenden – wirksam sein können. Sie mögen ungewöhnlich sein, kommen in der Praxis jedoch durchaus vor.

3. Übersicht über besonders kuriose Benefits, die ich in Kanzleien kennengelernt habe, die jedoch nicht zwingend zu empfehlen sind.

5.1 Meine TOP 25 sinnvoller, motivierender Benefits für alle – Kategorie: *„Must have" von A – Z*

Angebote zur gezielten Gesundheitsförderung (z. B. ergonomischer Arbeitsplatz, Massageangebote, „Bewegte Pause" in der Kanzlei oder Gesundheitstag, alternativ: Gutschein Eintritt in Fitnesstudios oder Schwimmbäder)

Arbeitsplatzspezifische Hilfen in der Kanzlei, z. B. für Nacken und Rücken
Seien Sie großzügig bei der Bezahlung/Bezuschussung von Artikeln, die Mitarbeiter/innen speziell oder ausschließlich bei der Arbeit benötigen (z. B.: höhenverstellbarer Schreibtisch)

Arbeitszeitkonto

Betriebliche Altersvorsorge

Betriebliche Vorsorgeuntersuchungen

Digitaler und ergonomischer Arbeitsplatz

Einkaufskarten/Bonusgutscheine zum vergünstigten Einkauf in ausgewählten Geschäften

Flexible Arbeitsmodelle

Gruppen-Krankenversicherung für Zusatzleistungen (z. B. von Augen, Zähnen, Skelett), Kranken-Rückkehrergespräche nach längeren Ausfallzeiten

Gütesiegel „Attraktiver Arbeitgeber (z. B. „Great Place to Work", „Top Kanzlei Deutschland")

Hilfsmittel am Arbeitsplatz (z. B. Bildschirmbrille)

Hybrides Arbeiten

Job-Ticket (z. B. für die regionale Großraumwabe, Deutschlandticket etc.)

Kanzleiinternes Restaurant mit entsprechendem Angebot

Koch- oder Grillschule als Event

Kooperationen eingehen, um attraktivere Benefits anbieten zu können*

Paketannahme in der Kanzlei

Parkplätze, kostenlos oder gesponsert

Räume zur Nutzung/Rückzug in den Pausen

Restaurants, Einkaufsmöglichkeiten, schöne Spazierwege etc. fußläufig erreichbar

Tankgutscheine: Bonuskarten für vergünstigtes Tanken

Tanzschulkurse

Vergnügliche Events

Vermögenswirksame Leistungen

Wochenend-Trips mit der ganzen Kanzlei

*Tipp: Kleineren Kanzleieinheiten ist zu empfehlen, sich mit Kanzleien (oder Mandantenunternehmen) in ihrer Region zusammenzuschließen, um auch ihren Mitarbeiter/innen Benefits anbieten zu können, für die sie alleine zu klein sind.

Beispiele:

- die Buchung eines festen Kontingentes von Kita-Plätzen für die Kinder von Mitarbeiter/innen,
- die Buchung eines festen Kontingentes ambulanter Pflege für Angehörige von Mitarbeiter/innen.

In der Regel entlastet dies Ihre Mitarbeiter/innen und damit durchschnittlich den größeren Teil Ihrer Kanzleibelegschaft.

5.2 Meine TOP 10 maßgeschneiderter, individueller Benefits – Kategorie: „Can have" von A – Z

E-Bike-Leasing

Empfehlungsprämien für neu angeworbene Mitarbeiter/innen

Ermöglichung einer sechsmonatigen Weltreise bei gleichzeitiger Beschäftigung auf Basis von 50% (on remote)

Freistellung von mehreren Tagen für ein Ehrenamt

Gaming-Ticket-Bezuschussung von Messebesuchen oder Events nach Wunsch

Headhunter für einen Kita-Platz

Romantik-Wochenende für frisch verheiratete Mitarbeiter/innen

Sonderurlaub für Hochzeit und werdende Eltern

Weihnachtsgeschenke für die Kinder der Mitarbeiter/innen

Zuschuss zu Internet- oder Mobilfunkkosten

Kanzleiinhaber/innen berichten immer wieder davon, dass sich Eifersüchteleien zwischen Kolleg/innen, also Konfliktpotenzial im Kanzlei-Team entwickelt, sobald individuell vereinbarte Benefits gewährt werden. Es könnte ja jemandem mehr zugesprochen werden als einem selbst.

Vorschlag zum Umgang mit mutmaßlicher Ungleichheit durch Gewährung individueller Benefits:

Bitte keine „Sonderlocken".

Maßgeschneiderte, persönlich vereinbarte Benefits setzen eine souveräne, transparente Kanzleikultur voraus, die dies offen kommuniziert. Ein heimliches „Gemauschel" von „Sonder-Benefits" für einige wenige wirkt sich zersetzend auf die Kanzleigemeinschaft aus.

Bieten Sie ausgewählte maßgeschneiderte Benefits an, aus denen jede/r wählen kann. Sollte für eine/n Mitarbeitende/n nicht das Passende dabei sein, können Sie erfragen was unterstützen würde, und dann entscheiden, ob es in den bestehenden „Benefits-Katalog" aufgenommen werden soll/kann.

Vermeiden Sie Ausnahmeregelungen.

5.3 Meine TOP 7 kurioser Benefits – *Kategorie „Nice or nasty" von A – Z*

40 Liter Bier (oder nichtalkoholische Getränke) im Monat

Eigener Barber-Shop zur „Gentleman-Pflege"

Fahrrad-Heimtrainer am Schreibtisch „Desk-Bikes"

Kanzleieigenes Schlafzimmer mit Massagesesseln fürs Power-Napping

Konzerte nur für Mitarbeiter/innen

Prämien für Wiederrückkehrende nach längerer Krankheit/Krankschreibung

Urlaubsreise mit der ganzen Kanzlei

Eher bedenklich denn kurios mutet m. E. die Rückkehrprämie für Mitarbeiter/innen an, die nach längerer Zeit aus dem Krankenstand zurückkehren. Nichts gegen einen bunten Blumenstrauß als Willkommensgruß. Aber ein Bonus fürs Zurückkommen nach Wiedererlangen der Gesundheit? Unterschwellig schwingt bei dieser Gratifikation die Aufforderung mit, sich mit dem Gesundwerden und dem Zurückkehren zur Arbeit zu beeilen – es winkt ja eine Belohnung (vgl. Kap. 4.2).

Und was ist mit jenen Kolleg/innen, die nie oder selten krank sind – und daher keine zusätzliche Zuwendung zu erwarten haben? Oder gibt es für die eine „Gesundheits-Prämie" wie bei privaten Krankenkassen? Im März 2025 sorgte *Heidelberger Druck* mit der Nachricht für Aufsehen, unter seinen Mitarbeiter/innen ohne krankheitsbedingte Fehltage Prämien von jeweils 800 € netto verlosen zu wollen (RNZ, 06.03.2025). Wo fängt das an und wo hört es auf?

Folgende Anekdote zum Abschluss, die mir eine langjährige Führungskraft im Kanzleiumfeld anvertraute:

Ein großer Player in der Wirtschaftsprüfung warb vor einigen Jahren mit einer Art „Schnupperwoche" und zwar mit einigen Partner/innen der Gesellschaft auf einem Segelschiff vor Sardinien.

Einer ihrer besten Mitarbeiter bat sie eines Tages um Urlaub und nach einigem Hin und Her rückte er mit dem Grund für seinen Urlaubsantrag heraus: Er wollte mit auf den Segeltörn, hatte sich jedoch bereits vorgenommen, keinesfalls seinen Arbeitgeber zu wechseln (was er dann auch nicht tat).

Hinweis:

Zu attraktive Benefits können eine Art „Mitnahme-Effekt" auslösen, der Ihre Investition in teure Marketingaktivitäten – hier in Form von Benefits – verpuffen lässt.

Handlungsempfehlungen für Kanzleiinhaber/innen und deren Führungskräfte

Überlegen und entscheiden Sie genau, *welche* Benefits Sie anbieten wollen. Anders als das bloße Gehalt sind sie Ausdruck Ihrer Kanzleikultur und eignen sich hervorragend als Marketinginstrument Ihrer Arbeitgebermarke.

Binden Sie auch Ihre Mitarbeiter/innen bei der Auswahl von (neuen) Benefits mit ein oder gehen Sie auf neue Vorschläge ein. Gewähren Sie keine Ausnahmeregelungen für wenige Einzelne. Das birgt unnötiges Konfliktpotenzial und Unruhe.

Denken Sie daran:

Benefits sind kein Ersatz für eine sinnvolle, gute und erfüllende Tätigkeit und/oder wertschätzendes Führungshandeln. Der schönste Benefit nützt (dauerhaft) nichts, wenn in der täglichen Zusammenarbeit ungefiltert Druck durch Führungskräfte ausgeübt wird, Überlastung an der Tagesordnung, oder gar Mobbing Teil des Arbeitsalltags ist.

Handlungsempfehlungen für Mitarbeiter/innen

Fragen Sie in jedem Falle nach den angebotenen Benefits in der Kanzlei und berücksichtigen Sie deren monetären Vorteil bei Ihren Gehaltswünschen.

Soweit Sie eine gute Idee (auch aus anderen Kanzleien) erfahren oder einfach einen eigenen Vorschlag haben, thematisieren Sie diesen bei der Kanzleiführung. *Wichtig ist, dass Ihr Vorschlag grundsätzlich für alle Kolleg/innen interessant sein könnte und nicht etwa Ihr „Privatanliegen" ist.*

Seien Sie nicht gekränkt, wenn die Einführung Ihres Benefit-Vorschlags abgelehnt wird.

Denken Sie daran: Es kann nicht jede Kanzlei alles anbieten bzw. umsetzen.

6. Führen und Binden von wertvollen Mitarbeiter/innen

„Der Zahlenmanager hat ausgedient. Jetzt ist die Zeit der Menschenmanager."
Reinhard K. Sprenger (*1953), Managementberater

Unlängst richtete ein langjähriger Kanzleiinhaber folgenden Ausspruch an mich:

„Personalarbeit und Mitarbeiterführung sind mir lästig. Je weniger ich damit zu tun habe, umso besser."

Ja, dachte ich, natürlich ist es viel Arbeit, Menschen zu führen und eine Kanzlei zu verantworten. Zuweilen ist es bestimmt auch anstrengend, sich mit den „Befindlichkeiten" des einen oder anderen auseinandersetzen zu müssen. Soweit sich Berufsträger/innen zudem am liebsten mit dem Steuerrecht und der Gestaltungsarbeit für ihre Mandat/innen beschäftigen, umso mehr.

Gleichzeitig sind sicherlich alle Kanzleiinhaber/innen erfreut über den jährlich erwirtschafteten Gewinn, den eine Kanzlei ohne das „Produktionsmittel Mitarbeitende" nicht abwerfen würde.

Erfolgreiche/r Kanzleiinhaber/in *ohne oder mit nur halbherziger* Führung?

Sie alle wissen: Das kann nicht funktionieren! Mitarbeiter/innen zu gewinnen ist das eine, sie zu binden und langfristig als loyale und motivierte „Köpfe" zu halten, das andere (vgl. v. Bezold 2014).

Nachhaltige, auf Langfristigkeit angelegte Mitarbeiter/innen-Gewinnung ist kein Selbstläufer, sondern basiert auf einer guten, verbindlichen Beziehung zwischen Vorgesetzten und Mitarbeitenden.

Genau genommen handelt es sich um eine *Tauschbeziehung* auf der Grundlage von Nehmen und Geben: Als Kanzleiinhaber/in gestalten Sie *Ihren Anteil* dieser Tauschbeziehung über solides, kompetentes und positives Führungshandeln. Mitarbeitende geben *ihren Anteil* über Arbeitsqualität, Loyalität und Engagement für die Kanzlei.

Die folgenden Kap. 6 und 7 thematisieren die vielfältigen Zusammenhänge zwischen wirksamer, zeitgemäßer Führung und dem (langfristigen) Binden wertvoller Mitarbeiter/innen.

Diese führen über gezielte Bindungsmaßnahmen (in Abgrenzung zu den in Kap. 5 vorgestellten Benefits), modernes Führungshandeln, Innovationsfreude, Ausbilden und ein strategisches, professionelles Kompetenzmanagement, das – entlang der Kanzleiziele – Ihre Kanzlei und Mitarbeiter/innen nachhaltig weiterentwickelt.

6.1 Mitarbeiter/innen binden I:
Zu Benefits und Bindungsmaßnahmen im Kanzleialltag

Beginnen wir mit der Unterscheidung von (äußeren) Benefits und den (inneren) Bindungskräften, die innerhalb Ihrer Kanzleigemeinschaft wirken. Für Kanzleiinhaber/innen ist dies m. E. wichtig zu differenzieren, um an *den* Stellschrauben anzusetzen, wo ggf. noch Handlungsbedarf besteht:

Benefits	Bindungskräfte
– äußere, materielle Anreize, die das Gehalt ergänzen, sprechen äußere Motivatoren an	– Anreize, die den inneren Antrieb/die innere Motivation von Menschen ansprechen
– haben große Relevanz fürs Kanzleimarketing und bei der Mitarbeiter/innen-Gewinnung, „Schaufenster-Charakter" (nach außen gerichtet)	– haben große Relevanz für den täglichen Umgang miteinander, den Austausch und die Zusammenarbeit (nach innen gerichtet)
– sind gestaltbar, sollten Ausdruck Ihrer Kanzleikultur sein	– müssen konkret gestaltet werden, sind Ausdruck der jeweiligen Kanzleikultur
– wirken individuell	– wirken auf die Kanzleigemeinschaft als Ganzes
– können maßgeschneidert sein auf eine bestimmte Gruppe von Mitarbeitenden oder sogar einzelne Mitarbeiter/innen	– für alle verbindlich, sollten möglichst von allen akzeptiert und „gelebt" werden

Abb. 15: Abgrenzung von Benefits und Bindungskräften im Überblick

Die Gegenüberstellung zeigt auf, dass die *tägliche Zusammenarbeit nicht über die gewährten bzw. vereinbarten (äußeren) Benefits stattfindet, sondern über die innere Verbindlichkeit der Kanzleigemeinschaft, ihre Kanzleiwerte und -kultur.*

Diese wiederum werden maßgeblich geprägt vom Führungshandeln der Kanzleiinhaber/innen und deren Führungskräften.

Zu großen Anteilen *entscheidet das er- und gelebte Führungsverhalten über einen nur kurz- oder langfrsitigen Verbleib von (neu gewonnenen) Mitarbeiter/innen.*

Was bindet Menschen an eine Aufgabe und/oder das dazu gehörige Umfeld?

Ein Beispiel dazu aus der ehrenamtlichen Arbeit:

Openair-Kino in der schönen Stadt Esslingen a. Neckar: Eine junge Frau ist des Studiums wegen in die USA gezogen und kommt – trotz des weiten Weges – jeden Sommer zurück in ihre Heimatstadt, um als Freiweillige für tausende Besucher das Erlebnis „Kino draußen" zusammen mit anderen zu ermöglichen.

Auf die Frage, was sie antreibe, sich als Helferin über Jahre dort zu engagieren, antwortet sie:

„Es ist das Gefühl von Zugehörigkeit und von Verbundenheit. Ich habe den Wunsch, Teil des Teams zu bleiben, was mich hierher zurückkehren lässt." (Sendung SWR-Fernsehen vom 30.07.2024)

Der beschriebene Mechanismus des inneren, nicht montären Antriebs wirkt dort wie im Kanzlei-Team gleichermaßen: Entscheidend sind das Gefühl von Zugehörigkeit, eine gute, sinnstiftende Arbeit sowie die Möglichkeit, sich dabei zu entfalten bzw. entwickeln (vgl. Kap. 4.2).

Ausgenommen davon sind sog. „Toxiker/innen", also Menschen, die es in ihrer Arbeitsumgebung darauf anlegen, zerstörerisch auf Gemeinschaften/Teams zu wirken, um eigene Interessen „um jeden Preis" durchzusetzen. Ursache hierfür ist ihre eigene destruktive, manipulative Persönlichkeitsstruktur, die eines konsequenten Führungshandelns bedarf, um die Kanzlei als Ganzes nicht zu gefährden (vgl. dazu Kap. 8.2).

Ähnlich der in Kap. 5 aufgelisteten Benefits, stelle ich auch hier ausschließlich Bindungsaktivitäten von Kanzleien vor, die ich dort selbst sehe bzw. erlebe.

6.2 Mitarbeiter/innen binden II: Meine TOP 25 wirksamer Bindung durch Tun und Tools *von A – Z – „Machbar und Machtvoll"*

Binden durch Führungshandeln/Tun

Anerkennung von guten, zielführenden Arbeitsleistungen

Danke sagen und De-Motivation vermeiden

Erste 100 Tage im Blick behalten (vgl. Kap. 3.8)

Führung: solide, kompetent, konsequent & akzeptiert

Lohn/Gehalt: marktgerecht und fair

Perspektiven und Aufstiegswege anbieten: für neue und langjährige Mitarbeiter/innen

Sinnstiftender Aufgaben- oder Tätigkeitsbereich

Talente erkennen, fördern und binden (vgl. auch Kap. 7.4 und 7.5)

Team-Zugehörigkeit fördern

Transparente, offene Kommunikation, z.B. über neue Entwicklungen in der Kanzlei

Trennung von „Stinkstiefeln", die den Zusammenhalt der Kanzleigemeinschaft gefährden (vgl. auch Kap. 8.2)

Vorbild sein als Führungskraft und Veränderungen/Transformation gestalten

Wertschätzender und respektvoller Umgang auf Augenhöhe

Zuhören als Führungskraft: erst Zuhören, dann Führen – statt überwiegend selbst zu „senden"

Binden mit wirksamen Instrumenten/Tools

Begrüßungsmappe mit Willkommensschreiben für ein professionelles On-**B**oarding

Beschäftigungssicherheit als Arbeitgeberversprechen

Jahresmitarbeiter/innengespräch (mit Beurteilungs- und Feedback-Anteilen, vgl. Arbeitshilfen 7a und 7b), gute Gesprächs- und Fehlerkultur, ggf. Jobrotation

Krankenrückkehrgespräche

Mentoring für neu eingestellte Mitarbeiter/innen

Mitarbeiter/innen-Befragung: Analyseinstrument zur Erhebung von Mitarbeiter/innen-Zufriedenheit, z. B. zum Wunsch nach Arbeiten mit „Fokuszeit" (stille, störungsfreie Arbeitsphasen)

NIL – Netzwerk ist Leistung: regelmäßiger fachbezogener Austausch

Partizipation/Beteiligung von Mitarbeiter/innen, z. B. gezielt Vorschläge zur Kanzleientwicklung, Prozessmodulation etc. einholen – und honorieren

Sonderurlaub und/oder Vorbereitungszeiten für eine Qualifizierung (z. B. Berufsexamen)

Team-Frühstück in regelmäßigen Abständen, um den zwanglosen Austausch für neue Ideen zu nutzen

6.3 Aufgaben und Anforderungen an Führungshandeln als Kanzleiinhaber/in bzw. Führungskraft

Aufgaben und Anforderungen an Führungshandeln im Spannungsfeld der unterschiedlichen Rollen einer Führungskraft

Disziplinarische Führung sachorientiertes Management	– dirigiert – lenkt – entscheidet – kontrolliert – beurteilt
Coach, Mentor/in, Berater/in Mitarbeiterorientiertes Coaching	– begleitet – berät – schafft die Voraussetzungen – unterstützt, hilft
Moderator/in, Koordinator/in Mitarbeiterorientierte Führung	– Prozessgestalter/in – Prozesssteuer/in – Schiedsrichter/in

Abb. 16: Aufgaben und Anforderungen an Führung
Aus: C. Harten: „Fit für die Führung", Seminarskript 2015

Das breite „Aufgaben-Bündel" einer modernen Führungskraft teilt sich auf in Aufgaben des *klassischen Managements*, das überwiegend auf der Sachebene abläuft: die Zuweisung und Delegation von Aufgaben an Mitarbeitende, Kanzleiorganisation/Prozesse, die Gestaltung von Regelwerken, Sanktionierung, Festlegen/ Aushandeln von Gehältern und Konditionen etc.

Führung dagegen meint Anforderungen, die sich auf der zwischenmenschlich-emotionalen Ebene abspielen. Beide sind gleichermaßen erfolgskritisch, wobei „gute Führung" im vorherrschenden Bewerber- und Engpassmarkt und vor dem Hintergrund von Automatisierung, KI & Co. stetig an Bedeutsamkeit gewinnt.

Disziplinarische Kanzlei-Führung/Management

- Schaffen klarer Führungs-, Organisations- und Prozessstrukturen in der Kanzlei,
- Zuweisen von Aufgaben an Mitarbeiter/innen,
- Übertragen von Kompetenz und Verantwortung,
- qualifikationsbezogenes Delegieren
  nicht delegierbar sind: Führungsfunktionen, Aufgaben v. großer Tragweite, außergewöhnliche Sonderfälle,
- Überwachen und Kontrolle der Arbeitsergebnisse/Arbeitsqualität,
- Beurteilen von Arbeitsleistungen und Feedback dazu,
- Entlohnen der geleisteten Arbeit,
- Festlegen von Gehalts- und Beteiligungsmodellen,
- Anbieten von Perspektiven: Entwicklungs- und Karrieremöglichkeiten,
- Vorgeben und Weiterentwickeln von Aus- und Weiterbildungsangeboten, Vorschläge von Mitarbeiter/innen einholen.

Führungskraft in der Kanzlei

- Sicherstellen von transparenter Kommunikation innerhalb der Kanzlei: stimmig und authentisch kommunizieren,
- wirksames Führen durch Vorbild,
- Gestalten von Veränderung, Innovation und Transformation (z. B. Digitalisierung der Kanzlei, Nutzung von KI-Anwendungen, neue Beratungsfelder oder Mandantengewinnung),
- Schenken von Vertrauen: „dosierter" Vertrauensvorschuss: Vertrauen entsteht durch Vertrauen,
- klare Ansage an die „Leistungsgemeinschaft Kanzlei" zum eigenen Anspruch an Arbeitsqualität, Mandantenorientierung und den kanzleiinternen Umgang/Zusammenarbeit,

- Implementieren einer konstruktiven Gesprächs- und Feedback-Kultur, z. B. unter Nutzung des Instruments Jahresmitarbeiter/innengespräche,
- Auswählen und Zusammenstellen eines miteinander harmonierenden und motivierten Teams (Teammitglieder ergänzen sich gut persönlich und fachlich),
- Erkennen der entstehenden Eigendynamik des Teams und sie begleiten, nicht zwingend eingreifen,
- Stiften von Motivation, Fördern eines motivierenden Arbeitsklimas,
- Vermeiden von De-Motivation,
- sich Trennen von „Stinkstiefeln" oder toxisch agierenden Mitarbeiter/innen als Teil konsequenten Führungshandelns (vgl. Kap. 8.2),
- Umgehen mit der sog. „Leistungs-Diva": schwierige Mitarbeiter/innen, oft mit (langjährigem) „Sonderstatus" aufgrund ihres guten Mandantenkontaktes und überzeugenden Arbeitsleistungen.

Moderator, Koordinator als Führungskraft in der Kanzlei

- Ermöglichen und Fordern von Ergebnis- und Zielorientierung,
- Gestalten von kanzleiinternem Wissensaustausch (vgl. Punkt 5: „NIL"-Konzept),
- Zusammenstellen von Alt-Jung-Tandems für den Wissens-Transfer und den Erhalt von Wissen in der Kanzlei (vgl. Kap. 7.5),
- Abfragen und Honorieren von Vorschlägen zur Kanzleientwicklung (auch für kleine Verbesserungen im internen Kanzleiablauf, Prozessmodulationen etc.),
- Einnehmen der Rolle als „Trouble-Shooter", z. B. bei Prozessveränderungen,
- Einladung an alle „ins Boot" einzusteigen, alle mitnehmen,
- Ermöglichen von Aufstieg und Entfaltung durch fachliche und persönliche Weiterentwicklung (vgl. Kap. 7).

Wichtig:

Die Fähigkeit, sich selbst führen zu können, ist die Grundvoraussetzung, andere zu führen und in Bewegung zu bringen!

6.3.1 Führung im Umbruch: Früher – Heute – In Zukunft

Eine Übersicht

Thema in der Kanzlei	1997	2017	2024 und nahe Zukunft
Kanzleistruktur	Es gibt noch überwiegend inhabergeführte Kanzleien, oft in Familienhand.	Konzentrationsbestrebungen, oft Holding-Struktur mit einer Mutter- und vielen Tochtergesellschaften. Die Frage, was verbindet uns noch, gewinnt an Bedeutung.	Unternehmen/Kanzleien sind zunehmend lose Beziehungsnetzwerke. Die Zusammenarbeit von Unternehmen und Mitarbeiter/in ist meist eine Kooperation auf Zeit.
Arbeitsform	Arbeiten für Abteilungen, Bereiche, (fast) jeder hat noch seine klar umrissenen und abgegrenzten Aufgaben.	Eine bereichsübergreifende Team-Projektarbeit dominiert.	Die Kernleistungen der Unternehmen werden zunehmend in unternehmensübergreifenden Netzwerken und mithilfe vieler externer Dienstleister sowie Mitarbeitenden auf Zeit erbracht.
Informationstechnologie	IT wird zum Optimieren, Neustrukturieren lokaler Arbeitsprozesse genutzt.	IT ist der zentrale Treiber der Veränderung. Sie durchzieht die Unternehmen wie das Nervensystem den menschlichen Körper, die meisten Prozesse in den Unternehmen laufen computergestützt oder halb-digital ab.	In den Kanzleien sind die meisten operativen Prozesse vollautomatisiert und netzgestützt. KI hält in der Steuerberatung zunehmend Einzug, ebenso im Recruiting und bei der Mitarbeiter/innenführung.
Führung	erfolgt weitgehend top-down. Die Führungskräfte verstehen es als ihre Kernaufgabe, ihre Mitarbeiter/innen bei ihrer Arbeit anzuleiten und zu motivieren.	versteht es zunehmend als ihre Kernaufgabe, die (bereichsübergreifende) Zusammenarbeit zu organisieren und zu koordinieren.	Kernaufgabe von Führung wird es zunehmend, Sinn zu vermitteln, Spezialist/innen in das Team einzubinden und diese auf das gemeinsame Ziel zu committen.
„Gute" Mitarbeiter/innen	fachlich fit und erfüllen die ihnen übertragenen Aufgaben zuverlässig.	Teamarbeiter/innen, die über den „Tellerrand" hinausschauen.	Teamarbeiter/innen erkennen selbst, was es zu tun gilt, und entwickeln ihre Kompetenz eigenverantwortlich weiter.
Teamentwicklung	beschränkt sich weitgehend auf Teambildung (Formieren) neuer Teams), häufig mit Outdoor-Maßnahmen gekoppelt.	zielt in der Regel darauf ab, die Leistung bestehender (Arbeits-)Teams zu steigern meist im Rahmen laufender Projekte.	Sie zielt primär darauf ab, aus einer Vielzahl von Spezialist/innen „Hochleistungsteams" zu bilden, die zeitlich begrenzt kooperieren.
Personal-Entwicklung (PE)	versteht sich als „strategische Partnerin" der Unternehmensführung. Man plant langfristig strategisch.	Strategische PE ist immer schwerer möglich, da belastbare Zukunftsprognosen auch bezüglich des Personal-/Kompetenzbedarfs kaum noch möglich sind.	PE entwickelt sich zunehmend zur Dienstleisterin für die Mitarbeitenden und ihre Führungskräfte, schafft Rahmenbedingungen für selbstorganisiertes Lernen, stellt Tools zur Verfügung.
Weiterbildung	erfolgt weitgehend in Präsenztrainings.	erfolgt zunehmend mittels Lernarchitekturen, die Online-Lernen mit Präsenzseminaren verknüpfen.	Die digitalen Medien und das selbstgesteuerte Lernen im Projekt- und Arbeitsalltag spielen eine immer größere Rolle.

Abb. 17: Führung: früher – heute – zukünftig

6.3.2 Trends und Herausforderungen von Führung – Motor von Innovation und Transformation

„Denn mehr denn je sind es die Menschen und nicht mehr die physischen Vermögenswerte, die heute den wichtigsten Beitrag zu den Geschäftsergebnissen leisten. Das Potenzial und die Fähigkeiten und die Imaginationskraft der Mitarbeitenden werden von den Unternehmen benötigt, um die sich ständig weiterentwickelnden Tätigkeiten neu zu gestalten und sich an neue Gegebenheiten anzupassen."

Aus: Global Human Capital Trends 2024, Deloitte

Arbeit neu denken?! – Technologie verändert Arbeit grundlegend

Bereits 2016 entstand der sog. *Job-Futuromat* im Rahmen der ARD-Themenwoche „Zukunft der Arbeit" in Kooperation der ARD mit dem *Institut für Arbeitsmarkt- und Berufsforschung* (IAB) und – damals noch – der Bundesagentur für Arbeit (BA). BA und IAB lieferten Daten und Statistiken für das im Internet abrufbare Tool und berieten fachlich bei der Gestaltung. Der *Job-Futuromat* errechnet das aktuelle, potenzielle Substituierbarkeitspotenzial eines bestimmten Berufes durch Automatisierung, Roboter oder KI.

Konkret wird ermittelt, ob die Kerntätigkeiten eines Berufes potenziell vollständig automatisch erledigt werden könnten. Bei der Ermittlung des Substituierbarkeitspotenzials geht es ausschließlich um die Beurteilung der technischen Machbarkeit. Das Substituierbarkeitspotenzial eines Berufes ergibt sich, wenn man die Anzahl der automatisierbaren Tätigkeiten eines Berufes durch all seine Tätigkeiten insgesamt dividiert und mit 100 multipliziert.

Gibt man unter www.job-futuromat.iab.de die steuerberatenden Berufe ein, so wird eine *hohe Automatisierbarkeit* als Gesamtbewertung angezeigt:

Automatisierungsgrad Steuerberater/in:	62 %
Automatisierungsgrad Bilanzbuchhalter/in:	83 %
Automatisierungsgrad Steuerfachangestellte/r:	100 %

Obwohl sich sicherlich viele Kanzleiinhaber/innen der Risiken, aber auch des Potenzials der technologischen Entwicklungen (Automatisierung, Digitalisierung und KI) bewusst sind, handeln sie oft zögerlich und verpassen so Möglichkeiten, an den Chancen teilzuhaben und ihre Kanzlei „fit für Innovation" zu machen.

Dabei ist Arbeit neu zu denken für die gesamte Unternehmenslandschaft – also auch für unsere Kanzleiwelt – eine zentrale Herausforderung, *„echten Fortschritt und positive Ergebnisse für Unternehmen und ihre Teams zu erzielen"* (aus: Global Human Capital Trends 2024 Deloitte, 2).

Nicht zu unterschätzen sind Ängste von Mitarbeiter/innen, die z. T. mit Argwohn den steigenden Automatisierungsgrad ihrer Tätigkeiten verfolgen. Ihnen Ängste zu nehmen und Angebote für einen sicheren, zukunftsfähigen Arbeitsplatz zu machen, ist eine immer wichtigere Führungsaufgabe.

6.3.3 Veränderte Anforderungen und Chancen durch KI in Kanzleien

„Jede hinreichend fortschrittliche Technologie ist von Magie nicht zu unterscheiden."
Arthur Clarke (1917–2008), Science-Fiction-Autor

Unter der Überschrift: „*Wie sozial ist KI?*" zitierte im Februar 2024 die Frankfurter Rundschau den *Internationalen Währungsfonds* (IWF), der KI als (algorithmischen (Vor-)Entscheider von ADM-Systemen) weniger magisch, dafür als geeignet einschätzt, „die soziale Ungleichheit weiter zu vertiefen".

Genannt werden drei *riskante Verteilungswirkungen*:

1. kostengünstigere Ausführung von Arbeiten durch KI, auch in der Beratung,
2. mehr Einkommen von Fachkräften, deren Produktivität durch den KI-Einsatz deutlich steigt (während es bei anderen Gruppen verloren geht),
3. Ersetzbarkeit von Arbeitskraft vergrößert den Anteil am Gesamteinkommen der Kapitaleigentümer oder anders ausgedrückt: Wer die KI besitzt, gewinnt! (FR, 20.02.2024).

Matthias Spielcamp, Mitgründer und Geschäftsführer von *AlgorithmWatch* sieht gar eine „Re-Feudalisierung" unserer Gesellschaft auf uns zukommen: auf der einen Seite die Gruppe der herrschenden Digitalisierungsgewinner/innen, auf der anderen Seite die der *„algorithmisch gemanagten Lakaien"* (Radiosendung vom 17.06.2024, Deutschlandfunk Kultur).

Die Risiken und Chancen dieser *„fortschrittlichen Technologie"* sind zur Gesamteinordnung, Bewertung und Entscheidung für oder gegen eine angebotene KI-Anwendung stets im Hinterkopf zu behalten. Nichtsdestotrotz sind KI-gestützte Tools in der Steuerberatung längst angekommen.

Sebastian Pollmanns nennt *Microsoft Copilot* eine „bevorstehende ‚Bürotechnologie' " (z.B. bei der Erstellung von E-Mail-Vorlagen, automatisierten Antworten, Erstellung komplexer Formeln unter Excel, Automatisierung von Routineaufgaben oder dem Planen und Zusammenfassen von Meetings (Pollmanns, NWB 2023, 3207).

Eine Steuerberaterin erklärte mir unlängst:

„Die KI hilft mir dabei, empathischere Nachrichten an Mitarbeiter und Mandanten per Mail zu senden. Sie baut Höflichkeitsfloskeln für mich ein, an die ich nie denken würde. Das kommt bei meinen Mitmenschen gut an."

KI-Potenzial sieht *Pollmanns* für die Steuerberatung von morgen in folgenden Bereichen:
– Recherche bei steuerrechtlichen Fragestellungen,
– Dokumentenmanagementsystem (DMS): schnellerer Zugriff auf Ergebnisse mittels natürlicher Sprache,

- Fortschritte in der Bildverarbeitung: höherer Automatisierungsgrad bei der Belegverarbeitung,
- Datenanalyse: Auswertung und Analyse betriebswirtschaftlicher Daten, schnellere Identifizierung von Anomalien etc.,
- Beratung/Mandantenbetreuung: gezieltere Vorbereitung und proaktive Beratung durch Zugriff auf KI-gestützte Tools, die stets auf den neuesten Daten und Trends basieren, Identifizierung von Mehrwerten für den/die Mandant/in, Optimierung des Beratungsprozesses.

Jedoch:

> „Setzt man sich kritisch mit den Aussagen von KI-Experten auseinander, erfährt man, dass *nicht das Beratungsgeschäft* betroffen sein wird [aktuell unter 10% Umsatzanteil], sondern das Kerngeschäft der Branche. 90% der Umsatzerlöse einer Kanzlei werden im Deklarationsgeschäft [...] erwirtschaftet. Dabei handelt es sich um Bereiche, die geprägt sind von einer Vielzahl an wiederkehrenden Tätigkeiten. [...] Tools zur Automatisierung von Prozessabläufen gibt es seit Jahren, kamen jedoch nur selten in Kanzleien zum Einsatz, da sie neben dem erforderlichen Know-how einen hohen Pflegeaufwand verlangten. Dies wird sich durch KI ändern." (Pollmanns, nwb November 2023, 3209)

Richtet man an *ChatGPT* folgenden Prompt: „*Wie verändert sich Steuerberatung durch KI?*" listet die KI folgende Arbeitsgebiete und Aufgaben auf, die sich in Kanzleien durch sie verändern, verschwinden oder neue Tätigkeits- und Beratungsfelder erschließen:

- *Routineaufgaben automatisieren*: Dateneingabe, Prüfung von Belegen und Erstellung von Standardberichten,
- *Buchhaltung und Finanzanalyse*: KI kann in Echtzeit Buchhaltungsdaten analysieren, Anomalien erkennen und vorausschauende Finanzanalysen bereitstellen,
- *Datenbasierte Entscheidungen*: große Datenmengen schnell analysieren und Muster erkennen, die für menschliche Analyst/innen schwer zugänglich wären, KI-gestützte Vorhersagenmodelle zur proaktiven Mandantenberatung,
- *individuelle Beratung*: KI-Modelle können das Verhalten und die Präferenzen von Mandant/innen analysieren und so personalisierte Beratungsvorschläge liefern,
- *neue Kompetenzen*: mit Einführung von KI müssen Mitarbeitende neue Fähigkeiten erlernen, insbesondere im Umgang mit KI-Tools und Datenanalyse. Dies erfordert gezielte Weiterbildung und eine kontinuierliche Anpassung an die Mitarbeiterentwicklung,
- *veränderte Rollen*: da Routineaufgaben zunehmend automatisiert werden, können sich Junior-Mitarbeitende schneller in verantwortungsvollere Positionen entwickeln,
- *flexiblere Arbeitsmodelle*: KI unterstützt das Arbeiten „on remote" und ermöglicht den Zugang zu allen wichtigen Daten von überall,

- *effizientes Ressourcenmanagement*: durch die Automatisierung von Prozessen und die Nutzung von KI zur Optimierung von Arbeitsabläufen können Kanzleien ihre menschlichen und technischen Ressourcen besser managen,
- *strategische Ausrichtung*: strategische Implementierung von KI, also Auswahl der richtigen KI-Tools, ihre Integration in bestehende Systeme und Überwachung der Ergebnisse,
- *erhöhte Anforderungen an den Datenschutz*: Einhaltung aller relevanten Gesetze und Vorschriften,
- *Sicherheit von KI-Systemen*: Schutz vor Cyberangriffen, Investitionen in Sicherheitsmaßnahmen, regelmäßige Überprüfung und Aktualisierung der verwendeten Technologien,
- *verantwortungsvolle Nutzung von KI*: Kanzleien müssen sicherstellen, dass sie KI ethisch und verantwortungsvoll einsetzen. Dies umfasst die Vermeidung von Verzerrungen in Algorithmen und die transparente Kommunikation der Funktionsweise von KI gegenüber Mandant/innen.

Abschließend kommentiert die KI in ihrem Fazit:

„Kanzleien, die diese Herausforderungen erfolgreich meistern, können sich einen erheblichen Wettbewerbsvorteil verschaffen und ihre Position im Markt langfristig stärken." (ChatGPT auf den Prompt: „Wie verändert sich Steuerberatung durch KI?")

Beratungsangebote zur Nutzung von KI-Anwendungen in der Steuerkanzlei machen z. B.

- Der Deubner Verlag Steuern und Recht:
www.deubner-steuern.de/shop/steuergutachten/deubner-tax-ki-595.html?utm_source=Steuer-Startseite&utm_medium=Link&utm_campaign=Tax-KI-Slider.
- Die DATEV:
Unter www.datev.de/ki finden Interessierte Informationen zu den KI-Initiativen von DATEV, wie beispielsweise die KI-Werkstatt (nur für DATEV-Mitglieder) sowie Hinweise zu Beratungen und Schulungen im Bereich Künstliche Intelligenz.

Für unser Thema der Mitarbeiter/innen-Gewinnung und -bindung stellen sich nun die folgenden weiterführenden Fragen:

1. Wie lässt sich KI fürs Recruiting nutzen? (vgl. auch Brickwedde, in: KI-Revolution in der Arbeitswelt 2023)

- aktuell noch überwiegend für das Erstellen von Präsentationen, Employer Branding, Interviewfragen, Social-Media-Beiträgen und Stellenanzeigetexten,
- Recruiter/innen von morgen erhoffen sich neben Effizienzsteigerung und Zeitersparnis eine verbesserte, objektivere Kandidat/innenauswahl,
- Ermöglichung eines data-driven Recruiting: Analyse von Trends und Mustern, die zu erfolgreichen Einstellungen führen,

- Mitarbeiter/innen-Gewinnung personalisieren und interessante Kandidat/innen gezielter und noch persönlicher ansprechen,
- erweiterter Talentpool: Identifizierung passiver Kandidat/innen durch KI, die nicht aktiv nach einem neuen Job suchen und so angesprochen werden können,
- Reduzierung von Einstellungsfehlern durch KI-gestützte Analysen und Bewertungen,
- Verringerung der Fluktuation durch KI-gestützte Anwendungen, die angeblich jene Menschen identifizieren können, die mit einer höheren Wahrscheinlichkeit im Unternehmen/der Kanzlei bleiben oder auf Sicht eher gehen werden.

Insbesondere letztere Erwartung an die KI wirft die Frage auf, wie „gläsern" Mitarbeitende in Zukunft sein sollen/werden (dürfen).

2. *Wie können alle „mit ins Boot geholt", an Transformation und Innovation beteiligt werden?*

Laut *Global Human Capital Trends 2024 Deloitte* hängt die Nutzung von und Fortschritt durch KI (zukünftig) von zwei Hauptfaktoren ab:

1. von der *menschlichen Leistungsfähigkeit* (Human Performance), also der Arbeitsleistung, die *zunehmend auf menschlichen Qualitäten wie Kreativität, Neugierde und Empathie* basiert. Da die Arbeitswelt immer stärker auf Zusammenarbeit setzt und anspruchsvollere, weniger quantifizierbare Fähigkeiten erfordert, verlieren traditionelle Produktivitätskennzahlen an Relevanz.

   Allerdings geben laut der Studie *nur 40 %* der Befragten an, dass ihre Organisationen neue Wege in dieser Hinsicht beschreiten,

2. vom rein unternehmerischen Fokus *auf die menschliche Nachhaltigkeit* (Human Sustainability).
   Nachhaltiges Arbeiten liefere ein besseres Wohlbefinden, mehr Teilhabe am Arbeitsmarkt und Chancengerechtigkeit, steigere die Motivation und Zufriedenheit der Mitarbeiter/innen und führe zu besseren Leistungen.

76 % der Befragten halten die Bemühungen um menschliche Nachhaltigkeit für den Unternehmenserfolg als sehr wichtig oder wichtig. Dennoch geben bislang nur 46 % aller Befragten an, dass ihr Unternehmen Maßnahmen in diese Richtung ergreift, und lediglich zehn Prozent bewerten diese Maßnahmen als herausragend (*Global Human Capital Trends 2024 Deloitte*).

Nachhaltiges Arbeiten ist beileibe kein bloßer Trend, *„sondern eine Notwendigkeit für Unternehmen, um langfristig erfolgreich zu sein und einen positiven Beitrag zur Gesellschaft und zur Umwelt zu leisten. Führungskräfte spielen dabei eine entscheidende Rolle [...], müssen nicht nur ein Verständnis von ökologischen und sozialen Belangen haben, sondern auch in der Lage sein, diese Werte in ihre*

Führungspraktiken zu integrieren und ihr Team dazu zu inspirieren, nachhaltiges Denken und Handeln zu fördern" (Suling/Wildner 2024, 4).

Suling/Wildner nennen als gesamtgesellschaftliche Mega-Trends, die sich als „Treiber" für die aktuelle Transformation herauskristallisieren:
- Demografischer Wandel (vgl. Kap. 1.1),
- Digitalisierung (vgl. Kap. 2.1, 2.2, 6.3.4),
- Dekarbonisierung (Stichwort: Klimawandel) und
- De-Globalisierung (Stichwort: Lieferengpässe, starke Abhängigkeiten von Weltwirtschaft und Weltpolitik).

Diese Herausforderungen verlangen neue, sog. „Future Skills", also branchenübergreifende Fähigkeiten von Unternehmen und *allen* dort Mitarbeitenden.

Auf die Frage: *„Welche Eigenschaften von Mitarbeitenden sind für Ihr Unternehmen am wichtigsten? Wählen Sie die Top 3"* antworten die Befragten[1]:

Flexibilität und Anpassungsfähigkeit:	61 %
Technologische Versiertheit:	37 %
Mut, Dinge in Frage zu stellen:	37 %

Eine ganzheitliche Unternehmens- oder Kanzleiführung, die sich auf die Bedürfnisse der Mitarbeiter/innen konzentriert, gewinnt also vor dem Hintergrund der Transformation und damit auch des zunehmenden Einsatzes von KI, weiter an Bedeutung.

Eine immer größere Technisierung erfordert mehr emotionale Intelligenz, denn Führung und Persönlichkeit lassen sich nicht digitalisieren.

„Es gibt keine universellen Regeln, ob man in einer Situation schweigen oder reden, sich zurückhalten oder nach vorne preschen, die Regeln befolgen oder brechen sollte. Immer kommt es auf das Gespür für die Situation und die beteiligten Personen an." (Ch. Julmi: Soziale Intelligenz bleibt die wichtigste Schlüsselkompetenz, in: Personalmagazin 06/2022, 73)

Die notwendige Gesamtstrategie für Digitalisierung und KI-Einsatz sollten *Mitarbeiter/innen nicht nur kennen, sondern auch engagiert mittragen.* Gemeinsam muss z. B. überlegt werden:
- In welche Richtung wollen/müssen wir unser Geschäft weiterentwickeln? Warum macht das für unsere Kanzlei Sinn?
- Welche Probleme wollen/müssen wir für die Mandant/innen lösen? Und wo entsteht zusätzlicher Nutzen?
- Wo bilden sich neue, digitale oder KI-basierte Kontaktpunkte, aus denen sich Neugeschäft machen lässt?

---
[1] Ergebnisse für Deutschland (Suling/Wildner, S. 17).

6.3.4 Empfehlungen für modernes (auch „KI-kompatibles") Führungshandeln

„Es geht darum, die besten Leute zu bekommen, sie zu halten, ein kreatives Umfeld zu schaffen und einen Weg zur Innovation zu finden."
Marissa Meyer (*1984), US-amerikanische Autorin

1. Mitarbeitende einbinden und vernetzen: Chef/innen von morgen setzen Rahmen

Führungskräfte mit Weitblick wollen ihr Team/ihre Kanzlei zu einer vernetzten Arbeitskultur mit unterschiedlichen Spezialist/innen entwickeln. Sie unterstützen ihre Mitarbeiter/innen organisatorisch und sozial:

Führung von morgen „orchestriert" das Team, stellt es richtig zusammen, behält Mitarbeiter/innen-Anforderungen im Auge, sorgt für Verbindlichkeit und Regeln, sucht Synergien und *vernetzt Kompetenzen.* Die Anwendung und das Verständnis (!) für KI-basierte Tools verlangen neue Kompetenzen bei Ihren Mitarbeiter/innen, auch zur Weitergabe/Information an die Mandant/innen.

Führung wird zukünftig mehr Kommunikation denn je brauchen: In einer zunehmend flexibilisierten, individualisierten und virtualisierten Arbeitswelt, gilt es, alle in der Kanzleigemeinschaft in hohem Maße *einzubinden, zu befähigen und zu vernetzen. Das sollte es Führungskräften ermöglichen, sich stärker auf strategische und zwischenmenschliche Aspekte der Führung* zu konzentrieren.

In einer immer stärker digitalen und remote-orientierten Arbeitswelt *können KI-basierte Kommunikations- und Kollaborationstools Führungskräfte dabei unterstützen, virtuelle Teams noch besser anzuleiten und effektiver zu führen* sowie die Produktivität außerhalb des traditionellen Büroumfeldes zu fördern (Stichwort: hybride oder digitale Kanzleien, Arbeiten mit „Fokuszeit" etc.)

KI wird noch stärker administrative Aufgaben von Führungskräften in der Kanzlei übernehmen und sie entlasten (Digitalisierung der Personalarbeit und KI-Einsatz, z. B. Generieren von Zeugnissen, Verwalten von Urlaubsanträgen etc.)

2. Vorbildfunktion: Positive Einstellung gegenüber dem „Dauer-Wandel" und Innovationsbereitschaft

Kanzleiinhaber/innen sind die Richtungsgebenden, setzen Ziele und zeigen die Wege auf, wie diese zu erreichen sind.

Daher ist von Ihrem täglichen Kommunikations- und Führungsverhalten entscheidend abhängig, ob sich Mitarbeiter/innen von gemeinsam gelebten Werten überzeugen und binden lassen, weil sie stolz darauf sind, *dieser* Leistungsgemeinschaft anzugehören. Denn die *meisten Mitarbeiter/innen – ob jünger oder älter – wollen Teil einer innovativen, zukunftsgerichteten Kanzleigemeinschaft sein – und mitgenommen werden, um ihren Beitrag leisten zu können.*

Seien Sie Ihrerseits täglich Vorbild im wertschätzenden, einbindenden Miteinander und der transparenten Kommunikation Ihrer Kanzleiziele. *So können Sie* umgekehrt von Ihren Mitarbeitern einfordern, sich mit ganzer Kraft für die Kanzleiziele einzusetzen.

3. *Vertrauen in Mitarbeiter/innen stärken: Organisatorische und mentale Freiräume geben*

Die von der KI erzeugte Themenliste (vgl. Kap. 6.3.4) veranschaulicht, dass eine Vielzahl an Tätigkeiten in der Steuerberatung zukünftig nicht mehr zwingend auf den vorgegebenen Arbeitstakt ausgerichtet ist, da die Aufgaben von Technik und KI erledigt werden können.

„Vor diesem Hintergrund wird es noch wichtiger werden, *organisatorische und mentale Freiräume zu schaffen, um menschliche Fähigkeiten zu trainieren und Mitarbeitenden mehr Einfluss auf die Gestaltung der Arbeitsergebnisse zu geben.* Größere Gestaltungsspielräume führen zu einer höheren Leistungsbereitschaft und -fähigkeit der Belegschaft, da die Mitarbeitenden ihren Beitrag zu den übergeordneten Zielen des Unternehmens erkennen.

Die neuen Daten und Tools schaffen Transparenz, müssen aber mit Bedacht eingesetzt werden. Vertrauen ist für die Entfaltung menschlicher Fähigkeiten wesentlich. Dies wird zur neuen Kernaufgabe der Unternehmensführung." (Global Human Capital Trends 2024 Deloitte)

4. *Wertschätzung und Anerkennung: Kommunikation auf Augenhöhe*

„*Wenn Menschen zur Arbeit gehen, sollten sie ihr Herz nicht zu Hause lassen müssen."* (Betty Bender, Autorin)

Die sog. „Herz-Qualitäten" (Empathie) von Vorgesetzten werden von Mitarbeiter/innen als immer wichtiger bewertet. In einer Studie der Unternehmensberatung *Boston Consulting Group* (BCG) von 2020/21 rückten Kompetenzen wie *empathisches Führen, echte Verbundenheit und Zuhör-Fähigkeit* auf die vorderen Plätze. Unternehmen dagegen stellten ganz andere Anforderungen an ihre Führungskräfte, nämlich intellektuelle Fähigkeiten, Entschlusskraft etc. (RNZ, 08.01.2021).

Viele Führungskräfte sind sich (möglicher) Defizite ihrer zwischenmenschlichen Kompetenzen oft zu wenig bewusst. Ein elementares Werkzeug wirksamer Führung ist das *aktive und achtsame Zuhören.*

Es gilt: *Abfragen statt nur Ansagen!*

Zuhören als Führungskraft umfasst vier Ebenen (A. v. Platen: Erst zuhören, dann führen, in: Personalmagazin 01/2024, 28–29):

1. *Zuhören wollen*: Zuhören als innere Haltung – wichtig bei Veränderungsprozessen, z.B. Einführung von Digitalisierung, Einsatz von KI-gestützten Tools, Integration einer hinzu gekauften Kanzlei (vgl. Kap. 6.3.6).

2. *Zuhören können*: Zuhören als individuelle Kompetenz, z.B. Ausreden lassen, nicht unterbrechen, „Resonanzbereitschaft" (Pörksen, 40) bieten etc.
In seinem jüngst erschienen Buch „*Zuhören. Die Kunst, sich der Welt zu öffnen"* bezeichnet Autor *Bernhard Pörksen* das Zuhören als aktiven, freiwilligen Akt, der eben nicht neutral sei bzw. außerhalb des eigenen Erlebens stattfinde. Zuhören

heißt: *"auch von sich zu sprechen, sich berührbar zu zeigen, verbunden mit der Welt"* (Pörksen 2025, 33).

3. *Zuhören strukturieren*: Zuhören in der Zusammenarbeit etablieren – Abfragen statt Ansagen, wichtig bei der Einrichtung fachbezogener Gesprächsplattformen (vgl. Kap. 6.3).
4. *Zuhören leben*: Zuhören als Ausdruck des eigenen Führungsverständnisses – Wirksamkeit von Führung, Emotionen zulassen, keine Angst vor Kontrollverlust etc.

Traditionelle „Da-musst-du-halt-durch"-Parolen werden sich bei den jüngeren Arbeitnehmergenerationen nicht mehr durchsetzen.

Kanzleiinhaber/innen sollten die Emotionen ihrer Mitarbeiter/innen nicht ignorieren. Emotionen sind es, die Menschen antreiben oder entmutigen.

„Als Führungskraft findet Anerkennung, wer sich mit den Vorstellungen und Werten der Generationen auseinandersetzt und den Prinzipien und Wünschen der Mitarbeitenden vertraut macht." (Kinzler, Existenz-Magazin Deloitte 2022, 16)

Ob zukünftig KI-gestützte Tools die Kommunikation zwischen Führungskräften und ihren Mitarbeitenden verbessern, indem sie regelmäßiges Feedback automatisieren und Echtzeit-Daten zur Mitarbeiter/innen-Zufriedenheit bereitstellen, sei noch dahingestellt. Selbst wenn Führungskräfte dadurch rascher auf Probleme reagieren könnten, werden Mitarbeiter/innengespräche immer dem persönlichen Austausch vorbehalten bleiben – und Energie- und Zeitaufwand bedürfen.

„Ermöglichen – zutrauen – anerkennen"

Der persönliche zwischenmenschliche Kontakt ist und bleibt wesentliches Fundament guter, erfolgreicher Zusammenarbeit und bietet *den besten Schutz gegen Abwanderung zur Konkurrenz.*

Mitarbeitende wollen und müssen lernen, eigenständig zu handeln und Verantwortung zu übernehmen. Es geht darum, mit ihnen zusammen ihre *Potenziale* zu erkennen, zu entwickeln und zu entfalten.

Nutzen Sie zur eigenen Reflexion gerne folgende Arbeitshilfen:

▶ **Arbeitshilfe 4: Selbsteinschätzung I: Meine Führung …**

▶ **Arbeitshilfe 5: Selbsteinschätzung II: „Meine Mitarbeiter würden von mir sagen …"**

6.3.5 Funktionierende, transparente Kommunikation

Besonders erfolgreiche Kanzleien zeichnen sich durch eine transparente und wertschätzende Kommunikations- und Gesprächskultur aus.

Merkmale einer funktionierenden Gesprächskultur sind:

- Emotionale Zuwendung (z. B. wohlwollende Atmosphäre, Anteilnahme, Lächeln),
- Achtung/Achtsamkeit (z. B. Akzeptanz, Respekt, Wertschätzung, ausreichend Zeit),
- Kooperation (z. B. Teilhabe, Übergabe von Verantwortung, Akzeptanz von Fehlern),
- Verbindlichkeit (z. B. Struktur, Konsequenz, Rituale, Kontinuität und Verlässlichkeit),
- Förderung/Entwicklung (z. B. Ernstnehmen von Fragen und Kritik, Bereitstellung neuen Wissens/Möglichkeiten der Weiterbildung, Übertragung neuer Aufgaben und Verantwortlichkeiten),
- Konstruktive Konflikt- und Fehlerkultur (auch als Anpassungsstrategie an den Dauerwandel).

Der bekannte Sachbuchautor *Charles Duhigg* („*Die Macht der Gewohnheit – Warum wir tun, was wir tun*", 2012) stellt in seinem neuesten Buch „*Supercommunicators – Wie man die geheime Sprache zwischenmenschlicher Beziehungen entschlüsselt 2024*" die folgende Grundwahrheit vor:

„*Ohne geistige Verbindung keine Kommunikation. [...] wann auch immer sie gelingt, gleichen sich Kopf und Körper der Beteiligten aneinander an, weil wir, wie die Neurowissenschaft sagt, neuronal gekoppelt sind.*" (Duhigg 2024, 33).

„*Die Bedeutung dieser Erkenntnis – dass Kommunikation auf dem Aufbau von Verbindungen und auf Angleichung beruht – ist so elementar, dass sie einen Namen bekommen hat, nämlich das Übereinstimmungsprinzip.*

Es besagt: um effektiv zu kommunizieren, ist es nötig, erst zu erkennen, welcher Gesprächstypus vorliegt, und sich dann gegenseitig aneinander anzupassen" (Duhigg, 47).

Im Kern geht es also darum, die verbalen und nonverbalen Signale und Emotionen des Gegenübers wahrzunehmen, zu entschlüsseln und sich darauf einzustellen.

Ganz grundsätzlich gesprochen:

- Wenn das Gegenüber emotional wird, soll man sich gestatten, dasselbe zu tun [*Gesprächstypus 1: Wie-fühlen-wir-uns?*]
- Will jemand unbedingt Lösungen suchen, suchen Sie mit! [*Gesprächstypus 2: Worum-geht's-hier-wirklich?*]

- Stehen für den/die Gesprächspartner/in die sozialen Auswirkungen des Themas im Mittelpunkt, zeigen Sie ihm/ihr, dass das auch Ihr Fokus ist [*Gesprächstypus 3: Wer-sind-wir?*]" (Duhigg, 47).

Duhigg vergleicht das Übereinstimmungsprinzip bildlich mit einer Türe im Kopf des Gesprächpartners/der Gesprächspartnerin, der/die Ihnen die Erlaubnis erteilt, in dessen/deren Kopf einzutreten und die Welt durch seine/ihre Augen zu betrachten, also was ihm oder ihr wichtig ist. *„Und umgekehrt lassen wir zu, dass man uns selbst begreift"* (Duhigg, 54).

Selbstverständlich sind so auch schwierige, konfliktbehaftete Gespräche – auch mit Mandant/innen! – möglich (vgl. dazu Kap. 8.3).

Insgesamt vier Regeln gibt uns *Duhigg* für ein gelingendes, konstruktives Gespräch mit:

- *Regel eins*: Achten Sie darauf, welcher Gesprächstypus vorliegt.
- *Regel zwei*: Teilen Sie Ihre Ziele mit, und fragen Sie andere nach deren Zielen.
- *Regel drei*: Fragen Sie andere nach ihren Gefühlen, und teilen Sie die eigenen mit.
- *Regel vier*: Prüfen Sie, ob in diesem Gespräch Identitäten [z. B. Zugehörigkeiten zu einer Ethnie, Herkunft, Religion, Hautfarbe etc.] eine Rolle spielen.

Vor einem bewussten, wichtigen Gespräch empfiehlt er, sich selbst vorab folgende Fragen zu stellen:

- Wie sollte sich das Gespräch nach Ihrem Wunsch entwickeln?
- Wie wird es beginnen?
- Welche Hindernisse könnten auftreten?
- Wie haben Sie vor, diese Hindernisse zu überwinden, wenn sie tatsächlich auftreten?
- Zuletzt: Welchen Gewinn kann dieses Gespräch abwerfen?

Denken Sie daran: Sie umgehen mit umsichtiger, achtsamer Kommunikation (auch) typische Kommunikationsprobleme im (Arbeits-)Alltag – diese sind:

> *gemeint $\neq$ gesagt*
> *gesagt $\neq$ gehört*
> *gehört $\neq$ verstanden*
> *verstanden $\neq$ einverstanden*
> *einverstanden $\neq$ umgesetzt*
> *umgesetzt $\neq$ dauerhaft umgesetzt*

Vermeiden Sie mit steter, „rückkoppelnder" Kommunikation solche Missverständnisse und ihre teils erheblichen, unerwünschten Auswirkungen in der Zusammenarbeit – ob kanzleiintern oder im Kontakt mit Ihren Mandant/innen.

Wichtig ist, das lösungsorientierte Gespräch zu suchen.

Selbst wenn zukünftig durch KI-Einsatz die Führung von Menschen effizienter und personalisierter gestaltbar sein wird, bleibt der menschliche Faktor entscheidend, *bleiben Empathie, Kreativität und moralische Urteile für das gedeihliche Zusammenarbeiten unerlässlich.* Die Kunst außergewöhnlich wirksamer Führung besteht – mit oder ohne KI – darin, ein Arbeitsumfeld zu schaffen, das von den Mitarbeitern in allen (sich scheinbar zum Teil gegenseitig ausschließenden) Aspekten gleichermaßen mit Bestnoten versehen wird. Beachten Sie bitte dazu:

▶ **Arbeitshilfe 6: Was sich Mitarbeiter/innen fragen …**

Nach Tausenden von Interviews mit Führungskräften aller Hierarchieebenen in aller Welt hat das *Gallup*-Institut herausgefunden, wie überdurchschnittlich erfolgreiche Führungskräfte ihre Mitarbeiter/innen motivieren, Leistungsträger an sich binden und produktiv beschäftigen.

Die Kunst außergewöhnlich wirksamer Führung besteht darin, ein Arbeitsumfeld zu schaffen, das von den Mitarbeiter/innen in allen (sich scheinbar zum Teil gegenseitig ausschließenden) Aspekten gleichermaßen mit Bestnoten versehen wurden.

Hier die vom *Gallup*-Institut identifizierten Fragen, die sich Mitarbeiter/innen im beruflichen Umfeld stellen:

1. Weiß ich, was bei der Arbeit von mir erwartet wird?
2. Habe ich Geräte, Arbeitsmittel/technische Ausstattung, um meine Arbeit richtig zu machen?
3. Habe ich bei der Arbeit regelmäßig Gelegenheit, das zu tun, was ich am besten kann?
4. Habe ich in den letzten sieben Tagen Lob und Anerkennung erhalten?
5. Interessiert sich mein/e Vorgesetzte/r oder eine andere Person bei der Arbeit für mich als Mensch?
6. Gibt es in meinem Arbeitsumfeld jemanden, der mich in meiner Entwicklung unterstützt und fördert und sich für meine Fortschritte interessiert?
7. Habe ich den Eindruck, dass bei der Arbeit meine Meinungen und Ideen ernst genommen werden?
8. Gibt mir die Unternehmens- bzw. Kanzleiphilosophie das Gefühl, dass meine Arbeit wichtig ist?
9. Sind meine Kolleg/innen bestrebt, Arbeit von hoher Qualität zu leisten?
10. Habe ich innerhalb der Firma eine/n gute/n Freund/in?
11. Hatte ich bisher bei der Arbeit die Gelegenheit/Angebote, Neues zu lernen und mich weiterzuentwickeln?

Nach Buckingham, Coffmann: „Erfolgreiches Führen gegen alle Regeln". Aus: Harten Seminarskript, 2015

Diese Arbeitshilfe ist auch digital verfügbar.

6.3.6 Sonderfall Kanzleikauf: Aus zwei Welten *ein* Team machen

Wechseln Steuerberatungskanzleien die Inhaber/in, werden die dort bislang tätigen Mitarbeiter/innen gewissermaßen „mit verkauft". *JETZT sind Einbindung und Integration gefragt* – ein durchaus heikles und keineswegs nur fachlich-organisatorisches Unterfangen.

Als (neue/r) Inhaber/in der frisch erworbenen Kanzlei sind *Sie* als Stratege/in und Chef/in gefragt: *als Richtungsweisende/r und Sinnstiftende/r.*

Schließlich ist es eine Chance, unter Ihrer Ägide beide Kanzlei-Kulturen zusammenzuführen und etwas Neues, noch Besseres daraus zu machen.

Empfehlungen:

– Hören Sie achtsam in die neue Kanzlei rein und gestalten Sie behutsam um.

Zuhören ist gerade im Anfangsstadium extrem wichtig! Sprechen Sie mit einzelnen Mitarbeiter/innen und machen Sie sich aufgrund der Rückmeldungen ein eigenes Bild von der Kanzlei.

– *Schaffen Sie (Austausch-)Plattformen,* von denen die Beschäftigten *beider* Kanzleien profitieren können.

Geeignete Plattformen für Begegnungen sind Seminare/Veranstaltungen, ein gemeinsames Abendessen etc. Vorstellbar ist z. B. ein Workshop-Tag für die Sekretariate beider Kanzleien oder ein Führungstraining für alle Führungskräfte.

Es geht um das gegenseitige Kennenlernen und mittelfristig um die Vereinheitlichung von Arbeitsstandards und Abläufen.

Unterbinden Sie jedes Gewinner-Gehabe.

Voraussetzung für eine rasche und wirksame Integration der neuen Kolleg/innen ist ein Miteinander, das frei ist von einem „Oben und Unten", etwa nach dem Motto: „Wir haben euch gekauft und deswegen sind wir die Gewinner und ihr die Loser".

In einer solchen Kultur kann nichts Produktives entstehen, nur Misstrauen und Widerstände. Machen Sie unmissverständlich klar, dass Sie ein solches „Gehabe" nicht dulden und *erbitten Sie Unterstützung für die „Neuen".*

Bieten Sie auch den neuen Mitarbeiter/innen langfristige und sichere Perspektiven. Geben Sie ihnen Orientierung darüber, was in Zukunft wichtig sein wird, damit sie sich darauf einstellen können.

Sorgen Sie für Chancengleichheit, indem beide Kanzleien z. B. von einem breiten Angebot guter, motivierender Weiterbildung profitieren. Denn Ihr Ziel sind rasche, einheitliche Standards von Arbeits- und Beratungsqualität zum Vorteil Ihrer Mandant/innen.

Übernehmen Sie Vergünstigungs- und Vergütungssysteme auch für die neue Kanzlei.

Sollten Sie bessere Vergütungsstrukturen als die in der hinzu gekauften Kanzlei haben, zögern Sie nicht, diese auf alle zu übertragen.

Ob Weihnachtsgeld, ein 13. Monatsgehalt, soziale Nebenleistungen oder bezahlte Überstunden: Ein Mehr im eigenen Geldbeutel hat positive Signalwirkung und wirkt bindend (Winter 2013, 43).

6.4 Mitarbeiter/innen binden III: Binden mit praxisbewährten Instrumenten/Tools

„Ihre Mitarbeiter können Sie leichter überzeugen als Ihre Kinder."
Henry Ford (1863–1947), US-amerikanischer Erfinder und Automobilpionier

1. Begrüßungsmappe mit Willkommensschreiben für ein professionelles On-Boarding

Willkommenschreiben – Beispiel dazu aus der Praxis:

Liebe/r [persönliche Anrede],

vielen Dank für die Rücksendung des unterschriebenen Anstellungsvertrages, der gestern bei uns einging.

Ich freue mich sehr darauf, wenn Sie uns ab Montag unterstützen.

Frau StB. […] und ich werden Sie am Montag begrüßen und ein kurzes Auftaktgespräch führen.

Bitte gehen Sie es langsam an. Niemand erwartet, dass Sie gleich die Welt erobern und Höchstleistungen bringen.

Mir ist es wichtig, dass Sie zunächst das Team sowie die Arbeitsabläufe und Strukturen kennenlernen.

Wir haben einige neue Mandate, die wir Ihnen gerne in treue Hände geben möchten, aber auch ältere langjährige Mandate, bei denen Sie die fachliche Aufsicht über die Sachbearbeiter und deren Arbeitsergebnisse haben.

Ihr Team wird Sie bei der Einarbeitung begleiten, so dass Sie hoffentlich viel Freude bei der Arbeit haben.

Ganz wichtig: [Datum] feiern wir unser Sommerfest [Ort].

Ich freue mich sehr, dass Sie unsere Kanzlei bereichern.

Mit freundlichen Grüßen. Kanzleiinhaber/in

2. Gesprächs- und Feedback-Kultur mit regelmäßigen Gesprächsangeboten, z.B. das Jahresmitarbeiter/innengespräch (mit Beurteilungs- und Feedback-Anteilen)

Wichtig für Ihre Mitarbeiter/innen ist es, wenigstens *einmal im Jahr* Mittelpunkt eines gemeinsamen Gespräches zu sein sowie gezieltes Feedback zu erhalten und auch geben zu dürfen.

Wichtig für *Sie als Kanzleiinhaber/in und Ihre Führungskräfte* ist es, vorbereitet zu sein und ein Gesprächsziel definiert zu haben. Ob man dieses in konkreten Zielvereinbarungen messbar oder eher frei gestaltet, ist abhängig vom „Spirit" Ihrer Kanzlei und/oder vom Mitarbeitenden.

Als Führungskraft ist es Ihr Part, Ihre „Bringschuld", zu einem Mitarbeiter/innengespräch einzuladen, den Termin festzusetzen und die Umsetzung des Gesprächs samt Dokumentation wichtiger Gesprächsergebnisse zu gewährleisten.

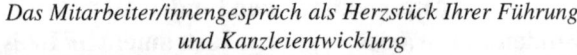

Das Mitarbeiter/innengespräch als Herzstück Ihrer Führung und Kanzleientwicklung

Abb. 18: Themen eines Jahresmitarbeiter/innengesprächs im Überblick
Quelle: Mönikheim 2014

Legen Sie vorab für sich fest, was Sie im Mitarbeiter/innengespräch konkret ansprechen, ggf. was Sie erreichen wollen. Keinesfalls darf die Gesprächsstruktur ähnlich einer Checkliste das Gesprächsergebnis bereits vorwegnehmen (vgl. kleiner Fragenkatalog Duhigg, 16–17).

Sinnvoll ist ein Gesprächsleitfaden mit den wichtigsten Punkten, die dann in angenehmer Gesprächsatmosphäre zu besprechen sind.

Nutzen Sie als Vorlage gerne den vorbereiteten Gesprächsleitfaden:

▶ **Arbeitshilfe 7a/b: Leitfaden für ein Jahresmitarbeiter/innengespräch**

Leider sind die Anlässe für ein Mitarbeiter/innengespräch nicht immer nur erfreulicher Natur, *auch unangenehme Dinge müssen ausgesprochen werden.*

Für gelingende Mitarbeiter/innengespräche sollten folgende *vier wichtige Regeln* (vgl. Harten 2012) zur Anwendung kommen:

- Schaffen Sie eine positive Gesprächsatmosphäre.
- Stellen Sie die Bedürfnisse Ihres Gesprächspartners/Ihrer Gesprächspartnerin fest.
- Hören Sie aktiv zu.
- Beziehen Sie klar Stellung, geben und nehmen Sie Feedback.

Grundsätzlich ist ein positiver Gesprächsverlauf schon gesichert, wenn es Ihnen gelingt, Ihre sachlich berechtigte Kritik fern zu halten von der Person des/der Mitarbeitenden, mit dem Sie sprechen. Verwenden Sie positive, klare Formulierungen und beziehen Sie Stellung.

3. Bewährte Regeln für das Geben und Nehmen von Feedback

Feedback heißt „Rückmeldung" geben. Es bedeutet, dem anderen mitzuteilen, was man zu einem bestimmten Zeitpunkt/Zeitraum am Gegenüber wahrgenommen hat. Entscheidend ist, dass der/die Feedback-Nehmende die – insbesondere kritische – Rückmeldung annehmen und ggf. in eine Verhaltensänderung/in bzw. ein anderes Handeln umwandeln kann.

Wirkungsweisen von authentischem Feedback

- *Feedback-Geber/in:* Ziel sollte es sein, Feedback-Nehmer/in stärker und erfolgreicher werden zu lassen.
- *Feedback-Nehmer/in:* Ziel sollte es sein, (un)absichtliche eigene Wirkung auf andere zu reflektieren und über alternatives Verhalten/Handeln nachzudenken bzw. es auszuprobieren.

Merkmale von konstruktivem Feedback:

- sollte gewünscht sein,
- sollte Perspektiven für die Zukunft bieten,
- zuerst positive Punkte ansprechen, dann erst die kritischen, problematischen Aspekte,
- beobachtbares Verhalten sachlich beschreiben (nicht bewerten!),
- Ereignisse möglichst konkret beschreiben, so dass der/die Empfänger/in sie nachvollziehen kann. Dabei Ich-Botschaften (Subjektivität verdeutlichen) verwenden,
- Ziel ist es, dass der/die Feedback-Empfänger/in sich selbst verbessern kann, nicht, dass man als Feedback-Geber/in sein Ziel erreicht,
- möglichst zeitnah das Gespräch suchen, nicht erst Wochen später,

- aktiv zuhören, bei Bedarf Verständnisfragen stellen und ausreden lassen,
- nicht verteidigen oder rechtfertigen,
- Feedback-Nehmer/in entscheidet selber, was er/sie aus dem Gesagten für sich annehmen und umsetzen möchte.

Nutzen Sie gerne die folgende Arbeitshilfe mit vielen Formulierungsbeispielen:

▶ **Arbeitshilfe 8: Beispiele für positive Formulierungen bei Mandant/innen und Mitarbeitenden**

In einer „fortgeschrittenen" Feedback-Kultur sind Verfahren eines „Multiscore-Feedback" üblich. Dies meint eine Rückmeldung an den/die Feedback-Nehmer/in von verschiedenen Personen, Mitarbeiter/innen, Kolleg/innen und Führungskraft. Die Rückmeldungen werden anonymisiert und oft als wörtliches Feedback (Zitat) weitergegeben. Ein solches sog. 360-Grad-Feedback eröffnet sehr umfassende, manchmal auch neue, bislang ungekannte Sichtweisen auf die eigene Arbeit und Persönlichkeit.

4. Mentoring für neu eigestellte Mitarbeiter/innen

Mentoring für neu eingestellte Mitarbeiter/innen sichert die verlässliche, zielführende Einarbeitung und stiftet das Gefühl von Zugehörigkeit und „Sichtbarkeit".

Anwendungsgebiete zur Unterstützung der Mentees können sein:

- fachbezogene Einarbeitung und Weiterbildung,
- Unterstützung bei der Auswahl geeigneter Weiterbildungsmaßnahmen und Vorbereitung auf Prüfungen, z. B. zum Berufsexamen,
- Einarbeitung in den zu übernehmenden Mandantenkreis, Anleitung zur effektiven Betreuung und Beratung der Mandant/innen, ggf. Hinweis auf schwierige Gemengelagen,
- Netzwerkaufbau: Unterstützung beim Aufbau und der Pflege eines beruflichen Netzwerks (z. B. für junge Berufsträger/innen),
- technologische Kompetenzen, Schulung in der Nutzung von branchenspezifischer Software, Einsatz von KI-Tools etc.

Häufig bringen neu eingestellte, jüngere Mitarbeitende technologisches oder prozessuales Wissen in die Kanzlei ein. Nutzen Sie dieses und verbreiten Sie es kanzleiintern über den fachbezogenen Austausch.

5. NIL-Konzept: Netzwerk ist Leistung: regelmäßiger fachbezogener Austausch – *Wissen als Erfolgsfaktor*

Wie oft könnte verhindert werden, dass mehrere Kolleg/innen gleichzeitig oder zeitlich versetzt an den gleichen Fragestellungen sitzen und Lösungen für ähnlich gelagerte Probleme erarbeiten!

Die Erfahrung, wie ineffizient und zuweilen auch persönlich frustrierend es sein kann, „das Rad" mehrfach zu erfinden, hat wohl schon jeder gemacht. Im Kanzleialltag bleibt es zuweilen dem Zufall überlassen, ob der fachbezogene Informationsfluss untereinander gut funktioniert. Beim sog. „*NIL-Konzept*" geht es um die gezielte Einrichtung von Gesprächsplattformen.

Ziel ist der systematische Austausch zu fachrelevanten, organisatorischen oder mandatsbezogenen Inhalten und Informationen (in einer Berliner Kanzlei liebevoll „*Steuer-Kränzchen*" genannt).

Es ist wissenschaftlich erwiesen, dass persönliche Kontakte produktiver machen, da die hierfür zuständigen Hirnareale im Gespräch anregt werden.

Stellschrauben für einen ergiebigen und organisatorisch reibungslosen Informations- und Wissensaustausch in der Kanzlei:

- Die kanzleispezifischen Kommunikationswege müssen vorstrukturiert und transparent kommuniziert (!) sein.
- Instrumente zielführender Kommunikation müssen festgelegt und lebendig umgesetzt werden.
- Eine gedeihliche und offene Gesprächskultur ist Voraussetzung, damit menschlich gewinnende und zugleich zielführende Kommunikation gelingt.

Es geht darum, *jeden sinnvollen Anlass für die fachbezogene Kommunikation untereinander zu nutzen*, die beteiligten Mitarbeiter/innen einzubinden und so auch in die Verantwortung zu nehmen.

Hinzu kommt:

Informiert zu sein schafft Orientierung und motiviert, an gemeinsamen (kommunizierten) Zielen mitzuarbeiten.

Die Entscheidung für die Initiierung einer gezielten Gesprächsplattform ist maßgeblich von Größe und Struktur der jeweiligen Kanzlei abhängig.

- Kleineren Kanzleien mit nur ein oder zwei Berufsträgern empfiehlt sich eine gemeinsame Austauschrunde mit allen involvierten Mitarbeiter/innen.
- Größere Einheiten erwägen, ob zwei Gesprächsplattformen, jeweils eine für Berufsträger/innen und eine für Mitarbeiter/innen/Assistent/innen, Sinn machen.

Der Vorteil liegt sicherlich darin, die zu besprechenden Themen gezielter auf die jeweilige Zielgruppe abstellen zu können. Nachteilig ist, dass zwischen beiden Gesprächsrunden nicht zwingend eine Verbindung besteht, also ein Austausch vor allem von „oben nach unten" womöglich nur zögernd bis gar nicht stattfindet.

Die Verbindung zwischen verschiedenen Gesprächsplattformen muss zwingend funktionieren!

In beiden Fällen ist es wichtig, vorher *festzulegen, wie der in Bewegung gesetzte Informations- und Wissensfluss kanalisiert und zielführend geleitet wird. Nur so kann die „lernende Kanzlei" lebendig werden, der Transfer in die konkrete Arbeits- und Beratungspraxis gewährleistet werden.*

Spotlight 3: Gemeinsam lernen, gemeinsam wachsen: Persönliche Kompetenzen fördern

von Angela Hamatschek

In einer zunehmend digitalisierten Arbeitswelt wird das reine Fachwissen allein nicht mehr ausreichen, um Mitarbeiter in einer Steuerberatungskanzlei langfristig zu binden und zu motivieren. Natürlich bleibt die fachliche Expertise ein zentraler Bestandteil der Fortbildung – schließlich sind umfassende Steuerkenntnisse das Fundament Ihrer Arbeit. Doch um auch in Zukunft einen exzellenten Job zu machen, sind weitere persönliche Kompetenzen eine unverzichtbare Ergänzung.

Das Berufsbild hat sich verändert und wird sich durch Digitalisierung, Automatisierung und KI noch einmal stark wandeln: Weg vom reinen Beleg-Erfasser hin zum Auswertungs-Erklärer, der nicht nur Zahlen liefert, sondern diese auch verständlich vermittelt. Von der klassischen Steuerkompetenz hin zur Verständniskompetenz, bei der Ihre Mitarbeiter als „Dolmetscher" für Mandanten fungieren. Kommunikations- und Organisationsstärke werden damit zu Schlüsselkompetenzen, die darüber entscheiden, wie erfolgreich Ihr Team künftig agieren kann.

Doch wie können Sie Ihre Mitarbeiter gezielt dabei unterstützen, diese wichtigen Fähigkeiten auszubauen? Und wie können Sie sicherstellen, dass sich Ihr Team in einer dynamischen, modernen Arbeitsumgebung beständig weiterentwickelt und motiviert bleibt?

Kommunikations- und Organisationsstärke als Zukunftskompetenzen

Ein oft unterschätzter Weg, um Mitarbeiter zu fördern und gleichzeitig die Bindung an die Kanzlei zu stärken, sind Weiterbildungsangebote, die über den Tellerrand des reinen Fachwissens hinausgehen. Im *delfi-net* Steuerberater-Netzwerk bieten wir regelmäßig Webinare und Workshops an, in denen sich Kanzleimitarbeiter zu genau diesen Themen fortbilden können.

2024 hatten wir beispielsweise folgende Themen:
– Zu viel Arbeit, zu wenig Zeit? Tipps zur Eigenorganisation und Auftragsplanung.
– ChatGPT im Kanzleialltag – Praxisbeispiele für Mitarbeiter.

– So gelingt Homeoffice – von A wie Remote-Arbeitsplatz bis Z wie Zusammenarbeit online.

Die Teilnahme an solchen Fortbildungen bringt gleich mehrere Vorteile mit sich: Die Mitarbeiter erwerben nicht nur wertvolle neue Fähigkeiten, sondern haben auch die Möglichkeit, sich mit Kolleginnen und Kollegen aus anderen Kanzleien auszutauschen. Dieser Blick über den eigenen Kanzlei-Tellerrand hinaus schafft neue Perspektiven, eröffnet Lösungswege für Herausforderungen im Arbeitsalltag und stärkt das Gefühl der Verbundenheit mit der Branche. Solche Netzwerke bieten wertvollen Input, der in den Kanzleialltag eingebracht werden kann und von dem letztlich das gesamte Team profitiert.

Gemeinsames Lernen stärkt den Teamgeist

Praxis-Tipp aus dem delfi-net Netzwerk: Organisieren Sie die Teilnahme an Fortbildungs-Webinaren gemeinsam im Team. Nehmen Sie sich vorher ein paar Minuten Zeit und besprechen Sie kurz im Team die Erwartungshaltung und die Fragen aller. Wie wäre es mit einer Frage in der Art „Welche Frage beschäftigt uns gerade, von der wir uns hier eine Antwort erhoffen?" oder „Was nervt/stört uns gerade im Arbeitsalltag, das mit diesem Webinar-Inhalt aus der Welt geschafft werden kann?" Wenn alle einen konkreten Anlass haben, sich das Webinar anzusehen, ist die Motivation aufmerksam zuzuhören logischerweise um ein Vielfaches höher.

Sehen Sie sich dann die Inhalte gemeinsam an und diskutieren Sie entweder bei jedem Kapitel oder im Anschluss, welche Erkenntnisse oder Ansätze direkt in Ihrer Kanzlei umgesetzt werden können. Dieses Vorgehen stärkt nicht nur den Zusammenhalt im Team, sondern sorgt auch dafür, dass das Gelernte direkt in die Praxis übertragen wird. Die gemeinsame Diskussion fördert den Austausch und motiviert Ihre Mitarbeiter, aktiv an der Weiterentwicklung der Kanzlei mitzuwirken.

Zudem signalisiert ein solches Vorgehen Ihren Mitarbeitern, dass Sie ihre berufliche und persönliche Weiterentwicklung ernst nehmen. Das Gefühl, wertgeschätzt und gefördert zu werden, ist ein entscheidender Motivationsfaktor, der weit über monetäre Anreize hinausgeht.

Ein gutes Betriebsklima lässt sich gestalten: Fähigkeiten, die den Unterschied machen

In Zeiten des Fachkräftemangels spielt das Image Ihrer Kanzlei als Arbeitgeber eine immer größere Rolle. Potenzielle Mitarbeiter achten nicht nur auf Gehalt und Arbeitszeiten, sondern auch darauf, wie sich eine Kanzlei um die Weiterbildung und das Wohl ihrer Mitarbeiter kümmert.

Für die meisten Mitarbeiter ist dabei ein positives Betriebsklima einer der wichtigsten Faktoren für Zufriedenheit und Motivation im Job. Dabei geht es nicht nur um die Ausstattung des Büros oder flexible Arbeitszeiten – vielmehr spielt der zwischenmenschliche Umgang eine zentrale Rolle. Ein gutes Miteinander sorgt für eine produktive und angenehme Arbeitsatmosphäre. Doch wie sorgen Sie aktiv für gute Stimmung?

Mit gezielten Weiterbildungsangeboten zu Themen wie Kommunikation, Feedback und zwischenmenschlichem Verhalten können Ihre Mitarbeiter genau die Fähigkeiten erlernen, die für ein besseres Verständnis und ein harmonisches Miteinander sorgen. Diese Kompetenzen fördern nicht nur den Teamgeist, sondern tragen langfristig zu einem positiven Betriebsklima bei.

Praxis-Tipp aus dem delfi-net Netzwerk: Viele Kanzleien haben am geförderten Programm „Unternehmenswert Mensch" bzw. jetzt dem Nachfolger INQA teilgenommen und berichten positiv von nachhaltigen Verbesserungen im Umgang miteinander.

Indem Sie den Fokus auf diese wichtigen Fähigkeiten legen, schaffen Sie die Voraussetzungen für eine langfristig erfolgreiche Zusammenarbeit – in einem Klima, das Ihre Mitarbeiter motiviert und in dem sie gerne arbeiten.

Fazit: Netzwerke als Motivationstreiber

Nutzen Sie die Möglichkeit, Fortbildungen nicht nur als Mittel zur Wissensvermittlung, sondern auch als Plattform für den Austausch und die Vernetzung Ihrer Mitarbeiter zu etablieren. Sie werden sehen: Der Blick über den Tellerrand lohnt sich – für Ihre Mitarbeiter genauso wie für Ihre Kanzlei.

Praxis-Tipp aus dem delfi-net Netzwerk: Zwei Kanzleien haben ein eigenes Austauschprogramm entwickelt, bei dem Mitarbeiter für mehrere Tage zeitgleich jeweils in der anderen Kanzlei hospitieren. Auch die Chefs selbst haben dabei die Schreibtische getauscht. Der Lerneffekt war immens und die Beteiligten haben viele neue Impulse in die Kanzleien zurückgebracht.

Die Anstifterinnen
Cordula Schneider und Angela Hamatschek
mehr unter www.delfi-net.de

6. Partizipation/Beteiligung von Mitarbeiter/innen

Das Gefühl von Zugehörigkeit und Sichtbarkeit sind wesentliche Stellschrauben für die langfristige und emotionale Mitarbeiterbindung – und den wirtschaftlichen Kanzleierfolg.

Wie in Kap. 3.5 bereits skizziert, reichen laut einer *Gallup-Studie* von 2024 sechs von zehn Mitarbeitenden mit *hoher* Mitarbeiterbindung innerhalb eines Kalenderjahres einen Verbesserungsvorschlag ein. Dies betrifft vor allem die Optimierung von Arbeitsplätzen (Ideen zu Kosteneinsparungen, Umsatzsteigerungen oder verbesserter Effizienz).

Unter den Mitarbeiter/innen *ohne oder mit nur geringer* Bindung waren es nur vier! Sie machen üblicherweise „Dienst nach Vorschrift" und bringen entsprechend weniger Engagement für ihre/n Arbeitgeber/in in den Job ein (M. Nink: Emotionale Mitarbeiterbindung, Gallup 2024, 3).

„Führungskräfte haben weitaus mehr Einfluss, als ihnen zugestanden wird. Tatsächlich werden die Bedingungen, die die emotionale Mitarbeiterbindung fördern, zum Großteil von Führungskräften geschaffen. Doch nur wenige Führungskräfte wissen, wie sie das anstellen sollen." (Nink, ebenda, 4)

Praxisbewährte Bereiche für zielführende Mitarbeiterbeteiligung können sein:

- gemeinsame Gesprächsplattformen,
- Job-Rotation ermöglichen,
- Vorschläge zur Kanzleientwicklung,
- Vorschläge zu gemeinsamen Events,
- Vorschläge zu interessanten, zielführenden Seminar- oder Fachveranstaltungen (auch digital!),
- Mentoring,
- Ausbildung/verschiedene Stationen (vgl. dazu ausführlich Kap. 7.3–7.5).

Damit *Sie* zu jenen Kanzleiinhaber/innen und Führungskräften gehören, die wissen, *wo* Sie *wirksame Hebel zur Mitarbeiterbindung* ansetzen können/sollten, gibt es abschließend die folgenden zusammenfassenden Handlungsempfehlungen.

Handlungsempfehlungen für Kanzleiinhaber/innen und deren Führungskräfte

Nachhaltige, auf Langfristigkeit angelegte Mitarbeiter/innen-Gewinnung ist kein Selbstläufer, sondern basiert auf einer guten, verbindlichen Beziehung zwischen Ihnen als Kanzleiinhaber/in und Mitarbeitenden.

Der persönliche zwischenmenschliche Kontakt ist und bleibt – Digitalisierung, KI & Co. hin oder her – wesentliches Fundament guter, erfolgreicher Zusammenarbeit und bietet den besten Schutz gegen Abwanderung zur Konkurrenz.

Achten Sie daher auf die innere Verbindung und Verbindlichkeit Ihrer Kanzleigemeinschaft, Kanzleiwerte und -kultur. Sie entscheiden maßgeblich über die Qualität Ihrer Zusammenarbeit und nicht etwa die äußeren Benefits (vgl. Kap. 5).

Nur indem Sie sich selbst führen und organisieren, können Sie auch andere führen und in Bewegung bringen.

Führung wird zukünftig mehr Kommunikation denn je brauchen: In einer zunehmend flexibilisierten, individualisierten und virtualisierten Arbeitswelt gilt es, alle in der Kanzleigemeinschaft in hohem Maße einzubinden, zu befähigen und zu vernetzen. Eine immer größere Technisierung erfordert mehr emotionale Intelligenz, denn Führung und Persönlichkeit lassen sich nicht digitalisieren.

Für den (zukünftigen) Einsatz von KI-Anwendungen in der Kanzlei ist eine Gesamtstrategie notwendig, die Ihre Mitarbeiter/innen kennen und mittragen. Ziel ist es, alle „mit ins Boot" zu holen und Bedürfnisse und Vorbehalte einzubinden – und nicht etwa zu ignorieren.

Achten Sie darauf, Ihre Teams richtig zusammenzustellen: verschiedene Kompetenzen und Persönlichkeitstypen ergänzen sich oft gut und werden so zum „Hochleistungs-Team".

Aktives und achtsames Zuhören ist ein elementares, mächtiges Werkzeug wirksamer Führung. Setzen Sie es im Kanzleialltag um!

Gelingende Kommunikation beruht auf dem Aufbau von Verbindungen und dem Prinzip der (neuronalen) Angleichung, der Übereinstimmung. Um Ihr Gegenüber wirksam abzuholen, müssen Sie erkennen, welcher Gesprächstypus vorliegt und sich darauf einstellen. Dies gilt auch und besonders nach Kauf einer neuen Kanzlei, die Sie übernehmen und ggf. in eine bereits bestehende Einheit integrieren müssen.

Führen Sie regelmäßig Gespräche und als „jährlichen Meilenstein" das Jahresmitarbeiter/innengespräch.

Nutzen Sie dieses Format für ein umfassendes, konstruktives Feedback (beachten Sie bitte die Feedbackregeln dazu) und fragen Sie Vorschläge zur Verbesserung und Weiterentwicklung Ihrer Kanzlei ab. Gute Vorschläge müssen dann nachhaltig umgesetzt und honoriert werden!

Seien Sie Vorbild für eine innovative, zukunftsgerichtete Kanzleigemeinschaft, im wertschätzenden, einbindenden Miteinander und für die transparente Kommunikation Ihrer Kanzleiziele. Leben Sie eine tolerante „lernende" Fehlerkultur. So können Sie umgekehrt von Ihren Mitarbeitenden einfordern, sich mit ganzer Kraft für die Kanzleiziele einzusetzen.

Um den kanzleiinternen, *fachlichen Austausch und den Wissenstransfer zu stärken*, richten Sie regelmäßige Gesprächsplattformen ein. Sie eignen sich, um abteilungsübergreifend mandantenbezogene Informationen zu teilen oder Mitarbeiter/innen als Multiplikatoren und zur Weitergabe neu erworbenen Fachwissens (nach dem Besuch eines Seminars o. ä.) einzubinden.

Wichtig ist, die Funktionsweise und das Ziel eines solchen „Gesprächskreises" im Vorfeld genau zu definieren und einzuhalten.

Denken Sie grundsätzlich an die Beteiligung aller Mitarbeitergruppen.

7. Strategisches Weiterbildungs- und Kompetenzmanagement als „Kitt" in der Kanzlei

„Bevor man eine Führungskraft ist, besteht der Erfolg darin, sich selbst zu entwickeln. Wenn man eine Führungskraft ist, geht es beim Erfolg darum, andere zu fördern."
Jack Welch (1935–2020), US amerikanischer Manager

Ich bin überzeugt: *Jack Welch* verstand das (Fordern und) Fördern seiner Mitarbeiter/innen als *ganzheitliche Aufgabe* für „Kopf, Herz und Hand" – frei nach *Pestalozzi*, dem großen Schweizer Pädagogen aus dem 18./19. Jh. Dieser heute noch immer zeitgemäße, damals revolutionäre Ansatz, verbindet emotionale Intelligenz (Herz), analytisches Denken (Kopf) und eigene Handlungsfähigkeit (Hand) als wirksame Einheit miteinander.

Auch in der Steuerberatung sind berufslebenslanges Lernen und Weiterqualifizieren ebenso unabdingbar wie die aktiv gestaltete Selbstverantwortung jedes/jeder Kanzlei-Mitarbeitenden für die eigene Erwerbsbiografie („Employability") „mit allen Sinnen".

Verbinden Sie bitte in diesem Sinne „Fortbildung" *nicht nur* mit fachbezogener, sondern auch immer mit jener überfachlichen Weiterbildung, die *Sie als Beraterpersönlichkeit* und Ihre Mitarbeitenden in ihren kommunikativen und (selbst-)organisierenden Fähigkeiten ganzheitlich voranbringt!

Eine reine Fokussierung auf fachliche Qualifizierung wäre – offen gesprochen – zu eindimensional und würde obendrein die Chancen auf Weiterentwicklung Ihrer Kanzlei verwirken.

In diesem Sinne ist die stete und motivierende Aus- und Weiterbildung, Personal- und Führungskräfteentwicklung für jede Kanzlei höchst relevant:

1. für das *Gewinnen* und noch mehr für die *nachhaltige Bindung* Ihrer wertvollen „Köpfe",
2. als *„Motor" für die Zukunftsfähigkeit und Innovationskraft* Ihrer „lernenden Organisation Kanzlei".

Gerne stelle ich Ihnen im Folgenden den *Mehrfach-Nutzen strategisch angelegter Weiterbildung* vor und werbe ausdrücklich dafür, *diesem wichtigen Feld Ihrer Kanzleiführung genügend Raum und Priorität einzuräumen.*

7.1 Strategisches Weiterbildungs- und Kompetenzmanagement: Qualifizieren mit „Hand und Fuß"

Ein (Kanzlei-)strategisches Weiterbildungs- und Kompetenzmanagement meint die gezielte Bündelung und Steuerung aller Qualifizierungsaktivitäten entlang folgender Kanzleiziele:

7. Strategisches Weiterbildungs- und Kompetenzmanagement als „Kitt"

1. Stärkung der individuellen Erwerbsfähigkeit („Employability") eines/einer jeden Mitarbeitenden der Kanzlei und damit Sicherung einer hohen Arbeitsqualität (Mandantenzufriedenheit und -bindung).
2. Gezielte, auf Ihre Kanzleibedarfe abgestellte Entwicklung der „Eigengewächse" durch Ausbildung und Weiterqualifizierung, also das „Heranziehen" jener so dringend benötigter Fachkräfte, die auf dem leer gefegten Arbeitsmarkt von außen nur schwer oder gar nicht zu finden sind.
Daher wird das Thema „Ausbildung/Auszubildende" in Kap. 7.3 ausführlich beleuchtet und ist angereichert mit vielen konkreten Gestaltungsideen, Tipps und Handlungsempfehlungen (Mitarbeiter/innen-Gewinnung und -Bindung).
3. Mehr Wertschöpfung in der Kanzlei durch regelmäßige Impulse für Kanzleientwicklung (Kanzleiertrag).

Sie alle kennen aus Ihrer Beraterpraxis den *Lösungsansatz, vom Ergebnis her zu gestalten*: *„Was soll denn rauskommen?"*

Genauso funktioniert ein systematisch aufgesetztes Weiterbildungsmanagement.

Bildlich gesprochen geht es um ein Qualifizierungssystem mit *„Hand und Fuß"* entlang eines *„roten Fadens"* (Masterplan).

Qualitätskriterien fachlicher und überfachlicher Weiterbildung:

- aktuelle, relevante Lerninhalte/Themen,
- gezielte Auswahl (statt „Gießkannen-Prinzip") der Mitarbeiter/innen bzw. Mitarbeitergruppen, für die die geplanten Schulungen/Themen relevant sind,
- angemessene Veranstaltungsformate – ob virtuell oder in Präsenz,
- möglichst abwechselnde, aktivierende Anteile mit hohem Transfer- und Praxisbezug,
- fachliche Kompetenz und didaktisches Geschick – ggf. auch mit Branchenbezug – ausgewählter Referent/innen, Moderator/innen oder Trainer/innen.

Zielführende Fragen für ein zukunftsweisendes Weiterbildungs- und Kompetenzmanagement:

- Welche sind heute und morgen – z. B. in den nächsten 5 Jahren – die strategisch relevanten Kernkompetenzen für unsere Kanzlei?
- Wie können wir von zukünftigen Veränderungen profitieren (z. B. von Digitalisierung, Einsatz von KI-Anwendungen)?
- Wo stehen die Mitarbeiter/innen heute und wie bereiten wir sie gezielt auf die Herausforderungen von morgen vor?
- Welche Lernformate sind geeignet, also praxisnah, nützlich und motivierend?

7.2 Mustervorschlag für ein kanzleiinternes Aus- und Weiterbildungsprogramm – „Weiterbilden – besser beraten"

Mitarbeitergruppe/ Adressat/innen	Veranstaltungsformate Themenschwerpunkte	Organisationsform
Berufsträger/innen Partner/innen	– Beraterseminare zu aktuellen, fachbezogenen Themen, eigene Schwerpunkte – Kanzlei-Gesprächsplattform (ggf. Moderation)* – Strategie-Treffen und/oder Führungstrainings	halb- oder ganztägige Formate virtuell oder in Präsenz stundenweise, virtuell oder in Präsenz, 1/Mon. ganztägig in Präsenz mind. 1/Jahr
Berufsträger/innen Junge (angehende) Führungskräfte/ Talente	– Beraterseminare zu aktuellen fachbezogenen Themen, eigene Schwerpunkte – Kanzlei-Gesprächsplattform (ggf. Moderation, eigener Input) – Führungstraining, ggf. verschiedene Module (vgl. Kap. 7.5)	halb- oder ganztägige Formate virtuell oder in Präsenz stundenweise, virtuell oder in Präsenz, 1/Mon. ganztägig in Präsenz, mind. 1/Jahr, ggf. mehrere Treffen
Mitarbeiter/innen Steuern und Abschluss	– Mitarbeiterseminare zu fachbezogenen Themen, aktuelle Änderungen, IT/Software/Prozesse – Teilnahme an Kanzlei-Gesprächsplattform – überfachliche Seminare z. B. zur Arbeitssystematik, Zeitmanagement, Umgang mit Beschwerden etc.	stundenweise, halb- oder ganztägige Formate virtuell oder in Präsenz stundenweise, virtuell oder in Präsenz, 1/Mon. ganztägig in Präsenz 1/Jahr
Mitarbeiter/innen Fibu Lohn	– Mitarbeiterseminare zu fachbezogenen Themen und aktuellen Änderungen, IT/Software/Prozesse – Teilnahme an Kanzlei-Gesprächsplattform – überfachliche Seminare z. B. zur Arbeitssystematik, Zeitmanagement, Umgang mit Beschwerden etc.	stundenweise, halb- oder ganztägige Formate virtuell oder in Präsenz stundenweise, virtuell oder in Präsenz, 1/Mon. ganztägig in Präsenz, 1/Jahr
Sekretariat	– Training/Workshop zur Chefentlastung, Prozessoptimierung und Organisation – Austausch-Plattform Sekretariat	Tagesseminar in Präsenz mind. 1/Jahr
Auszubildende Studierende im dualen Studium	– Einarbeitungstraining und Grundlagenschulung zum Beginn der Ausbildung (vgl. Kap. 7.3.2) – Flankierende, ausbildungsbegleitende Schulungen für Azubis – ggf. Trainings zur Vorbereitung auf die Prüfungen	zu Beginn der Ausbildung „on the Job" mind. 1/Monat in der Endphase der Ausbildung

*vgl. dazu Kapitel 6.3, Punkt 5: NIL – Netzwerk ist Leistung und Spotlight 3

Abb. 19: Mustervorschlag Weiterbildungsplan für alle Mitarbeitergruppen in der Kanzlei

Unterstützung durch KI kann für die Erstellung oder Ergänzung der kanzleiinternen Schulungsprogrammes sinnvoll sein, indem Sie sich personalisierte Empfehlungen für die Entwicklung Ihrer Mitarbeiter/innen geben lassen.

Mithilfe einer Analyse individueller Leistungsdaten können Sie oder Ihre Führungskräfte darauf basierend gezielte Weiterbildungsmaßnahmen vorschlagen oder Karrieremöglichkeiten aufzeigen, die am besten zu den Stärken und Interessen der Mitarbeiter/innen passen.

7.3 Bilden Sie aus! Alles Wichtige zum Thema Ausbilden in der Steuerkanzlei

In seinem aktuellen *Ausbildungsreport 2024* veröffentlicht der *DGB* einmal jährlich branchenübergreifend Ergebnisse zur Situation von Auszubildenden und deren Ausbildungsbetrieben.

Im *Ausbildungsreport 2024* stand das Thema „Ausbilder*innen und Ausbildungsmethoden", also z. B. die fachliche Unterweisung und ein regelmäßiges, qualifiziertes Feedback an die Azubis zu deren Ausbildungsstand im Mittelpunkt.

Der Beruf der/s Steuerfachangestellten findet sich in allen untersuchten Disziplinen im Mittelfeld (3 Sterne).

Diese sind:

- fachliche Qualität/Zufriedenheit mit der Ausbildung im Betrieb,
- Ausbildungszeiten und Überstunden in der Ausbildung,
- Ausbildungsvergütung[2].

Mit *65,6 %* an *„Gesamtzufriedenheit"* bewegt sich der Ausbildungsberuf *„Steuerfachangestellte/r" im Mittelfeld* und schneidet damit schlechter ab als z. B. Ausbildungsgänge in der Industrie, bei Banken und sogar im Friseurgewerbe, jedoch besser als einige Ausbildungsberufe des Handwerks und der Gastronomie/Hotellerie.

Insgesamt zeichnet der Bericht ein positives Bild von der Gesamtzufriedenheit der befragten Auszubildenden.

Die überragende Bedeutung hochwertigen und regelmäßigen Ausbildens für die Zukunftsfähigkeit von Unternehmen und ganzer Branchen wird im Bericht an mehreren Stellen betont (DGB-Ausbildungsreport 2024).

---

[2] Vergleiche dazu Empfehlungen Ihrer Steuerberaterkammer oder Ihres Verbandes, durchschnittlicher Range zwischen 1.000–1.300 € Ausbildungsvergütung (für das 1.–3. Ausbildungsjahr).

Deshalb:

Bilden Sie als Ausbilderkanzlei Ihre zukünftigen Fachkräfte von morgen selbst aus:
- als Steuerfachangestellte im Rahmen einer klassischen Ausbildung,
- mit Bachelor- (oder Master-)Abschluss im Rahmen eines dualen Studiums mit Schwerpunkt Steuern & Rechnungswesen in Kooperation mit einer Hochschule bzw. Berufsakademie.

Nutzen Sie für Ihren Auswahlprozess gerne diese Arbeitshilfe:

▶ **Arbeitshilfe 9: Mustervorlage für das Profil eines/einer Steuerfachangestellten-Auszubildenden mit *guter* Erfolgsprognose**

Drei Viertel aller Unternehmen halten persönliche *Kompetenzen und persönliche Eigenschaften von Bewerber/innen um Ausbildungsplätze für zunehmend relevant*, während formale Abschlüsse eher an Bedeutung verlieren.

Sofern Sie dies ähnlich einschätzen bzw. handhaben, empfiehlt es sich, dies in Ihren Stellenausschreibungen zu kommunizieren, damit sich ggf. auch notenmäßig Schwächere bewerben (vgl. repräsentative Jugend- und Unternehmensbefragung von *Bertelsmann-Stiftung* und *Institut der deutschen Wirtschaft* (IW) (RNZ, 30.08.2024).

Empfehlungen für Jobbörsen für Ausbildungs- und Praktikumslätze:
- Stellenbörse der Fachkräfte-Initiative „GEMEINSAM handeln":
www.initiative-gemeinsam-handeln.de/stellenboerse
(für Kanzleien zur Einstellung von Ausbildungs- oder Praktikumsplatzangeboten)

  www.zahltsichausbildung.de
(für Interessent/innen an Ausbildungs- oder Praktikumsplätzen)

- Plattform-/Anbieter:
www.azubiyo.de/stellenmarkt
www.recruiting.ausbildung.de
www.azubister.de

- Speziell für Praktikumsplätze:
www.praktikumswoche.de
Dort können Sie als Kanzlei in Ihrer Region für Schüler/innen einzelne Praktikumstage anbieten (Zeitfenster werden festgelegt). Auch dies ist eine Gelegenheit, neue Interessierte am Beruf kennenzulernen. Die Teilnahme daran ist kostenfrei.

- Regionale Jobbörsen:
  - regionale Jobbörsen in Ihrer Umgebung
  - Stellenbörsen vieler Regionalsteuerberaterkammern

Wichtig:

Laut einer repräsentativen Jugend- und Unternehmensbefragung von *Bertelsmann-Stiftung* und *Institut der deutschen Wirtschaft* (IW) vom Sommer 2024 suchen 14–24-Jährige vor allem in den sozialen Medien nach freien Ausbildungsstellen, also auf *Instagram*, *You Tube* oder *Tiktok*.

Unternehmen schalten dagegen bevorzugt auf *Facebook* Stellenanzeigen – ein wichtiger Grund, warum man nicht zusammenfindet. Die Studienautoren empfehlen daher, dass sich „Unternehmen stärker an das Medienverhalten der jungen Menschen anpassen sollten, um mehr potenzielle Bewerber//innen zu erreichen" (RNZ, 30.08.2024).

7.3.1 Auszubildende – nur mit Abitur?!

In der Praxis stellt sich mit Abiturient/innen eine immer wiederkehrende Erfahrung ein:

Der/die Auszubildende überlegt sich in der zweiten Hälfte der Ausbildungszeit, nun doch „studieren zu gehen" und verlässt spätestens drei Monate nach der Abschlussprüfung die Kanzlei. Befinden sich Uni bzw. Fachhochschule in derselben Region, lässt sich ggf. eine dauerhafte Zusammenarbeit als Werkstudent/in vereinbaren. Studierende kommen dann z.B. einen Tag pro Woche während der Vorlesungszeit und in den Semesterferien „en bloc" für vier bis sechs Wochen. Auf diese Weise geht der Kanzlei dieser „Kopf" nicht ganz verloren und es lässt sich Kontakt halten bis nach Studienende. Vielleicht kommt der/die ehemalige Auszubildende dann zurück und kann das Team sinnvoll verstärken?

Nicht in allen Fällen ist eine solche Lösung machbar, der/die Auszubildende geht dann mit Studienbeginn von dannen, der Invest in die Ausbildungszeit scheint „vertan".

Im Bewerbungsgespräch mit Abiturient/innen sollten Sie deren mögliches Interesse an einem Studium nach der Ausbildung offensiv hinterfragen. So erfahren Sie ggf., ob sich Bewerbende mit diesem Gedanken daran tragen – und können entscheiden, ob Sie dieses „Risiko" eingehen wollen. Möglicherweise entwickelt sich der Wunsch nach einem ergänzenden Studium erst während der Ausbildung, was keinesfalls gegen Ihre Ausbildungsqualität spricht.

Wollen Sie das „Risiko" Studium gänzlich vermeiden, empfiehlt sich die Einstellung von Schüler/innen mit mittlerer Reife. Die Chance, dass diese die Ausbildung erfolgreich meistern und sich dann über die Jahre berufsbegleitend weiterqualifizieren, ist grundsätzlich nicht geringer als bei Abiturient/innen.

Alternativ bietet sich für Azubis mit Abitur das duale Studium in Kooperation mit einer (dualen) Hochschule/Berufsakademie in Ihrer Region an.

Wegen ihres sehr praxisnahen Studiums genießen diese Bildungspartner eine allgemein hohe Akzeptanz.

Besondere Vorteile dualer Studiengänge:

- Enge Verzahnung von Theorie und Praxis während der drei Studienjahre eines betriebswirtschaftlichen Studiums mit der Vertiefungsrichtung „Steuern und Rechnungswesen" oder „Betriebswirtschaftliche Steuerlehre" (u. a. auch „Accounting & Taxation"). Ziel ist ein Bachelorabschluss.
- Als Kanzlei stellen Sie den Ausbildungsbetrieb, in dem praktisch ausgebildet wird, die Hochschule liefert mit ihren Seminaren und Vorlesungen den theoretischen Input. Sie nimmt in Form von Klausuren und Studienarbeiten die Prüfungsleistungen ab und vergibt später den Abschluss.
- Idealerweise werden die jeweils behandelten Inhalte in Theorie und Praxis eng miteinander verflochten, um einen raschen, möglichst hohen Lerneffekt und produktiven Einsatz bei Studierenden zu erreichen.
- Studierende schreiben im letzten Halbjahr des Studiums eine sog. Bachelorarbeit (Thesis), die i. d. R. einen unmittelbaren Bezug zur Praxis haben soll. Als Kanzlei können Sie so auf das Thema Einfluss nehmen.

Viele Kanzleien schließen mit ihren Studierenden eine Vereinbarung zur (teilweisen) Übernahme der Kosten, verbunden mit einer Bindungsklausel, die den Absolvent/innen eine bestimmte Zeit (z. B. drei Jahre) nach Studienende an die ausbildende Kanzlei bindet.

Im Falle eines vorzeitigen Weggangs wird die (anteilige) Rückzahlung der bezahlten Studiengebühren an die Kanzlei vereinbart. Die meisten Bewerber/innen sehen eine solche Klausel eher als willkommene Absicherung denn als Einengung ihrer Handlungsfreiheit. Selbstverständlich beinhaltet die Bindungsklausel das Recht der Kanzlei, nach dem Studienende das Beschäftigungsverhältnis nicht fortzusetzen. Eine Rückzahlung ist dann jedoch ausgeschlossen.

Wichtig:

Benennen Sie unbedingt eine feste Kontaktperson für Ihre/n Azubi oder dual Studierenden, als zuständige/r Ausbilder/in für die berufspraktische Ausbildung.

7.3.2 Bewährte Ausbildungsmethoden: Auf dem Weg zum eigenständigen Arbeiten

Im Herbst 2015 erschien bei *DWS*-Online das Onlineseminar für Kanzleiinhaber/innen/Berater/innen (2015):

Zehn Fragen rund um die Steuerfachangestellten-Ausbildung. Ein Leitfaden für Ausbildende und Ausbilder: Ausbilden in Steuerberatungskanzleien.

7. Strategisches Weiterbildungs- und Kompetenzmanagement als „Kitt"

Obwohl fast zehn Jahre alt, haben die Botschaften von damals nichts an Aktualität verloren. Die von mir damals verfassten Texte werden im Folgenden sinngemäß oder wörtlich wiedergegeben.

– *Learning by Doing*

Arbeiten Sie Ihre/n Auszubildende/n zügig in die verschiedenen Kanzlei-Bereiche ein und lassen Sie ihn oder sie rasch selbst etwas tun. In der Anfangsphase empfiehlt sich ein *Einarbeitungstraining*, das folgende Bereiche/Themenfelder umfassen kann:

- den sicheren Umgang mit technischen Einrichtungen in der Kanzlei (Telefonanlage, Anrufbeantworter, Kopierer, Bindemaschine, IT/Datensicherheit etc.),
- Kenntnis und Beachtung der organisatorischen Abläufe (Öffnungszeiten und Pausenregelungen, Wege der Kommunikation, Service für Mandant/innen in Ihrer Kanzlei),
- Hinweise und Informationen zum Qualitätsmanagement der Kanzlei (Qualitätsrichtlinien, Prozesse, Standards der Bearbeitungs- und Beratungsqualität). Die frühzeitige Einbindung von Auszubildenden in QM schärft deren Bewusstsein für das Thema.

Zusätzlich kann in der Zeit der Einarbeitungsphase ein spezielles *„Einsteigerprogramm"* für die ersten sechs bis acht Wochen von Nutzen sein. Ziel ist es, dass Ihr/e Auszubildende/r die Kanzleistrukturen schnell kennenlernt und dafür konkrete Aufgaben vorbereitet werden.

Die ersten Lerninhalte in dieser Zeit können umfassen:

Grundlagen/System Ihrer Fibu, Einführung in die Arbeiten am Empfang bzw. der Zentrale, das professionelle Telefonieren sowie einführende Seminare, insbesondere zu IT-gestützten Programmen.

Wichtig ist, die genauen Zuständigkeiten festzulegen, wer außer dem/der Ausbilder/in für Auszubildende und die geplanten Lerninhalte verantwortlich ist.

– *Fachliche Unterweisung*

Achten Sie unbedingt darauf, nicht nur einzelne Sachverhalte zu erläutern: Spannen Sie den „Wissens-Schirm" etwas weiter auf und versuchen Sie, Auszubildenden von Anfang an Zusammenhänge zu vermitteln. *Ermöglichen Sie Strukturstatt reinem Detailwissen.*

– *Selbstständige, systematische Informationsbeschaffung*

Halten Sie Ihre/n Auszubildenden schon frühzeitig dazu an, sich selbstständig (aber nicht ziellos) der Lösung gestellter Aufgaben zu nähern. Dazu gehört z. B. die eigenständige, systematische Beschaffung relevanter Informationen. Nicht immer muss es heißen: „Da frage ich sofort jemanden", sondern auch, sich selbst in die Materie einzuarbeiten und bis zu einem bestimmten Punkt voran zu bringen.

Lassen Sie Auszubildende schon frühzeitig an „echten" Fällen arbeiten. Ein erster Schritt könnte die Mitarbeit an einer kleinen, unkomplizierten Fibu sein oder die Zuarbeit in einfachen einkommensteuerrechtlichen Fragen, sozusagen als Vorstufe einer Steuererklärung.

Wichtig ist zu erkennen, wie er oder sie die Sache angeht, ob ein strukturierter, planvoller Zugang zur Materie erkennbar – oder mehr Unterstützung notwendig ist.

– Eigene Mandate und Buchhaltungen

Von Anfang an sollten Sie Ihre/n Auszubildende/n in die Mandatsarbeit und Auftragsplanung miteinbeziehen. Zerlegen Sie das Mandat in einzelne Teilschritte, die der/die Auszubildende dann nacheinander bearbeiten kann.

Ziel ist, dem/der Auszubildenden möglichst bald ein eigenes Mandat zur Bearbeitung zu übergeben. Für viele junge Menschen ist dies etwas ganz Besonderes, ein Meilenstein ihres Ausbildungserfolges. Das motiviert und macht Auszubildende für Sie immer produktiver.

– Die ersten 100 Tage – Zeit fürs erste Resümee
  – Bringen Sie aktivierende Ausbildungsmethoden und verschiedene Aufgabenstellungen in Anwendung, um sich einen möglichst guten Überblick über den bisherigen Ausbildungserfolg und die Leistungsfähigkeit Ihres „Neuzugangs" zu machen.
  – Überprüfen Sie auch die persönliche Passung: hat er oder sie sich bereits ins Team integriert? Ist das Kommunikationsverhalten gegenüber Kolleg/innen und Mandant/innen angemessen?
  – Wie steht es um die Bereitschaft, sich einzubringen, Aufgaben zu übernehmen und auch bei Bedarf gezielt nach Arbeit zu fragen?
  – Geben Sie in einem Gespräch Ihrem/Ihrer Auszubildenden eine ehrliche, wohlwollende Einschätzung zu den bislang gezeigten Leistungen. Ob die eigenen Fähigkeiten dem aktuellen Ausbildungsstand entsprechen, ist für Auszubildende schwer zu beurteilen.
  – Kontakt zur Berufsschule als Ihr „Sparringspartner" halten:

Mit Ausgabe der ersten Klausuren, jedoch spätestens mit dem ersten Zeugnis, erhalten Sie eine konkrete Rückmeldung zu den schulischen Leistungen Ihres/Ihrer Auszubildenden. Hören Sie ggf. einmal nach, welche Eindrücke man dort von Ihrem/ Ihrer Auszubildenden gewonnen hat. Zuweilen ist man von den sehr unterschiedlichen Eindrücken überrascht, die junge Menschen in Kanzlei und Schule hinterlassen. Oft gibt es aber auch sehr kongruente Einschätzungen, ein gutes Zeichen.

Insbesondere wenn Sie erstmalig ausbilden, empfiehlt es sich, die Lehrer/innen (z. B. Fachleiter Steuern) einmal persönlich kennenzulernen und sich einen Eindruck von den Räumlichkeiten der Berufsschule zu verschaffen.

Eine Gelegenheit dazu bieten regelmäßig stattfindende Informationsabende oder „Sprechtage" der Berufsschulen. Dort können Sie Lehrer/innen kennenlernen, konkrete Rückfragen stellen und erfahren „nebenbei", welche anderen Kanzleien ebenfalls ausbilden.

– *Ausbildungsflankierende Schulungsmaßnahmen*

Bereits im Bewerbungsgespräch ist Weiterbildung Thema: Machen Sie Auszubildenden klar, dass in der steuerberatenden Branche das berufslebenslange Lernen selbstverständlich und unumgänglich ist.

Flankierende bzw. ergänzende Ausbildungsmaßnahmen sind sinnvoll und wichtig für den Ausbildungserfolgs Ihres Schützlings. *Achten Sie streng darauf, dass die Inhalte stets im engen Kontext zum Ausbildungsplan stehen.* Praxisferne „Exoten-Themen" haben in der Ausbildungszeit keinen Platz.

– *Kanzleiinterne Schulungskonzepte und -programme*

Ab ca. fünf Auszubildenden lohnt es sich, ein eigenes kleines, kanzleiinternes Ausbildungsprogramm zu entwickeln und Grundlagen durch die eigenen Berufsträger/innen und Mitarbeiter/innen „schulen" zu lassen. Dies sollte sowohl zu Ausbildungsbeginn als auch kontinuierlich während der Ausbildungszeit (selbstverständlich außerhalb der Berufsschulzeiten) geschehen.

Das Konzept eines *kanzleiinternen Referenten-Teams* bietet große Vorteile:

– gezielte, auch kanzleispezifische Vorbereitung und Schulung der Auszubildenden
– kostengünstige Möglichkeit der Wissensvermittlung statt der Beauftragung externer Referenten
– Werbung für nachkommende Generationen von Auszubildenden
– Beitrag zur Personal- und Führungskräfteentwicklung der jeweiligen Mitarbeiter/innen, die im Kreise der Azubis ihre eigenen Präsentations- und Gesprächskompetenzen erweitern.

Wichtig:

Planen Sie eine Entlohnung jener Mitarbeiter/innen ein, die sich als interne Referent/innen für Ihre Kanzlei engagieren. Auch sollte ein Teil der regulären Arbeitszeit auf die Vorbereitung von Schulungseinheiten aufgewendet werden.

– Zeitschriften für Auszubildende

Spezielle Zeitschriften (im Print- oder Online-Format) sprechen ganz gezielt junge Einsteiger/innen im steuerberatenden Beruf an. Sie führen Auszubildende und junge Steuerfachangestellte ans Selbststudium heran und bieten zahlreiche fachbezogene Informationen und ergänzende Materialien zum Berufsschulunterricht.

– Zeitschrift „*Die Steuerfachangestellten*", Kiehl-Verlag

– Zeitschrift „*Die Steuerfachangestellten PLUS*", nwb-Verlag

– *Im Dialog bleiben – Geeignete Gesprächsformen*

Unabhängig davon, ob Ihr/e Auszubildende/r bereits weit fortgeschritten ist oder noch am Anfang steht, ob zugänglich oder schüchtern – Auszubildende haben alle eine Sonderstellung in Kanzleien: *Sie brauchen ein gehöriges Maß an Aufmerksamkeit und auch Anerkennung* (Cobaugh/Schwerdtfeger 2014, 185).

Das regelmäßige Feedback-Gespräch gibt Lernenden Orientierung und ist damit wichtige Stellschraube für den Ausbildungserfolg (vgl. auch DGB-Report, 2024).

Außerdem lernen die jungen Menschen, ihre Erfolge und Misserfolge zu reflektieren und darüber zu sprechen. Dies ist eine gute Vorbereitung für zukünftige Bewerbungsgespräche.

Gesprächs-Themen eines Feedback-Gesprächs:

– Stand und Bearbeitungsgrad aktueller Aufgabenstellungen

– Leistungen in der Berufsschule

– Verzahnung von Schulwissen und praktischem Know-how

– Erfolg, Fortschritte in der Zusammenarbeit mit Mandant/innen

– aktuelle Vorkommnisse, ggf. auch im privaten Umfeld

– halbjährliches Standort-Gespräch zur gezielten Weiterentwicklung

Das in jedem Halbjahr der Ausbildung oder dualen Studiums zu empfehlende *Standort-Gespräch* basiert auf dem *Prinzip der Selbst- und Fremdeinschätzung* (Perspektivenwechsel).

Konkret geht es um den *Abgleich der Selbsteinschätzung des/der Auszubildenden zum eigenen Ausbildungsstand und der Fremdeinschätzung des/der Ausbildenden.* Jeweils zum Halbjahr eines Schuljahres laden Ausbilder/innen dazu ein und es wird ein fester Termin vereinbart. Das Gespräch muss von beiden Seiten vorbereitet werden, indem beide – Auszubildende/r und Ausbilder/in – im Vorfeld (nämlich beim Ausfüllen des Gesprächsbogens) reflektieren, an welchen Stellen die Ausbildung gut oder eben weniger erfolgreich verläuft und über Ursachen, ggf. Lösungsansätze nachdenken.

Nutzen Sie gerne die Standardvorlage des Gesprächsbogens:

▶ **Arbeitshilfe 10: Einschätzungsbogen für ein Standortgespräch mit Ihrem/Ihrer Auszubildenden**

Zum Vorgehen/Anwendung:

Zu Anfang des Gesprächs legt der/die Auszubildende den Bogen mit den *Selbsteinschätzungen* vor, die im Verlauf des Gesprächs mit den Einschätzungen des/der Ausbildenden abgeglichen werden. Übereinstimmungen, vor allem aber Abweichungen sind nun ein guter Anlass, über die bisherige Ausbildung zu sprechen.

Oft sind die vorgegebenen Themen zur Einschätzung „nur" der Aufhänger, miteinander (eingehender) ins Gespräch zu kommen. Oft werden ganz andere Anliegen, ggf. auch Konflikte offenbar, die sonst womöglich nicht zur Sprache gekommen wären.

Den Abschluss bilden gemeinsam festzulegende Entwicklungsziele für den/die Auszubildende/n (max. drei Ziele).

Fragen Sie beim nächsten Standort-Gespräch (ca. 6 Monate später) danach und nutzen Sie das Gesprächsergebnis aus dem ersten als Einstieg. So erkennen Sie, wie Ihr/e Auszubildende/r mit der Umsetzung der mit Ihnen geschlossenen Vereinbarungen umgegangen ist.

Es kommt noch eines hinzu:

Am Ende der Ausbildung sind Sie dazu verpflichtet, Auszubildenden ein Zeugnis auszustellen, insbesondere, wenn diese die Kanzlei verlassen. Selbstverständlich können Sie dann Ihre dokumentierten Anmerkungen verwenden, um die dort gezeigte Entwicklung zu beschreiben und Ihre Bewertung damit argumentativ zu „unterfüttern".

7.3.3 „Stolpersteine" während der Ausbildung

Glücklich dürfen sich Kanzlei und Auszubildende schätzen, wenn über zwei oder drei Jahre alles glatt und zur gegenseitigen Zufriedenheit verläuft.

Denn: Wo Lernen stattfindet, kann es schon mal anstrengend und krisenhaft werden. Insbesondere Zeitmangel, der vielerorts den Kanzleialltag prägt, kann die Lern- und Ausbildungsbedingungen vor Ort erschweren. *Entscheidend ist, wie Ausbilder/Kanzlei und Auszubildende damit umgehen.*

Sind Defizite erkennbar, müssen sie im Kanzleiumfeld angegangen und durch unterstützende Maßnahmen beseitigt werden. *Lösungen* sind dann gefragt, keine Schuldzuweisungen.

a) Typische „Stolpersteine" von Auszubildenden

– Leistungsabfall und -verweigerung bei Auszubildenden

Scheinbar bleiben plötzlich Lernfortschritte aus, der Ausbildungsstand stagniert. Eben noch vital und brauchbar, wirkt die gleiche Person nun teilnahmslos, vielleicht sogar desinteressiert und die Fehler häufen sich. Was ist passiert?

Lernen erfolgt in Lernphasen, nicht jedoch zwingend kontinuierlich, sondern häufig in Stufen. Nach einem Zeitabschnitt scheinbar mühelosen Lernens kann es passieren, länger auf der erreichten Lernstufe (unbewusst und unfreiwillig!) zu verharren und nicht weiter zu kommen. In diesem Zeitabschnitt ist für Betroffene kein größerer Lernfortschritt denkbar, auch nicht mit großer Anstrengung. *Nach solch einer Phase scheinbarer Stagnation folgen bisweilen überraschende Durchbrüche.* Auszubildende/Lernende haben sich dann auf einem höheren Niveau stabilisiert.

Wie damit umgehen?

Bewahren Sie Geduld und Optimismus, wenn Ihr/e Auszubildende/r einmal „abfällt". Denken Sie an *Ausbildung als einen „Schonraum" und gewähren Sie diesen.*

Die veränderte Motivation kann auch dadurch verursacht sein, dass sich Ihr/e Auszubildende/r mit dem gewählten Berufsbild doch nicht so recht identifiziert, z.B. weil von außen gedrängt, diese Ausbildung zu machen. Manchmal wirken auch aus dem Freundeskreis unerwünschte Einflüsse.

Vielleicht schaffen Sie es, sie oder ihn wieder zu motivieren. Falls nicht, macht eine gütliche Trennung Sinn.

Setzen Sie in jedem Fall *klare Grenzen, welches Verhalten toleriert wird und welches nicht.* Lassen Sie erste Anzeichen von Desinteresse nicht auf sich beruhen, sondern gehen im Gespräch und durch vermehrte Beobachtung der Sache nach.

– Dauerhaft mangelnde Qualität der Arbeitsergebnisse beim Auszubildenden

Sowohl Über- als auch Unterforderung können die Ursache sein. Zeigt Ihr/e Auszubildende/r auch schlechte Berufsschulleistungen, gehen Sie eher von einer Überforderung aus. Die Ausbildung ist anspruchsvoll und nicht jeder schafft es, diese zu erfüllen.

Wie damit umgehen?

Eine Möglichkeit gegenzusteuern, ist die gezielte Unterstützung der schulischen Leistungsfähigkeit, damit Auszubildende die Ausbildung überhaupt schaffen.

Sind die praktisch gezeigten Leistungen und Arbeitsergebnisse schlecht, gibt es aber Top-Noten, ist die Wahrscheinlichkeit groß, dass Sie bzw. Ihr/e Ausbilder/in eher unterfordern.

Übertragen Sie ihm in einem solchen Falle eine Aufgabe oder ein Projekt, wofür eher abstrakte, theoretische Fähigkeiten gebraucht werden. Vielleicht sogar aus einem Bereich, der in der Ausbildung noch nicht vorkam.

– Schlechte Berufsschulleistungen

Obwohl in der täglichen Praxis motiviert und gut einsetzbar, haben einige Auszubildende merklich Schwierigkeiten, den Anforderungen in der Berufsschule zu genügen. Praktischer und schulischer Leistungsstand sind dann nicht in Übereinstimmung.

Wie damit umgehen?

Unterstützen Sie Ihre/n Auszubildende/n durch einen *„betreuten Nachmittag"*.

Nach der Schule ist dann Kanzlei angesagt, jedoch nicht zum Arbeiten: vielmehr soll der zeitliche Freiraum genutzt werden, schulische Aufgaben vor- oder nachzubereiten. Es können Aufgaben durchgerechnet, auf Klausuren gelernt oder Skripte nochmals durchgearbeitet werden.

Wichtig: In der Kanzlei sollten Ausbilder/in oder andere Kolleg/innen „Stand-by" zur Verfügung stehen, um Rückfragen zu beantworten.

Vielen Auszubildenden mit schulischen Schwächen fällt nicht nur das Lernen an sich schwer, sondern sie bringen nicht genügend Selbstdisziplin auf, nachhaltig und zielstrebig zu lernen. Die z.T. katastrophalen Ausbildungslücken während der Corona-Pandemie mit geschlossenen Berufsschulen und Kanzleien haben dies deutlich offenbart. Andere Azubis kamen vergleichsweise gut zurecht – es ist eben eine (Lern-)Typenfrage. Das gewohnte Umfeld der Kanzlei ohne Ablenkungsmöglichkeiten hilft jenen dabei, die Zeit fürs Lernen gut zu nutzen, die sich selbst schlechter organisieren können. In Prüfungszeiten können gesonderte Zeiten für die Klausurvorbereitung gewährt werden.

– *Mangelnde Disziplin* (z.B. andauernde Unpünktlichkeit, nachlässiges Äußeres, „Krankfeiern" etc.)

Wie damit umgehen?

Grundsätzlich sind klare Regeln und Grenzen wichtig. Überschreitungen, wie z.B. stete Unpünktlichkeit dürfen nicht einfach hingenommen werden, sondern müssen Konsequenzen haben. Noch mehr als alle anderen Mitarbeitergruppen schauen Auszubildende auf ihre Ausbilder/innen und Vorgesetzten:

Seien Sie ein Vorbild als Ausbilderpersönlichkeit und Führungskraft. Dann können Sie Regelverletzungen authentisch anmahnen und ahnden.

– *Probleme und Konflikte im privaten Umfeld*

Verändertes Verhalten muss nicht zwingend in Zusammenhang mit dem Kanzleiumfeld stehen. Auch Ärger mit den Eltern oder Lebensgefährten können Auszubildende aus der Bahn werfen.

Wie damit umgehen?

Zeigen Sie Verständnis und machen Sie gleichzeitig deutlich, dass diese privaten Konflikte die Arbeitsleistungen in Ihrer Kanzlei nicht beeinträchtigen dürfen.

3. Teil: Wirksame Führung und erfolgreiche Mitarbeiter/innen-Bindung

b) Häufige „Stolpersteine" in Kanzleien

– *Mangelnde Kommunikation*

Viele Problemsituationen entstehen durch zu wenig oder fehlgelenkte Kommunikation. *Wieviel Zeit* man sich für Führung und Anleitung von Auszubildenden sowie die Kontrolle der Arbeitsqualität nimmt, *liegt allein in der Verantwortung von Kanzleiinhaber/in bzw. Ausbilder/in.*

Wie damit umgehen?

Auch wenn in der Praxis die Zeit oft knapp ist: *Bleiben Sie bzw. Ihr/e Ausbilder/innen im regelmäßigen Dialog mit Ihren Auszubildenden!*

- Nehmen Sie Ihre Verantwortung wahr und bilden Sie aus getreu dem Motto: *„Fördern, Fordern und Feedback geben".*
  Soweit Ihre Zeit bzw. die Ihrer Ausbilder/innen sehr beschränkt ist, vereinbaren Sie mit Ihrem/Ihrer Auszubildenden einen „Jour fixe" auf den er oder sie sich in allen Rückfragen vorbereiten kann.
- *Kommunizieren Sie persönlich!* (Cobaugh/Schwerdtfeger 2014, 146).
  Senden Sie klare Botschaften darüber aus, was Sie meinen und lassen Sie Ihrem Gegenüber Luft, sich ebenfalls dazu zu äußern.
- *Gehen Sie Konflikte offensiv und konstruktiv an!*
  Sprechen Sie gerade gegenüber Auszubildenden unangenehme Dinge offen an. Junge Menschen wissen dies meist sehr zu schätzen, wenn sie sich als Mensch anerkannt und gerecht behandelt sehen.
- *Zeigen Sie ehrliches Interesse* an Ihrem Auszubildenden.
  Finden Sie heraus, wo Interessensschwerpunkte liegen, welche besonderen Fähigkeiten vorhanden sind und wie die Freizeit verbracht wird (Cobaugh/Schwerdtfeger, 187).
- *Bei Anzeichen von Mobbing* gegen Ihren Auszubildenden (ob durch Kolleg/innen oder andere Auszubildende) *müssen Sie disziplinarisch einschreiten!*
  Als Ausbilder/in müssen Sie Ihre Vorgesetzten ansprechen, damit dies von oberster Stelle abgestellt wird (vgl. dazu auch Kap. 8.1).

– *Unzureichende Ausbildungsqualität*

Manchmal entpuppen sich beauftragte Ausbilder/innen als didaktisch oder menschlich weniger geeignet als angenommen. Oft sind dann die an Auszubildende übertragenen Aufgaben zu monoton und nicht anspruchsvoll genug, um die fachliche Weiterentwicklung zu fördern.

Wie damit umgehen?

Sollte Ihnen dies als Kanzleiinhaber/in auffallen oder zugetragen werden, müssen Sie handeln!

Es kann *nicht* in Ihrem Interesse sein, das sich Sacharbeiter/innen auf dem Rücken Auszubildender Freiräume verschaffen, indem nicht anspruchsvoll ausgebildet wird, sondern regelmäßig Hilfsarbeiten an Auszubildende abgeschoben werden.

Klären Sie dies ab und vereinbaren Sie für die kommenden vier Wochen konkrete Ausbildungsziele und Aufgaben. Kontrollieren Sie die Umsetzung und hinterfragen Sie – auch zusammen mit dem/der Auszubildenden – die erreichten Lernfortschritte.

Im schlimmsten Falle müssen Sie eine andere Person als neue/n Ausbilder/in benennen oder die Aufgabe selbst übernehmen.

– *Unklare oder überzogene Erwartungen, Ungerechtigkeiten*

Gerade für junge Menschen bieten klare Ansagen eine wichtige Richtschnur für ihr fachbezogenes und auch persönliches Verhalten. Das Gegenteil davon sind die *„Verhaltens-Torpedos"* (Cobaugh/Schwerdtfeger, 136):

- verklausulierte, unkonkrete Sprache,
- unklare Erwartungen an Auszubildende, was zu tun oder zu lassen ist,
- häufige „Kehrtwendungen" von Vorgaben und Ansagen,
- zu wenig Hintergrundinformationen,
- Vorwurfshaltung,
- Pauschal-(ab-)Wertungen,
- Lügen.

Wie damit umgehen?

- Kommunizieren Sie in klarer, verständlicher Sprache.
- Erklären Sie Ihrem/Ihrer Auszubildenden deutlich Ihre Erwartungen. Wenn diese nicht erfüllt werden, bringen Sie dies zur Sprache. Kritisieren Sie den Sachverhalt, aber bleiben Sie gegenüber dem Menschen wertschätzend.
- Informieren Sie umfassend (z. B. mandatsbezogene) Zusammenhänge, soweit diese relevant und für Auszubildende nachvollziehbar sind.
- Auch bei Minderleistung:
  Vermeiden Sie pauschale Be- und Abwertungen wie „*Jeder normale Mensch weiß doch, wie das geht!*" oder „*Was soll diese Planlosigkeit/Schon mal mit Denken versucht?*"

Vorwürfe und Abkanzelungen bringen gar nichts, verstärken oftmals sogar Widerstände und erhöhen die Fehlerquote. Bei dauerhaft schlechten Arbeitsleistungen müssen Sie sich eingestehen, dass Ihr/e Auszubildende/r ein Fehlgriff war und sich entweder gütlich trennen oder abwarten, bis die Ausbildungszeit zu Ende ist.

7.3.4 Empfehlungen an Azubis und Kanzleien: Ausbildungszeit richtig nutzen!

Ausbildung als „Tauschbeziehung" meint eine *beiderseitige Verantwortung von Ausbilder/in bzw. ausbildender Kanzlei und Auszubildenden* für den Ausbildungserfolg.

Auszubildende müssen ihrerseits eine gehörige Portion Eigeninitiative mitbringen und sich *aktiv* um die Aneignung ihrer Ausbildungsinhalte in Kanzlei und Berufsschule bemühen.

Konkret können sich Kanzlei und Azubis folgende Goldene Regeln für Ihre gelingende Ausbildung geben:

– „Mitdenken statt Mitlaufen!"

An Auszubildende:
Bemühen Sie sich von Anfang an um das *Erkennen von Zusammenhängen* (z. B. im Steuerrecht, bei der Fibu etc.)

An die Ausbilder/innen:
Voraussetzung: Aufgabenstellungen mit stetig wachsendem Anspruchsniveau. Bei der Lösungsfindung hilft es Auszubildenden sehr, den *Blick ab und zu auf das „Warum"* zu lenken – weg vom kleinen Detail hin zum übergeordneten Strukturwissen.

– *Fragen Sie, wenn Sie nicht weiterwissen, statt einfach „drauflos zu machen"*

An Auszubildende:
Fragen Sie lieber öfter statt Aufgaben falsch und nicht zielführend zu bearbeiten.

An die Ausbilder/innen:
Voraussetzung: kontinuierlich oder zumindest zu vereinbarten Zeiten Ihrem/Ihrer Auszubildenden für alle Rückfragen zur Verfügung stehen.

– *Haben Sie keine Angst vor Fehlern, aber lernen Sie daraus*

An Auszubildende:
Machen Sie lieber immer wieder neue Fehler – statt die alten zu wiederholen.

An die Kanzlei:
Voraussetzung: tolerante, angstfreie Fehlerkultur (vgl. auch Kap. 8.1).

– *Nutzen Sie die Zeit Ihrer Ausbildung für Ihre fachliche und persönliche Weiterentwicklung*

An Auszubildende:
Engagement und Erfolg machen Spaß und steigern das Selbstbewusstsein. Im Wesentlichen sind *Sie selbst für Ihren Ausbildungserfolg verantwortlich.*

An die Kanzlei:
Voraussetzung: Geben Sie Freiraum zur Entfaltung

- *Verantwortung heißt Verschwiegenheit*

An Auszubildende:
Gehen Sie verschwiegen mit Daten und Kenntnissen über Mandant/innen um. Keine interne Information verlässt die Kanzlei, auch nicht im Plausch mit dem mutmaßlich „besten Freund".

An die Kanzlei:
Voraussetzung: Verschwiegenheitserklärung am ersten Tag unterschreiben lassen und die hohe Bedeutung von Diskretion für Ihre Mandantenbeziehung immer wieder betonen. Bei eindeutiger Verletzung dieses Gebots sind rasche Konsequenzen unbedingt notwendig.

- *Verantwortung heißt auch Loyalität*

An Auszubildende:
Am Telefon sind *Sie* „Visitenkarte" und in der persönlichen Begegnung Repräsentant/in Ihrer Kanzlei. Treten Sie entsprechend auf und signalisieren Sie Loyalität zu Ihrem/Ihrer Arbeitgeber/in.

An die Kanzlei:
Als attraktive/r Arbeitgeber/in dürfen Sie von Ihren Auszubildenden erwarten, sich nach außen als Teil der Kanzlei wertschätzend zu präsentieren und zu äußern. Auch im privaten Umfeld ist loyales Verhalten zur Kanzlei angesagt.

Spotlight 4: Mission Zukunftssicherung des Berufsstandes – Förderverein für steuerberatende Berufe e.V. (FFSB)

Oft sind Menschen, die in ihrem beruflichen Leben sehr erfolgreich waren, erfüllt von Dankbarkeit und dem damit verbundenen Wunsch, etwas an die Gesellschaft zurückzugeben.

Nach Angaben der Stiftungs-Studie „Stifterinnen und Stifter in Deutschland" (Bundesverband Deutscher Stiftungen 2015) spielen dabei Verantwortungsbewusstsein für die Allgemeinheit und das Ansinnen, etwas Bleibendes – auch über die eigene Lebensdauer hinaus – zu schaffen bzw. zu bewegen, eine gewichtige Rolle.

Bei der Gründung des gemeinnützigen Fördervereins für die steuerberatenden Berufe e.V. (FFSB) waren diese Erwägungen ebenfalls von großem Belang, nicht zuletzt vor dem Hintergrund des anhaltenden Fachkräftemangels und der berechtigten Sorge um den beruflichen Nachwuchs für die Branche von „morgen".

Anlässlich seines 90. Geburtstags spendete der saarländische Steuerberater und Unternehmer Herr Norbert Becker – nach über 60 Jahren erfolgreicher Tätigkeit in der Branche – eine außergewöhnlich großzügige Summe.

Mit dieser finanziellen Grundlage konnte im März 2024 der noch junge Verein FFSB e. V. aus der Taufe gehoben und für seine zukünftigen Aktivitäten solide ausgestattet werden.

Worum geht es? Welche konkreten Ziele werden verfolgt?

Dem FFSB e. V. geht es in erster Linie darum, für das Image des steuerberatenden Berufs zu werben, um mehr Talente für den Berufsstand zu gewinnen. Es gilt, die „Sonnenseiten" der Steuerberatung als vielseitigen, zukunftsweisenden und modern-digital beratenden Beruf sichtbar zu machen, sei es auf Veranstaltungen, in Schulen oder Social Media.

Dabei ist der Netzwerkgedanke zentral für das gemeinsame Handeln: indem viele engagierte und einflussreiche Akteure zusammenkommen, kann Öffentlichkeit geschaffen und das Anliegen tatkräftig „Hand in Hand" vorangebracht werden.

Zielgruppen der Ansprache sind:

1. Kanzleien, die bereit sind, mit Praktika- und Ausbildungsangeboten junge Berufseinsteiger/innen zu fördern, sowie ambitionierte Talente bei der Weiterqualifizierung und ihrem beruflichen Aufstieg gezielt zu unterstützen.
2. Schüler/innen, Auszubildende und Studierende, die sich für die steuerberatende Branche entscheiden mögen oder sich bereits dafür entschieden haben. Der FFSB e. V. bietet an, ihnen in ihrem fachlichen und persönlichen Weiterkommen zur Seite zu stehen, sowohl mit finanziellen Mitteln als auch mit persönlicher Beratung.

Eine erfolgreiche und dauerhafte Etablierung im steuerberatenden Beruf darf nicht an fehlendem Geld scheitern – nicht für den einzelnen und nicht zu Lasten der Branche!

Es geht also um die Ermutigung aller Angehörigen des Berufsstandes, aber auch um wirksame Lobby- und Netzwerkarbeit, um Aufmerksamkeit für die Steuerberatung und den Fachkräftenachwuchs zu sichern.

In der Vereinssatzung werden folgende Aktivitäten konkret benannt:

– Unterstützung junger Menschen bei der Suche einer Ausbildungs- bzw. Praktikumsstelle oder eines Studienplatzes,

– Beratung von Jugendlichen und ihren Familien zu Fragen der Aus- und Fortbildung,

– Vergabe von Stipendien an förderungswürdige Mitarbeiter/innen, Schüler/innen und Student/innen,

7. Strategisches Weiterbildungs- und Kompetenzmanagement als „Kitt"

- Coachingangebote, Durchführung von fachbezogenen Informationsveranstaltungen, Tagungen oder Seminaren (z. B. Diskussionsrunden, Lesungen mit Autoren, Themenabende),
- Beratung von Berufsangehörigen bei der Suche nach geeigneter, zielführender Fortbildung sowie die
- Förderung des erfolgreichen Abschlusses von Weiterbildungsmaßnahmen und Berufsexamina und die
- Kooperation mit anderen Einrichtungen und Institutionen zur Förderung der beruflichen Entwicklung.

Zu diesen gehören Schulen, Hochschulen, regionale Steuerberaterkammern und Bundessteuerberaterkammer sowie Institutionen der Schul- und Finanzverwaltung.

Die aktuellen Initiativen „Zahlt sich aus" und „GEMEINSAM handeln" (vgl. Spotlight 1) von Bundessteuerberaterkammer, DATEV und den Verbänden der Steuerberatung begrüßt der FFSB e. V. ausdrücklich und ist bereits Teil davon geworden, z. B. indem Materialien der Initiativen bei öffentlichen Veranstaltungen verwendet und verbreitet werden.

Um die gesetzten Ziele nicht nur zu erreichen, sondern auch weiterzuentwickeln und den FFSB-Aktionsraum stetig zu erweitern, braucht es helfende Hände: von Kanzleien und Berufsangehörigen, Hochschulinstituten und Studierenden, die als aktive Fördermitglieder mit Ideen, Idealismus und überschaubaren Mitgliedsbeiträgen das Anliegen mittragen, damit der FFSB e. V. an anderer Stelle konkrete Hilfe leisten kann.

Unterstützen also auch Sie den FFSB e. V. auf diesem Weg und stiften Sie Potenziale!

Als Branchenspezialistin darf ich dieses ambitionierte und spannende Vorhaben mit meiner Expertise und meinen Kontakten begleiten und tue dies gerne mit Knowhow und Herzblut.

Begleiten Sie uns und mich gerne auf diesem spannenden Weg:
https://ffsbev.de/

7.4 Talente-Entwicklung: Erkennen Sie (junge) Talente und Leistungsträger/innen möglichst frühzeitig

Fördern Sie Talente durch:

- die Übertragung neuer, herausfordernder Aufgaben,
- gute Lern- und Weiterbildungsangebote,
- Perspektiven und konkrete Karrierepfade zum beruflichen Aufstieg,
- Vorbereitung auf mehr Verantwortung, insbesondere im Bereich Mitarbeiter/innen- und Mandatsführung,
- Bildung von „Alt-Jung-Tandems", um Wissen zwischen den „Köpfen" zu transferieren, in der Kanzlei zu halten (z. B. nach Verrentung von lang gedienten Kolleg/innen) und die Weiterentwicklung/Transformation durch junge Talente zu fördern.

Wie lassen sich Talente und Leistungsträger/innen erfolgreich und nachhaltig binden?

Abb. 20: Talente erfolgreich und nachhaltig binden
Quelle: v. Bezold 2019

Fragen zur motivierenden Entwicklung von Leistungsträger/innen und Talenten:

- Wer hat das Potenzial für weitere Entwicklungsschritte?
- Wohin soll die Weiterqualifizierung führen? Wie ist dies in die Kanzleientwicklung eingebettet?

- Welche Bedürfnisse und Erwartungen haben insbesondere junge Leistungsträger/innen an ihre eigene Entwicklung und passen diese zu unseren Perspektiven/Karrierepfaden?
- Wie können wir sie mit passgenauen, motivierenden Aktivitäten fördern und langfristig an die Kanzlei binden?

▶ **Arbeitshilfe 11: Mustervorlage für ein Anforderungsprofil eines/einer frisch ausgebildeten Steuerfachangestellten**

7.5 Junge Führungskräfte – Auf dem Weg zu Mandats- und Führungsverantwortung

> „Mitarbeiter zu motivieren, ihr volles Potenzial auszuschöpfen, ist die wichtigste Voraussetzung für erfolgreiches Management.
> Eraldo Banovac (*1955) kroatischer Wissenschaftler, Sachbuchautor und wissenschaftlicher Berater

In ihrer langjährigen, rein fachlich ausgerichteten Ausbildung zu Steuerberater/in oder Wirtschaftsprüfer/in hatten die meisten wenig oder keine Gelegenheit, zielgerichtet Führungskompetenz zu entwickeln (z. B. über Schulungsangebote). Vieles erwerben sich Menschen dann über „Modelllernen" von eigenen Vorgesetzten, Fachliteratur und/oder agieren „aus dem Bauch" heraus.

Allein fachliche Kompetenz befähigt leider nicht zur Führungskraft. Deswegen ist die *systematische Vorbereitung auf eine spätere Führungsrolle so wichtig.*

Im direkten Vergleich zu Nachwuchsführungskräften aus anderen Branchen (z. B. Industrie/Maschinenbau) beobachten erfahrene Trainer/innen in Seminaren mit jungen Führungskräften aus der Steuerberatung gehäuft folgende Defizite:

- unterdurchschnittliches Wissen über Softskills oder die Wirkungsweisen von Kommunikation,
- wenig Wissen/Bewusstsein um ihre (persönliche) Wirkung auf Dritte,
- haben oft selbst selten qualifiziertes Feedback zu ihrer Wirkung auf das Gegenüber erhalten,
- zu wenig Reflexion über eigene Stärken und Schwächen sowie Möglichkeiten, diese auszubauen bzw. zu neutralisieren,
- weniger Mut/Entschlossenheit, Eigeninitiative zu ergreifen und gezielt zu führen.

In erster Linie geht es in der Führungskräfteentwicklung um die *Förderung überfachlicher Schlüsselqualifikationen und die Vermittlung passender Instrumente professionellen Führens.*

Für jüngere Kolleg/innen, die bereits Führungsverantwortung innehaben, sind darauf abgestellte Trainings einerseits eine wichtige Bestätigung ihres bisherigen Führungshandelns: Sie reflektieren konkrete Führungssituationen und machen sich bestimmte Mechanismen von Führung und Kommunikation bewusst. Zusätzlich lernen sie eine Menge nützlicher „Führungswerkzeuge" kennen, mit deren Hilfe sie wirksamer und effizienter führen können.

Hinzu kommt:

Gezielte *Personal- und Führungskräfteentwicklung wirkt oft als „Keim" für eine neue, sich verändernde Kanzleikultur* (z. B. im Kommunikationsverhalten, Fehlerkultur etc.).

Junge Führungskräfte füllen ihre Führungsaufgaben entlang des erhaltenen Inputs oft neu aus, modernisieren und verändern damit langfristig die Führungskultur in der Kanzlei.

Konkret entsteht bei teilnehmenden jungen/angehenden Führungskräften häufig folgender Wunsch an (Veränderung) von Kanzleikultur:

– situative, professionelle Führung,
– Mitarbeiter/innengespräche als Bestandteil von Führung: selbst dazu eingeladen werden oder – falls selbst bereits Führungskraft – diese selbst durchführen.

Führungskräfteseminare, die hoffentlich nicht nur für „die Galerie" stattfinden, haben immer auch eine Wirkung auf die Kanzlei als Ganzes, verändern sie. Nutzen Sie diese Mechanismen für die Weiterentwicklung Ihrer Kanzlei!

Spotlight 5: Warum Kreativität nicht nur etwas für Kreative ist – Innovation für Kanzleien

von Janet Grau

„Kreativität kann nicht verbraucht werden.
Je mehr man sie einsetzt, desto mehr hat man davon."
Maya Angelou (1928–2014), US-amerikanische Schriftstellerin,
Professorin und Bürgerrechtlerin

In einem lichtdurchfluteten Seminarraum stehen Zeichenkartons und Buntstifte bereit. Unter Zeitdruck sollen die Seminarteilnehmer/innen zu flotter Musik etwas zeichnen – bis die Glocke zum Wechseln ertönt. Auf geht es dann zum angefangenen Bild des Nachbarn, um daran weiter zu arbeiten. Die Herausforderung besteht darin, den „Horror" des leeren Blattes gerade durch das Setzen „kreativer Einschränkungen" zu überwinden und in einen Flow-Zustand zu gelangen.

Denn paradoxerweise können Zwänge (z. B. eine Engpasssituation) Kreativität sogar fördern. Zwänge lenken die Aufmerksamkeit auf das absolut Notwendige und wecken Erfindergeist, Einfallsreichtum und unkonventionelles Denken. „Not macht erfinderisch" – wussten schon unsere Großeltern.

Heute sprechen wir von „Kreativitätsförderern".

In einem zweiten Schritt werden nun die Einschränkungen reduziert, dafür wird die Aufgabenstellung schwieriger: Die Teilnehmer/innen arbeiten nun mit einem Aluminiumdraht und sollen diesen ohne konkrete Vorgaben in eine Form oder Figur bringen. Die Herausforderung hier besteht darin, sich selbst dabei zu beobachten, ob man eher allein oder in der Gruppe kreativ wird und – unabhängig davon – eigene Ideen mit den Impulsen und Vorgaben der Gruppe in Einklang bringen kann.

Was banal klingen mag, regt gezielt schöpferische Kraft an, setzt sie frei.

Was ist Kreativität und warum ist sie für Kanzleien so wichtig?

Kreativität ist die *Fähigkeit, Probleme oder Aufgaben auf neue Weise anzugehen und Ideen zu entwickeln, indem man „um die Ecke" denkt.*

Das Charmante: *Kreativ zu sein*, ist nicht etwa auf besonders talentierte, gar künstlerisch begabte Menschen beschränkt, sondern eine Fähigkeit, die jede/r erlernen kann.

Kreative Menschen zeichnen sich häufig durch folgende Eigenschaften aus:
– *Energie:* Sie sind sowohl geistig als auch körperlich engagiert und überlegt.
– *Flexibilität:* Kreative Menschen sind in der Lage, ihr Denken anzupassen und „um die Ecke zu denken".
– *Offenheit:* Sie sind bereit, neue Ideen zu erkunden und Problemstellungen aus einem neuen Blickwinkel zu betrachten sowie andere Sichtweisen zu berücksichtigen.
– *Disziplin:* „Kreative" verbinden Verspieltheit mit der Hingabe an ihr Metier.

Zielgruppen sind junge und gestandene Führungskräfte, die kreativ „in flow" kommen wollen.

Selbst für Auszubildende ist das Kreativ-Training in etwas verändertem Setting geeignet.

Rufen wir uns nochmals die Einschätzung von *Sebastian Pollmanns* in Kap. 6.3.3 zum Thema KI-Anwendungen in der Steuerberatung in Erinnerung:

KI-Anwendungen im aktuellen und zukünftigen Arbeits- und Kanzleialltag nennt er eine „bevorstehende ‚Bürotechnologie', wobei es sich in der Steuerberatung dabei um Einsatzbereiche handele, „die geprägt sind von einer Vielzahl an wiederkehrenden Tätigkeiten."

Kreativität dagegen ist mitnichten eine „wiederkehrende" Routinetätigkeit, sondern *unsere einzigartige, zutiefst menschliche Fähigkeit – und daher eben nicht automatisierbar.*

Wer sich darauf einlässt, schafft einen Wettbewerbsvorteil durch neue Herangehensweisen an Fragestellungen und kann so im Ergebnis womöglich mit dem besseren Produkt punkten.

Kreativität muss trainiert werden, um zu wachsen: Zum Mehrfach-Nutzen des „Kreativen Workshops"

1. Die Teilnahme an einem *Mindset Creative Workshop* garantiert Inspiration, das Durchbrechen alter Denkmuster, frische Verbindungen und *dynamisches Denken.*
2. Im geschützten Raum der Gruppe erleben Teilnehmer/innen, wie sie mit unvorhersehbaren Einschränkungen zu innovativen, wirklich neuen Wegen und *kreativen Problemlösungen* finden.
3. Die Zusammenarbeit im Team regt dazu an, die schon bekannten Problemlösungsstrategien zu reflektieren, Impulse aus der Gruppe aufzunehmen und so *gemeinsam neue Ansätze* zu entwickeln.

Abschließend noch einmal zurück in den Seminarraum vom Anfang:

Die entstandenen Arbeiten werden präsentiert und reflektiert. Jede/r dürfte dabei lohnende Erkenntnisse für sich gewinnen, z. B. wie große Aufgaben in kleine Teilschritte zu zerlegen oder Anfangsideen so viel Struktur zu geben, dass sie zur Lösungsstrategie werden.

Erfahrungsgemäß profitieren die Teilnehmer/innen besonders davon, sich einer Aufgabe einmal völlig anders zu nähern und den Mut zu schöpfen, die erlebten „Aha-Erlebnisse" aus dem Workshop in den Kanzleialltag zu übertragen und zu nutzen.

Über Mindset Creative Solutions

Mindset Creative Solutions wurde gegründet von Janet Grau, US-amerikanische Künstlerin und Pädagogin mit jahrzehntelanger Erfahrung in kreativen und spielerischen Prozessen. Sie lebt seit 1999 in Deutschland und seit 2012 in Heidelberg, Sitz des Unternehmens.

Informieren Sie sich gerne:

https://mindset-creative.solutions/de/

7.5.1 Formate und Themen für eine gezielte Führungskräfteentwicklung

- *Offene spezielle Schulungs- bzw. Seminarangebote* für angehende Führungskräfte renommierter Anbieter, auch in virtuellen Lernformaten (für kleinere Einheiten),
- *maßgeschneiderte Inhouse-Schulungs- bzw. Entwicklungsprogramme*, auch in virtuellen Lernformaten (für mittlere und große Einheiten),
- *Einsatz als Referent/in und Multiplikator/in bei kanzleiinternen Schulungen*,
- *altersgemischte Lernpartnerschaften* (Alt/Jung-Tandems, für alle Einheiten geeignet).

Führungskräfteentwicklungs-Themen:

- Die Reflektion der neuen Rolle als Führungskraft,
- gelingende, menschlich gewinnende Kommunikation,
- persönliches Auftreten, Präsentation,
- professionelle Gesprächsführung/Leitfaden, Zielvereinbarungen,
- praktisches Führungswissen,
- kreatives und innovatives Problemlösen,
- Leistung und Motivation, Work-Life-Balance,
- konstruktiver Umgang mit Konflikten,
- Coaching, Empowerment, Mentoring als Führungsinstrument,
- Entscheidungsstärke und Durchsetzungsfähigkeit,
- Marketing und Vertrieb,
- Verhandlungsgeschick und Besprechungsmanagement.

Achten Sie bei der *Programm- und Themenauswahl darauf, dass diese auf die Strukturen Ihrer Kanzlei und Ihrer Mandant/innen passt.*

Außer Führungskräfteseminaren sind überdies relevant:

- *regelmäßiger Austausch zwischen Kanzleiinhaber/in und jungen Führungskräften* (als Gesprächsplattform und im Einzelgespräch, für alle Einheiten geeignet),
- *gemeinsame Projektarbeit als Beitrag zur Kanzleientwicklung* (eher geeignet in mittleren und größeren Einheiten), mit unmittelbarem Praxisbezug, z. B.:
    - Aufhänger zu Prozessverbesserungen/„Prozess- Empathie" entwickeln,
    - Entwicklung neuer Beratungsprodukte,
    - Vertriebsmöglichkeiten oder neue Ideen zur Neumandanten-Akquise,
    - Instrumente zur verbesserten Kommunikation mit Mandant/innen,
    - neue Wege der Mitarbeiter/innen-Gewinnung.
- *Zuweisung neuer Kompetenzen und Aufgabenfelder*, um daran wachsen und sich entwickeln zu können.

Zum Abschluss: ausgewählte Stimmen aus der Praxis – Junge Führungskräfte/ Berufsträger/innen nach dem Besuch von Führungsseminaren:

„Es gab einen wichtigen Erkenntnisgewinn zur eigenen Persönlichkeit, indem wir besser befähigt wurden, uns und unser Handeln fundiert zu reflektieren."

„Die bewusste Auseinandersetzung mit strukturierter Gesprächsführung macht es leichter, die eigenen Gesprächsziele zu erreichen. Dazu bedarf es gezielter Gesprächsvorbereitung."

„Die verschiedenen Menschen- bzw. Mitarbeitertypen zu kennen und auf sie einzugehen, bringt wirksamere Kommunikation"

„Das Reflektieren der eigenen kommunikativen Fähigkeiten schafft die notwendige Empathie: Das Gegenüber erkennen, in passender Weise Dinge anzusprechen, den anderen für sich und die eigenen Anliegen zu gewinnen."

„Das Training bewirkte, die Bedeutsamkeit von Kleinigkeiten für eine gelingende Präsentation wahrzunehmen und umzusetzen."

„Der Referent brachte uns rüber, wie Kanzleiziele erreicht werden können und die Mitarbeiter dabei zufrieden und ich selbst als Vorgesetzter authentisch bleibe."

„Uns wurde klar, dass Führungsaufgaben nicht nebenbei erledigt werden können, sondern man sich in der Rolle als Führungskraft intensiv damit auseinandersetzen muss. Jeder muss aktiv entscheiden, wieviel Zeit er sich für seine Führungsarbeit nimmt – das hat in beide Richtungen Konsequenzen. Wie entscheide ich mich? Das kann ich jetzt gezielt tun."

„Führen und Verantwortung zu übernehmen heißt auch, zum Verlassen der eigenen Komfortzone bereit zu sein."

7.5.2 Empfehlungen zur Beauftragung externer Anbieter/Trainer/innen

„Ein Training kann nur so gut sein, wie es auf die Wirklichkeit
(oder sogar ein Stückchen härter) vorbereitet."
Kurt Gaik († 2011), Theologe, Psychologe und Trainer

Qualitätskriterien seriöser, kompetenter Seminar- und Trainingsanbieter/Trainer/innen:

- *Spezialisierung* auf bestimmte Mitarbeitergruppen (z. B. Führungskräfte, Sekretär/innen etc.) oder Branchen (z. B. auf Steuerberatung oder zahlenaffine Berufe).

- Der/die Anbieter/in sollte *konkrete Projekte bzw. Trainingsmaßnahmen* und den erwartbaren Erfolg beschreiben können.

- Lernen Sie den/die Trainer/in vorher unbedingt selbst kennen: Die *Trainerpersönlichkeit muss zu Ihnen bzw. Ihrer Kanzlei passen* – achten Sie auf Ihr Bauchgefühl!

- Auf Nachfrage sollte der/die Anbieter/in bereit sein, *Referenzkunden und dortige Ansprechpartner/innen zu benennen*, die Sie im Vorfeld Ihrer Auftragsvergabe kontaktieren können.

- Sprechen Sie mit zu beauftragenden Trainer/innen genau durch, *welche Themen bzw. Kompetenzentwicklung für Ihre Kanzlei wirklich Sinn machen.*
Lassen Sie sich keine Bedarfe „aufschwatzen", die nicht vorhanden sind.
- „Briefen" Sie Ihre/n Trainer/in ganz gezielt: Beschreiben Sie vor dem Training praxisnahe Situationen, Konflikte oder Gesprächssituationen, mit denen Sie selbst oder/und Ihre (angehenden) Führungskräfte konfrontiert sind.
- Fordern Sie einen aussagekräftigen Feedback- bzw. Beurteilungsbogen ein, der bei Trainingsende von den Teilnehmer/innen auszufüllen ist.
Lassen Sie diesen durch Ihr Haus und nicht etwa durch den/die Trainer/in (extern) auswerten.
Oft sind kleine Nebenbemerkungen in solchen Bewertungsbögen von großer Bedeutung für weitere Veränderungsprozesse!
- Bestehen Sie auf *transparenten, nachvollziehbaren Vorbereitungs- und Trainingskosten*: Vereinbaren Sie unbedingt *vor* der Maßnahme, ob und in welchem Umfange Vorbereitungskosten anfallen.

7.5.3 Serviceteil: Anbieter/innen für Steuerkanzleien

a) *Lehrgangsanbieter zur fachlichen Weiterqualifizierung (z. B. Steuerfachwirt/in, Berufsexamen)*

- **Unternehmensgruppe Dr. BANNAS** Köln Steuerlehr- und Studiengänge Dr. BANNAS
Deutschlands größter Anbieter in der Vorbereitung auf die Steuerberaterprüfung an 26 Standorten und online:
  - Lehrgänge zur Vorbereitung auf das Steuerberaterexamen
  - Masterstudiengänge im Steuerrecht (Tax Master)
  - Update-Seminare im Steuerrecht
  www.bannas.com
- **Steuer-Fachschule Dr. Endriss GmbH & Co. KG** Köln (vgl. Anzeige im Buch)
www.endriss.de
Lehrgänge, Fernlehrgänge, Seminare und Inhouse-Schulungen für die steuerberatenden Berufe (vgl. auch Anzeige im Buch)
- **Lehrgangswerk Haas GmbH & Co. KG** Springe
www.lwhaas.de
- **Akademie Hennsler** Bad Herrenalb
www.akademie-henssler.de
- **Neufang Akademie** Calw
www.steuerberaterlehrgang.neufang.akademie.de

www.endriss.de

STEUER-FACHSCHULE
DR. ENDRISS
Führt zum Erfolg. Seit 1950.

Aktuelles Steuerwissen

kompakt, effektiv und praxisnah!

Profitieren Sie vom Wissen der Steuer-Experten!
Seminarauszug:

- Umsatzsteuer aktuell
- Steuerberater Update
- Steuerfachwirt Update
- Endriss Mediathek
- ChatGPT für Steuerkanzleien
- u.v.m.

Jetzt Wissensvorsprung sichern
www.endriss.de/seminare

7. Strategisches Weiterbildungs- und Kompetenzmanagement als „Kitt"   167

b) *Beratungs- und Seminaranbieter, Vorträge*

- **DATEV e. G.**
  Software und Beratung
  www.datev.de (vgl. auch Spotlight 1 und Anzeige im Buch)
- **DENK NEU!**
  Agentur für Unternehmensentwicklung Dresden
  Beratung-Vorträge-Seminare
  www.denk-neu.com
- **DEUBNER Recht & Steuern GmbH & Co. KG**
  www.deubner-steuern.de
- **HAUFE Verlag** Freiburg
  Seminare und Fachveranstaltungen rund um die Themen Personal, Recht Rechnungswesen und Steuern
  www.shop.haufe.de
- **Kanzlei BOOSTER GmbH** Ludwigshafen
  Unternehmens- und Kanzleiberatung
  www.kanzleibooster.de
- **Stefan Lami**
  Steuerberatung-Unternehmensberatung Zams/Österreich
  Öffentliche und Inhouse-Veranstaltungen, Kundenseminare
  www.stefanlami.com

c) *Netzwerke für Kanzleien*

- **Delfi-net Kanzleiberater GbR** Dortmund/Neidenstein
  Das Steuerberater Netzwerk
  www.delfi-net.de (vgl. Spotlight 3)
- **VIP Steuerköpfe GmbH** Bremen
  Der Club für weniger StB.-Arbeit
  www.vip.steuerkoepfe.de
- **STB Web-Portal** für Steuerberater und Internetagentur für Kanzleien München
  www.stb-web.de

d) *Stiftungen, die den Berufsstand fördern*

- **FFSB** – Förderverein für die steuerberatenden Berufe Saarbrücken (vgl. Spotlight 4 und die Anzeige im Buch)
  www.ffsbev.de
- **Claus und Brigitte Meyer-Stiftung** Pforzheim
  www.meyer-stiftung.de

Handlungsempfehlungen für Kanzleiinhaber/innen und deren Führungskräfte

Verbinden Sie den Begriff „Weiter- oder Fortbildung" *nicht* nur mit fachbezogenen Themen, sondern immer auch mit überfachlichen, persönlichkeitsentwickelnden Lerninhalten und -zielen, die *Sie und Ihre Mitarbeitenden als (Berater-)Persönlichkeiten* voranbringen.

Bereits Auszubildende profitieren neben fachlichen Inhalten sehr von neuem Input rund um die Themen (Benimm-)Etikette, Kommunikation oder „richtig Lernen"/Lernmethoden.

Nutzen Sie ein strategisches, entlang Ihren Kanzleizielen ausgerichtetes Weiterbildungs- und Kompetenzmanagement (mit Masterplan) zur Erhaltung und Erweiterung der „Employability" Ihrer Mitarbeitenden und für Ihre Kanzleientwicklung.

Bilden Sie heute Ihre Fachkräfte für morgen aus!

Nutzen Sie die vielfältigen Möglichkeiten von Ausbildung passende, produktive und loyale Mitarbeiter/innen in Ihrer Kanzlei langfristig zu entwickeln.

Qualitativ hochwertige Ausbildung ist ein wichtiger Baustein für Ihre attraktive Arbeitgebermarke! Zum Thema Ausbilden entnehmen Sie bitte Kapitel 7.3 die zahlreichen, konkreten Handlungsempfehlungen, auch zu „Stolperfallen" in der Ausbildungszeit.

Fördern und binden Sie Ihre Talente und Leistungsträger/innen bewusst und setzen Sie auf eine professionelle Führungskräfteentwicklung junger, angehender Berufskolleg/innen mit (zukünftig) Mitarbeiter- und Mandatsverantwortung. Dies ist ein *wesentlicher Impuls für eine zeitgemäße Führungskultur in Ihrem Hause und Ihre Kanzleientwicklung.*

Verschaffen Sie sich einen Überblick über die vielfältigen Angebote dazu und wählen Sie den/die für Ihre Kanzleigemeinschaft richtige/n Anbieter/in sorgsam aus. Eine persönliche Empfehlung kann, muss aber nicht zwingend passen. Machen Sie sich Ihr eigenes Bild, bevor Sie einem/einer Anbieter/in den Zuschlag geben.

Handlungsempfehlungen für Auszubildende und Mitarbeiter/innen

Legen Sie bei der Auswahl Ihres Kanzlei-Arbeitgebers besonderen Wert auf die dort angebotenen Weiterbildungsmöglichkeiten. Diese sollten nicht nur fachliche, sondern auch überfachliche, persönlichkeitsentwickelnde Schulungsangebote beinhalten.

Nehmen Sie die gelebte/n Kanzleikultur und Kanzleiwerte aufmerksam wahr.

Bieten Sie sich für die berufspraktische Ausbildung junger Menschen an, ggf. machen Sie einen Ausbilderschein bei der IHK.

Soweit kanzleiinterne Schulungen für Auszubildende und/oder Mitarbeitende etabliert sind, werden Sie als Referent/in aktiv, um Ihr Wissen zu teilen. Umgekehrt können „Alt-Jung-Tandems" eine gute Möglichkeit sein, vom Wissen noch erfahrenerer Kolleg/innen zu profitieren.

Sollte sich Ihnen die Möglichkeit bieten, *nehmen Sie teil an Personal- oder Führungskräfteseminaren,* auch wenn Sie nicht unmittelbar/in Kürze die Position einer Führungskraft anstreben. Das dort vermittelte Wissen und der Austausch unter „Gleichgesinnten" bringt viel neuen, hilfreichen Input und regt innovatives, frisches Denken an.

8. Konflikte fordern uns heraus – Schwierige Gemengelagen und Gespräche in der Kanzlei

> „Von den Chinesen können wir einiges lernen. Man hat mir gesagt, sie hätten ein und dasselbe Schriftzeichen für die Krise und für die Chance."
> Richard von Weizsäcker (1920 – 2015), deutscher Politiker

In Führungsetagen von Kanzleien erlebe ich leider immer wieder kurios-verhaltensoriginelle, aber auch handfest problematische Vorkommnisse, Vorgehensweisen, Äußerungen oder Versäumnisse in Bezug auf die eigenen Mitarbeitenden.

Diese können sein: Abwertungen, (Vor-)Verurteilungen, überharte Sanktionen oder gar keine Kommunikation, dafür hohe, nicht oder ungenau übermittelte Erwartungen an das Gegenüber.

Umgekehrt kann einen auch manch meinungsstabiles (stures), überempfindliches oder unangemessenes Gebaren von Mitarbeiter/innen sprachlos zurücklassen.

Konflikte, sie (möglichst frühzeitig) zu erkennen und zu lösen, sind alltägliche Normalität in zwischenmenschlichen Beziehungen, also auch im beruflichen Kontext.

Die Art und Weise, *wie* wir damit umgehen, ist entscheidend: Aus gelösten Krisen und Konflikten kann Neues entstehen, unerledigte Konflikte lähmen und verhindern jede (Vorwärts-)Entwicklung.

„Konflikte fordern uns heraus" – Mediation als Brücke zur Verständigung" lautet der Titel eines sehr dichten, lösungsbezogenen Fachbuches von *Gary Friedman und Jack Himmelstein*.

In Mediationsgesprächen habe ich dieses – unter Einsatz des gezielten Perspektivenwechsels – mit Führungskräften/Vorständen, bereits gerne eingesetzt.

Im Kanzleialltag jedoch steht selten die Möglichkeit einer Mediation zur Verfügung und – zum Glück – wäre sie in vielen Fällen auch übertrieben. In der Regel lösen die Beteiligten ihre Konflikte in „Eigenregie". Ob eine dauerhafte Befriedung dann gelingt, hängt maßgeblich ab von den vorhandenen Strukturen und Potenzialen der Kanzleigemeinschaft sowie den Konfliktkompetenzen der einzelnen.

Das folgende Kapitel gibt eine Übersicht über häufige Konfliktpotenziale in Kanzleien und passende Lösungsansätze.

8.1 Konflikte in Kanzleien – ausgelöst durch Führung

> „Erfahrung heißt gar nichts. Man kann seine Sache
> auch 35 Jahre lang schlecht machen."
> Kurt Tucholsky (1890–1935), deutscher Schriftsteller

8.1.1 Problematische Kanzleikultur

Kanzleikulturen und ihre „gelebten" Werte sind maßgeblich geprägt von der Kanzleiführung, den Kanzleiinhaber/innen und ihren Führungskräften.

Bei einem problematischen Kanzleiumfeld, wird umgangssprachlich auch vom „*Fisch, der vom Kopfe stinkt*", gesprochen. Kernproblem ist *häufig die täglich erlebbare Diskrepanz* zwischen den „offiziell" kommunizierten und tatsächlich gelebten Kanzlei-Werten (z. B. „*Wir gehen offen und ehrlich miteinander um*", stattdessen dominieren Ansagen „von oben", ggf. Intrigen den Kanzleialltag und die Zusammenarbeit).

Ein an sich banales Beispiel hierfür:

Soweit flexible Arbeitszeiten vereinbart sind, passen Sprüche wie „*Hast du auch einen halben Tag Urlaub genommen?*" nicht, wenn jemand z. B. eine Stunde vor Kanzleischließung den Arbeitsplatz verlässt.

Oder hoch gezogene Augenbrauen, Blick auf die Uhr etc. *Flexibilität muss dann auch zuverlässig akzeptiert sein.*

a) Merkmale einer problematischen Kanzleikultur sind:

- hohe Fluktuationsrate,
- wenig transparente Kommunikation,
- unfreundlicher, barscher Umgangston, wenig Unterstützung untereinander,
- permanente Nörgeleien und Sticheleien einzelner oder mehrerer Mitarbeiter/innen untereinander (in extremer Form: Mobbing oder toxische Mitarbeiter/innen),
- wenig ausgeprägte Hilfsbereitschaft/Kollegialität,
- sehr striktes oder sehr unverbindliches Regelwerk,
- Illoyalität, nach innen und außen, z. B. durch die unerlaubte Weitergabe von Informationen an Wettbewerber oder das gezielte Abwerben von Mandant/innen.

b) Häufig beobachtbare Führungsschwächen bzw. schwaches Führungshandeln mit hohem Konfliktpotenzial sind:

- zu funktionaler, „steriler" Umgang(-ston) mit Mitarbeitenden,

8. Konflikte fordern uns heraus – Schwierige Gemengelagen und Gespräche 171

- sehr hohe Sachorientierung, die Themen & Konflikte auf der Beziehungsebene ausblendet und nicht (oder nur akut) kommuniziert,
- zu seltene oder keine Worte und Gesten der Anerkennung oder Wertschätzung,
- ungefilterte Weitergabe des eigenen Arbeits- und Zeitdrucks an die Mitarbeiter/innen,
- Schwächen in der Selbstorganisation (Fähigkeit, sich selbst führen können), oft verbunden mit zu wenig freien Zeitfenstern für die Kommunikation mit Mitarbeiter/innen oder/und laufend wechselnde Vorgaben,
- nur schwach ausgeprägte Feedback-Kultur,
- wenig Sensibilität oder Bereitschaft zur Selbstreflexion und selbstkritischer Hinterfragung des eigenen (Führungs-)Verhaltens gegenüber Mitarbeiter/innen,
- dauerhaft zu hohe Arbeitsbelastung von Mitarbeitenden, die selbstverständlich abverlangt wird, ohne „Belohnung" nach Arbeitsspitzen,
- zu selten Jobrotation oder Überprüfung, ob die Potenziale von Mitarbeitenden voll ausgeschöpft werden (jede/r am richtigen Platz),
- sehr ungleiche und unregelmäßige Nutzung eines jährlichen Mitarbeiter/innengesprächs als Führungsinstrument – oder gar nicht,
- zu selten gezielte Förderung von Talenten und Leistungsträger/innen,
- zu wenig oder keinerlei Einbindung von Mitarbeiter/innen bei Entscheidungen und/oder mangelnde Transparenz in der (Kanzlei-)Kommunikation.

8.1.2 Konkrete Ausprägungen von Führungsschwäche

a) Vertane Chance der ersten 100 Tage: zu wenig Begleitung und zu viel (räumliche und emotionale) Distanz

Die Anfangsphase der ersten 100 Tage und die immense Bedeutung für den langfristigen Verbleib neu gewonnener Mitarbeiter/innen im Job wurde an verschiedenen Stellen im Buch bereits betont (vgl. Kap. 4 und Kap. 6).

Folgendes Ereignis aus meiner Praxis mag dies nochmals verdeutlichen:

Zur großen Freude einer Kanzlei konnte *„Nicole"*, berufserfahrene und mutmaßlich gestandene Steuerberaterin gewonnen werden. Ihr wurde ein Büro im Nebengebäude der Kanzlei zugewiesen und – im guten Glauben, die Arbeit würde nun erledigt – die anstehenden Aufgaben auf sie übertragen. Es vergingen Wochen und offenbar wunderte sich niemand über ausbleibende Rückfragen. Nach zwei oder drei Monaten gingen erste Anrufe von Mandant/innen ein, die nach ihren Bilanzen fragten. Eine eilige Rückfrage ergab, dass praktisch nichts erledigt worden war – und die Dame wurde krank. Spätere Überprüfungen offenbarten, dass die neue Kollegin völlig unstrukturiert Dinge begonnen und dann hatte liegen lassen. „*Nicole*" kam nie mehr zurück und man einigte sich auf die Rückzahlung der Hälfte des bis dahin ausgezahlten Gehaltes wegen „Minderleistung".

Auf den ersten Blick liegt der Fehler ausschließlich bei der säumigen Berufsträgerin – und auf den zweiten?

Die Kanzleiführung argumentierte später, man habe die Dame als so berufserfahren eingeschätzt, dass ein solches Fehlverhalten nicht zu erwarten gewesen sei.

Doch auch bei Berufsträger/innen ist eine enge Begleitung in den ersten Monaten unabdingbar – einfach „wursteln lassen" und auf gute Arbeiterergebnisse zu hoffen, ist mindestens riskant, wenn nicht fahrlässig.

Bedingt durch eigene Terminfülle und chronischen Zeitmangel, kann *zu viel* räumliche und auch emotionale Distanz zu (neuen) Mitarbeitenden entstehen – wenn auch sicherlich unbeabsichtigt. Ein solches Unterfangen kann fast nur schief gehen. Dies gilt insbesondere, wenn es die Person womöglich „darauf anlegt", wenig arbeiten zu müssen und ihre „Freiheiten" zum Nachteil der Kanzlei ausnutzt.

In unserem Falle wurde das Fehlverhalten der Kollegin bereits in der ersten Hälfte der Probezeit ersichtlich und eine Trennung gestaltete sich vergleichsweise unkompliziert. Was aber, wenn Menschen sich dauerhaft einen „faulen Lenz" machen? Kolleg/innen bleibt dies nicht verborgen und der Unmut wächst – auch hier entsteht dann eine kritische Gemengelage.

Lösungsempfehlung:

Bleiben Sie deswegen im steten Dialog, gerade mit neu eingestellten Mitarbeiter/innen und delegieren Sie ggf. die notwendig enge Abstimmung anderweitig.

Signalisieren Sie als Vorgesetzte/r, dass Sie sich Zeit für die Belange Ihrer Mitarbeiter/innen nehmen, ermutigen Sie sie, sich Ihnen zu öffnen. So erfahren Sie von (noch) keimenden Konflikten, die Sie ggf. rasch entschärfen können.

Vermeiden Sie unbedingt die ungefilterte Weitergabe des eigenen Arbeits- und Zeitdrucks an Ihre Mitarbeitenden! Als „Dauerzustand" kann dies sehr schädliche Auswirkungen auf Ihre Arbeitsbeziehung zu den Menschen haben, die sich – derartig ständig „attackiert" – abwenden und in letzter Konsequenz kündigen, um dies nicht mehr aushalten zu müssen.

Problematisch sind auch Mitarbeiter/innen, die plötzlich ein anderes Verhalten als gewohnt an den Tag legen.

Warnzeichen oder Vorboten einer „inneren" Kündigung, erhöhter Wechselbereitschaft oder einer bereits beschlossenen Kündigung sind:

- *Produktivität und Eifer lassen nach*, es werden keine neuen Ideen mehr eingebracht, Abgabefristen oder sonstige Vereinbarungen werden nicht mehr eingehalten.

8. Konflikte fordern uns heraus – Schwierige Gemengelagen und Gespräche

- *Kommunikation zu den Kolleg/innen oder Vorgesetzten nimmt deutlich ab*, ggf. Rückzugs- oder Abschottungstendenzen.
- *Zögerliche Zusage und/oder Engagement bei langfristigen Projekten*, ggf. Versuche, die Aufgaben zu delegieren.
- *Zwischenzeugnis* wird angefordert.
- *Einzelne Fehlzeiten/Urlaubstage, die sich häufen* und sehr kurzfristig genommen werden, können ein Indiz dafür sein, dass der Urlaub für Bewerbungsgespräche genutzt wird.

Lösungsempfehlung:

Den aufgelisteten Verhaltensweisen können auch Krisen im persönlichen Umfeld zugrunde liegen. *Ein offenes Gespräch ist in jedem Falle ratsam, wenn Ihnen ein signifikant verändertes Verhalten auffällt oder Ihnen dies zugetragen wird.*

b) Die (un-)heimliche Macht der zweiten Ebene

Die Meinung ihrer langjährigen Mitarbeiter/innen haben für Kanzleiinhaber/innen üblicherweise großes Gewicht, auch bei anstehenden Neueinstellungen. Das ist völlig nachvollziehbar und verständlich. Mittlerweile ist ein „Schnupper- oder Kennenlerntag" bei dem/der neuen Arbeitgeber/in Gang und Gäbe – Anlass für folgenden Konflikt aus meiner Praxis:

„*Costa*" hatte sich in einer Kanzlei erfolgreich beworben und die verbindliche Zusage (mit verhandeltem Gehalt) erhalten. Da er noch weitere Optionen offen hatte und ganz sicher gehen wollte, die richtige Entscheidung zu treffen, bat er um einen paar Stunden „Schnuppern", was gerne gewährt wurde.

Ergebnis: Zwei Mitarbeitende aus der Kanzlei wandten sich nach dem „Schnupper-Nachmittag" an den Kanzleiinhaber und drängten ihn dazu, seine Zusage zurück zu ziehen – der Bewerber sei zu schwach. Den ihm vorgelegten Sachverhalt hatte er nicht ausreichend und zur Zufriedenheit der Damen binnen 20 oder 30 Minuten durchdrungen.

Es war dann leider mein Part, diese Botschaft dem konsternierten Herrn zu überbringen. Er hatte sich mittlerweile gerne für die Kanzlei entschieden und wollte deren Zusage annehmen.

Frage: Sollten Mitarbeitende einen solchen Einfluss haben, dass eine bereits erteilte Zusage durch die Kanzleiführung wieder zurückgezogen wird – und dies, ohne dass ein Fehlverhalten (z. B. bei dem/der letzten Arbeitgeber/in o. ä.) bekannt oder nachweisbar wäre?

Nach einigem Hin und Her erhielt der Mann dann doch seinen Arbeitsvertrag und arbeitet bis heute dort. Doch die anfängliche, unvoreingenommene Begeisterung für das Kanzleiumfeld hatte sich abgeschwächt und die Irritation über die Vorgänge blieb.

Lösungsempfehlung:

Bieten Sie einen „Schnupper- oder Kennenlerntag" nur im Rahmen des Bewerbungsverfahrens an – und nicht nach einer verbindlichen Zusage. Sollte sich dies – wie in diesem Falle dennoch so ergeben – darf die Person nicht mehr als „Bewerber/in", sondern muss als (potenziell) neue/r Mitarbeitende/r vorgestellt und dürfen keine eigenmächtigen „Testverfahren" geduldet werden. *Bleiben Sie bei Ihrer Personalentscheidung.*

Vielleicht hatte ihnen einfach seine „Nase" nicht gepasst. In Kapitel 4 sprachen wir von der Neigung vieler Entscheider/innen, den immer gleichen (ihnen meist selbst ähnlichen) Menschen- und Mitarbeiter-Typus einzustellen („Halo-Effekt", Kap. 4.10). Dies kann sich auf Dauer nachteilig auswirken, da die Teams zu homogen werden könnten. Sie sind dann oft leistungsschwächer, weil bestimmte Rollen nicht besetzt werden, für die es bestimmte Persönlichkeitstypen braucht (z. B. der Innovative im Kreise von administrativ und organisatorisch Starken). Auch *Ihre* langjährigen Mitarbeitenden könnten einen solchen „Filter" im Kopf haben – und sich dann gegen neue „Typen" zur Wehr setzen.

Lösungsempfehlung:

Lassen Sie hier keine Abwehrhaltung zu und legen Sie Wert auf die Diversität Ihrer Kanzleigemeinschaft.

c) *Inkonsequenter Umgang mit „Leistungs-Diven"*

Nach meinem Verständnis sind „Leistungs-Diven" oft langjährige, leistungs- und umsatzstarke Mitarbeiter/innen, die insbesondere mit den durch sie betreuten Mandant/innen einen sehr guten „Draht" pflegen. Aus diesem Umstand: *„Das Mandat ist ja von mir abhängig"* oder *„Ich stemme hier den meisten Umsatz"* – reklamieren und legitimieren sie für sich einen Sonderstatus, oft verbunden mit besonderen Privilegien. Diese können materieller Art sein, aber auch besondere Freiheiten bei der Gestaltung/Flexibilität ihrer Arbeitszeiten beinhalten. Häufig habe ich es erlebt, dass solche Kolleg/innen im persönlichen Umgang besondere Marotten an den Tag legen – man hat ja „Narrenfreiheit".

Solch ungleicher Status und divenhafter Nimbus birgt Sprengkraft in der Kanzleigemeinschaft, denn nicht jede/r Mitarbeitende/r ist bereit, die offensichtlichen Sonderrechte mitzutragen, zumal wenn sie die „Diven" wie eine Monstranz vor sich hertragen.

Lösungsempfehlung:

Selbstverständlich sind langgediente und bei Mandant/innen erfolgreiche Mitarbeiter/innen zu wertschätzen und z. B. mit maßgeschneiderten Benefits in besonderer Weise an die Kanzlei zu binden. Dies sollte jedoch offen kommuniziert sein.

Lassen Sie es Ihren „Diven" nicht durchgehen, andere durch eigene Aufwertung/ Überhöhung abzuqualifizieren und legen Sie in Ihrem Führungsverhalten die glei-

chen – konsequenten – *Maßstäbe an wie bei allen anderen Kolleg/innen.* Machen Sie dies unmissverständlich klar.

Soweit Sie mit den Betreffenden darüber keine Einigung erzielen können, müssen Sie darüber nachdenken, sich von ihnen zu trennen, um die Gesamtheit der Gemeinschaft nicht zu gefährden.

d) *Chance für Kanzleientwicklung: Das Trennungsgespräch oder „Exit-Interview"*

Sollte doch einmal ein/e Mitarbeiter/in kündigen oder Sie kündigen (müssen), ist es dringend zu empfehlen, diese/n nicht einfach – womöglich beleidigt – ziehen zu lassen, sondern nochmals das Gespräch zu suchen und es (auch) als *Chance für Ihre Kanzleientwicklung zu nutzen!*

Selten gibt es nur *den einen* Kündigungsgrund, oft ist eine Kombination aus verschiedenen Faktoren ausschlaggebend für den Austritt aus einem Beschäftigungsverhältnis.

Bitte beachten Sie:

Das Trennungsgespräch bzw. Exit-Interview ist nicht gleichzusetzen mit dem Kündigungsgespräch. Hier geht es um die konstruktive Gestaltung des Ausscheidens eines Ihrer Mitarbeitenden – lange *nach* der ausgesprochenen Kündigung.

Lösungsempfehlung:

Sie sind gut beraten, mit jedem/jeder scheidenden Mitarbeiter/in ein abschließendes Gespräch zu führen und so den Ursachen für den Weggang auf den Grund zu gehen. Es bietet sich die seltene Gelegenheit von Insider/innen, die nichts mehr wollen oder/und zu verlieren haben, *ein „ungeschminktes", ehrliches Feedback zum „Innenleben" der Kanzlei einzuholen* (vgl. auch das Phänomen Doppelwirklichkeit, Einleitung).

Mögen die Ausführungen aus dieser einen Perspektive auch eindimensional sein und deshalb sicherlich Ihrer Einordnung bedürfen: Sie bieten unter Umständen einen *wertvollen Einblick und sinnvolle Ansatzpunkte zur Veränderung.* Das sendet auch ein positives Signal nach innen, stärkt also Ihre Kanzleikultur.

Außerdem bringen Sie dem/der scheidenden Mitarbeiter/in Wertschätzung entgegen, indem Sie ihm oder ihr zum Abschied das Wort anbieten und aktiv zuhören. Beherzigen Sie dazu die in Kap. 6.3 formulierten Empfehlungen für ein modernes Führungshandeln.

Last but not least: Es ist gut für Ihr Arbeitgeberimage, sich offen für Kritik zu zeigen und kann ganz konkret verhindern, dass auf entsprechenden Bewertungsportalen (z. B. www.kununu.com) negative Mitarbeiterbewertungen abgegeben werden.

Greifen Sie gerne auf den angebotenen Gesprächsleitfaden zurück:

▶ **Arbeitshilfe 12: Gesprächsleitfaden für ein Trennungs- bzw. Exit-Gespräch**

Beachten Sie bitte auch die formalen Aspekte eines korrekten Off-Boarding-Prozesses (z. B. Abgabe von PC, Schlüssel etc.).

8.2 Konflikte in Kanzleien – ausgelöst durch Mitarbeiter/innen

a) Störfaktor Nr. 1: Unterbrechungen durch Kolleg/innen und Kanzleiumfeld

Übereinstimmend kommen Studien zu Störungen und (unfreiwilligen) Arbeitsunterbrechungen zu dem Ergebnis, dass Arbeitnehmer/innen mit einer Bürotätigkeit im Schnitt *alle vier Minuten pro Stunde ihre Arbeit unterbrechen*, also durchschnittlich rund 15-mal. Immer, wenn Menschen unterbrochen werden oder sich selbst ablenken, muss sich das Gehirn danach wieder neu auf die Aufgabe konzentrieren, was etwa 15 % der eigentlichen Bearbeitungszeit zusätzlich kostet.

Auf die Frage nach dem Stör- und Unterbrechungspotenzial nannten jüngst 32 % die eigene/n Kolleg/innen als wichtigsten Faktor, allerdings dicht gefolgt von einem ineffektiven Führungsstil (z. B. unklare oder schnell wechselnde Arbeitsanweisungen) mit 31 % (RNZ, 19.06.2024).

Konkrete Anlässe für die Fragmentierung des Arbeitstages sind die ständige Bearbeitung von E-Mails (2023: durchschnittlich 42 E-Mails/Tag (zum Vergleich: 2014: 18 pro Tag) Rückfragen, Multitasking-Tätigkeiten und Meetings, Quelle: Bundesanstalt für Arbeitsschutz und Arbeitsmedizin (BAuA)).

Lösungsempfehlung auf Kanzleiebene:

– Viele Kanzleien haben daher störungsfreie Arbeitszeiten eingeführt, um die Fülle der Unterbrechungen zu senken und konzentriertes Arbeiten zu erleichtern.

Lösungsempfehlung auf Mitarbeiterebene:

– Aufgaben nacheinander erledigen und sich Zeitfenster dafür schaffen,
– Prioritäten setzen,
– Notizzettel für Unterbrechungsaufschiebung: aufschreiben und für später sichern,
– „Zeit-Inseln" ungestörten Arbeitens schaffen: Mailbenachrichtigungen abschalten, Videokonferenzen einplanen, MS Teams blockieren, Telefon aus oder leise stellen, Bürotür schließen.

Produktive Unterbrechungen sind dagegen Kaffee- oder Bildschirmpausen, eine kleine Dehnungsübung oder eine Bewegungseinheit.

Sollten Mitarbeiter/innen durch zu häufige Ansprache andere von deren Arbeit abhalten und Sie dies mitkriegen oder es Ihnen zugetragen werden, muss überlegt werden, die Büroarbeitsplätze anders zu besetzen, Aufgaben anders zu verteilen etc.

Es muss sichergestellt sein, dass jede/r ungestört arbeiten kann.

b) Schwierige/toxische Mitarbeiter/innen

Schwierige oder gar toxische („Gift versprühende") Mitarbeiter/innen, sind solche, die in ihrem Arbeitsumfeld *vorsätzlich Konflikte initiieren*, um ihre persönlichen Ziele zu verfolgen und zu erreichen.

Das Bild eines faulen Apfels, der allmählich auch die (noch) gesunden anderen Äpfel „befällt", versinnbildlicht die Problematik.

Zwar gelten nur max. 5 % aller Arbeitnehmer/innen – dazu gehören natürlich auch Führungskräfte – als „toxisch". Doch insbesondere ihre *negative Langzeitwirkung* auf Kolleg/innen ist relevant, da diese in der Zusammenarbeit mit solchen Menschen einem erhöhten Stress- und Burnout-Risiko ausgesetzt sind.

Toxiker/innen sind es gewohnt, sich in konfliktbehaftetem Umfeld zu bewegen und beherrschen es meisterlich, ihre Kolleg/innen oder Vorgesetzten in Konflikte und möglichst rasch in höhere, gefährlichere Konfliktstufen „hoch zu eskalieren" (Schüler-Lubienetzki und Lubienetzki 2017, 17).

Bereits kleine Dosen genügen, das Betriebsklima nachhaltig negativ zu verändern und u. U. großen wirtschaftlichen Schaden zu verursachen.

Toxiker/innen sind in jeder Hinsicht sehr teuer, weil sehr schädlich!

Ist ein/e solch schwierige/r Mitarbeiter/in oder Toxiker/in Teil der Kanzleigemeinschaft, ist eine Führungskraft doppelt herausgefordert: man muss persönlich mit der Situation umgehen und vor allem wirtschaftlichen und internen Schaden vom eigenen Team und der Kanzlei abwenden.

Daher ist es so wichtig, die Einstellung toxisch agierender Menschen zu vermeiden, oder nach Kräften zu versuchen, sie zu identifizieren und ihnen Einhalt zu gebieten, bevor die guten und loyalen Mitarbeiter/innen ihretwegen gehen.

Schüler-Lubienetzki und Lubienetzki beschreiben *verschiedene toxische Persönlichkeitstypen und die sie prägenden Eigenschaften* (ebenda, 53–57):

– halten sich oft für großartig, ausschließlich mit sich selbst beschäftigt und verfolgen eigene Ziele mit allen Mitteln,
– werten andere ab, um sich überlegen zu fühlen, fordern für alles Gegenleistungen,
– agieren hoch manipulativ,
– haben eine niedrige Frustrationstoleranz, können schnell wütend werden,
– greifen Menschen aggressiv an,
– sehen menschliche Beziehungen als „SB-Shop", in dem er/sie Kunde/Kundin ist,
– haben wenig oder keine Bindung an Werte,
– in extremen Ausprägungen lügen und betrügen diese Personen oder
– bauen sich ein eigenes sehr enges Regelwerk als Maßstab für die ganze Organisation und lähmen damit alles in ihrem Einflussbereich.

Auswahl an konkreten Ausprägungen dieser toxischen Persönlichkeitstypen:

- passiv-aggressiver Bedenkenträger/in,
- rücksichtslose/r Mobber/in,
- notorisch Streitsüchtige/r,
- kühler Machtmensch,
- zwanghafte/r Mikromanager/in,
- Projektsaboteur/in.

Angesichts dieses „Gruselkabinetts" muss man sich fragen, wie mit solch schwierigen und schädlichen Persönlichkeiten umzugehen ist.

Lösungsempfehlung:

Toxisches Handeln auf keinen Fall ignorieren und stattdessen im Blick behalten – seien Sie (alle) wachsam!

Schüler-Lubienetzki und Lubienetzki geben folgende
Empfehlungen für Führungskräfte in der Zusammenarbeit mit toxischen Menschen (ebenda, 111):

- Machen Sie Ihre eigene Position so stark wie möglich (selbst nicht angreifbar sein),
- so eng wie möglich führen (wenig Raum lassen),
- formale Personalmaßnahmen konsequent anwenden (juristisch abgesichert sein).

Eine auf Kollegialität und konstruktive, transparente Kommunikation gestützte „gesunde" Kanzleikultur erschwert es toxischen Menschen sehr, Einfluss auszuüben und ist eine gute „Immunisierung".

8.3. Hilfen zur Konfliktlösung mit lösungsorientierten Gesprächen

Goldene rhetorische Regeln für wichtige, ggf. schwierige Gespräche
nach Prof. Dr. Kurt Gaik

Wichtige rhetorische Grundregel:

Wenn Sie einmal unerwartet nicht wissen, was Sie sagen sollen, dann sagen Sie auch nichts.

Weitere wichtige Regeln für heikle, schwierige Gespräche:

a) *Vor dem Gespräch/Gesprächsvorbereitung*

- Lassen Sie bei schwierigen Gesprächen etwaiges Unbehagen zu – das ist völlig in Ordnung.

- Lassen Sie sich von aktuell oder permanent missmutigen Gesprächspartner/innen in Ihrem (Gesprächs-)Verhalten nicht anstecken und immunisieren Sie sich vor dem Gespräch.
- Definieren Sie vor einem wichtigen Gespräch präzise für sich selbst das konkret angestrebte Gesprächsergebnis.
- Soweit Hindernisse oder unerwartete Schwierigkeiten (z. B. hoch emotionale Reaktionen Ihres Gegenübers) auftreten, legen Sie sich einen „Plan B" zurecht.

b) Im Gesprächsverlauf
- Vorrangig geht es darum, die eigenen Erfahrungen und Perspektiven zu teilen und nicht darum, das Gegenüber umzustimmen.
- Vertraulichkeit und Respekt sind wichtig – gerade, wenn Meinungen und Sichtweisen auseinanderdriften.
- Hinterfragen Sie ggf. Ihr Gegenüber (z. B.: „Was ist der Hintergrund Ihrer Frage?", „Warum wollen Sie das wissen?").
Die Stoßrichtung mancher (Rück-)Frage ist inhaltlich oft eine andere, als es der Wortlaut vermuten lässt.
- Ist das Gespräch hoffnungslos in eine Sackgasse geraten, machen Sie eine Pause (mit räumlicher Trennung!) oder vertagen Sie das Gespräch.
- Sagen Sie ein klares „Nein", wo ein „Ja" aus Ihrer Sicht unverantwortlich wäre.
- Bleiben Sie stets bei der Wahrheit, auch wenn Sie Fehler oder Pannen eingestehen müssen, auch keine „Notlügen".
- Bleibt bei Ihnen nach dem Gespräch eine menschliche oder fachliche Enttäuschung zurück, so fragen Sie sich, worin und warum Sie sich vorher getäuscht haben, so dass Sie nun enttäuscht sind.

Handlungsempfehlungen für Kanzleiinhaber/innen und deren Führungskräfte

Als Kanzleiinhaber/in sind Sie zusammen mit Ihren Führungskräften *richtungsweisende/r Taktgeber/in und Vorbild* für Ihre Mitarbeitenden:

Achten Sie daher unbedingt darauf, dass alle in Ihrer Kanzleigemeinschaft die „offiziell" kommunizierten Werte auch wirklich leben. Jede Werte-Diskrepanz wirkt schädlich, ggf. sogar krankmachend und birgt Konfliktpotenzial.

Vermeiden Sie jede Form „organisierter Nicht-Verantwortlichkeit" in der Kanzleiführung.

Nutzen Sie die ersten 100 Tage intensiv, um neu eingestellte Mitarbeiter/innen – auch Berufsträger/innen – eng zu begleiten, sie bei ihrer Einarbeitung zu unterstützen, auch um deren Arbeitsleistung rasch realistisch einschätzen zu können. Einfach auf gute Arbeitsergebnisse ohne eigenes Zutun zu hoffen, ist bestenfalls Lotterie, die sich zur kostspieligen (Verantwortungs-)Lücke auftun kann.

Lassen Sie sich als verantwortliche Führungskraft auch nicht von Ihren langgedienten und erfolgreichen Mitarbeiter/innen die sprichwörtliche „Butter vom Brot" nehmen.

Legen Sie an alle die gleichen Maßstäbe an Konsequenz und Führung an, schenken Sie allen Ihr „offenes Ohr". Anderen zuzuhören ist eine persönliche Entscheidung, eine innere Haltung.

Ermöglichen Sie Ihren Mitarbeiter/innen – wenigstens zeitweise – weitgehend ungestörtes und unterbrechungsfreies Arbeiten, richten Sie ggf. *„stille Phasen"* (auch: *Fokuszeit*) ein.

Der zwanglose Austausch untereinander an der Kaffeemaschine ist wertvoll und produktiv. Davon zu unterscheiden ist das stete (Zu-)Quasseln und Nörgeln bei Kolleg/innen. Ständiger E-Mail-Verkehr, Multitasking und Meetings fragmentieren den Arbeitstag, machen unproduktiv und erhöhen das Stresslevel aller.

Vermeiden Sie es möglichst, toxisch agierende Menschen einzustellen, die aufgrund ihres schädlichen Verhaltens die Kanzleigemeinschaft schwächen oder gar gefährden könnten. Sollte doch ein/e Toxiker/in in Ihren Reihen sein, beobachten Sie aufmerksam, seien Sie wachsam, führen Sie die Person eng und halten juristische Maßnahmen zur wirksamen Sanktionierung bereit.

Nutzen Sie die Gelegenheit eines offenen Feedbacks im Trennungsgespräch (Exit-Interview) mit scheidenden Mitarbeiter/innen: So wertschätzen Sie die Person und profitieren von etwaig neuen Erkenntnissen für Ihre Kanzleientwicklung.

8. Konflikte fordern uns heraus – Schwierige Gemengelagen und Gespräche 181

Handlungsempfehlungen für Mitarbeiter/innen

Nutzen Sie bei dem/der neuen Arbeitgeber/in Ihre Einarbeitungszeit und fordern Sie – falls notwendig – Betreuung und Unterstützung ein.

Versuchen Sie sich Phasen des konzentrierten Arbeitens zu verschaffen, ggf. regen Sie „stille Arbeitszeiten" (Fokuszeit) an.

Sprechen Sie etwaige Konflikte offen und möglichst sachlich bei Ihrer Führungskraft an.

Sollten Sie toxisch agierende Kolleg/innen oder Vorgesetzte als solche erkennen, halten Sie sich möglichst aus den Auseinandersetzungen heraus, dokumentieren Sie etwaige Vorkommnisse. Liegen klare Grenzüberschreitungen vor, suchen Sie das Gespräch mit der Kanzleiführung, die dann hoffentlich Sanktionen ergreifen kann.

Stehen Sie bereit für ein abschließendes Exit- oder Trennungsgespräch, bevor Sie Ihren alten Arbeitgeber verlassen. Das verschafft Ihnen einen – hoffentlich positiven – Abschluss und man kann sich wieder gut begegnen, auch nach Ihrem Ausscheiden. Sprechen Sie über Verbesserungsmöglichkeiten der Kanzlei.

Wunsch-Schreiben zum Abschluss:
Findet und bleibt zusammen!

„Es gibt nur zwei Tage im Jahr, an denen man nichts tun kann.
Der eine ist Gestern, der andere Morgen."
Dalai Lama/Tendzin Gyatsho (*1935),
buddhistischer Mönch und Oberhaupt der Tibeter

Die berühmte Harvard Study of Adult Development (1937 initiiert vom damaligen US-Warenhauskönig *Billy Grant*) erforscht und begleitet bis heute Lebens- und Arbeitsbiografien von rund 2.000 Menschen (manche von ihnen 70 Jahre lang!). Während dieser außerordentlich großen, ausgedehnten Zeiträume analysierten die Forscher die Lebensläufe nach bestimmten Kriterien (z. B. Familienhintergrund, Schulkarriere, Gesundheit und Arbeit).

Zentrale Frage:

Was macht ein Leben glücklich?

Warum wurden Menschen mit besten sozio-ökonomischen Voraussetzungen ab dem mittleren Alter kreuzunglücklich und krank, während andere – mit einer viel ungünstigeren Ausgangssituation – bis ins hohe Alter sehr glücklich und gesünder waren? (Duhigg 2024, 323–324)

Die Antwort:

Aufmerksamkeit ist die wichtigste Währung.

Sie ist die grundlegendste Form von Liebe. *Aufmerksamkeit* ist nicht von der eigenen Persönlichkeit abhängig, sondern sie ist eine *Entscheidung* – und sie macht „sozial fit". Es ist also die eigene, persönliche Verbundenheit zu Menschen, die uns gesünder, glücklicher und zufriedener macht. Gemeint ist die Fähigkeit „herzliche, auch belastbare Erwachsenenbeziehungen" zu zahlreichen Personen aufzubauen und zu pflegen (Duhigg, 331).

Probanden der Studie, die mit 50 Jahren in ihrer Beziehung am glücklichsten waren, waren auch im Alter am gesündesten. Nach ihrem 80. Geburtstag wurde die erste Generation der Studienteilnehmer/innen gefragt, worauf sie im Leben besonders stolz seien. Keine/r hat auf das Bankkonto verwiesen oder einen Titel erwähnt.

Stolz waren sie aufs Vater- oder Muttersein, darauf, jemanden gefördert oder unterstützt zu haben.

Findet und bleibt zusammen!

Zusammenführende Empfehlungen

An Kanzleien:

Lassen Sie *Menschlichkeit und Freude an der Arbeit* in Ihrer Kanzlei walten! Geizen Sie nicht mit Lob und Anerkennung für Ihre Mitarbeiter/innen und denken Sie daran – sollten Sie auch mal verärgert sein –, dass die überwältigende Mehrheit der Menschen gute Arbeit abliefern will und Fehler selten mit Absicht gemacht werden. Leben Sie eine tolerante, „lernende" Fehlerkultur.

Nur indem *Sie sich selbst führen* und organisieren, können Sie auch andere führen und in Bewegung bringen. Zu großen Anteilen entscheidet das *er- und gelebte Führungsverhalten* über einen nur kurz- oder langfristigen Verbleib von (neu gewonnenen) Mitarbeiter/innen. *Ihre Beziehungsqualität zu Ihren Mitarbeitenden ist entscheidend für deren Engagement und deren Arbeitsleistung.*

Die innere Verbindung und Verbindlichkeit „auf Augenhöhe" setzen *starke Bindungskräfte frei und sind der allerbeste Schutz gegen Abwanderung.*

Der schönste Benefit nützt (dauerhaft) nichts, wenn in der täglichen Zusammenarbeit ungefiltert Druck ausgeübt wird und Überlastung an der Tagesordnung, gar Mobbing Teil des Arbeitsalltags ist.

Führung wird zukünftig mehr Kommunikation denn je brauchen: In einer zunehmend flexibilisierten, individualisierten und virtualisierten Arbeitswelt gilt es, alle in der Kanzleigemeinschaft in hohem Maße einzubinden, zu befähigen und zu vernetzen.

Eine ganzheitliche Kanzleiführung, die sich auf die Bedürfnisse der Mitarbeiter/innen konzentriert, gewinnt im vorherrschenden Bewerber- und Engpassmarkt und vor dem Hintergrund von Automatisierung, KI & Co stetig an Bedeutung. *Ziel muss es sein, alle „mit ins Boot" zu holen.*

Seien Sie daher Vorbild für eine innovative, zukunftsgerichtete Kanzleigemeinschaft. Kommunizieren Sie transparent und haben Sie für „Jedermann" ein „offenes Ohr" bzw. eine offene Tür":

Für die Themen und Nöte anderer Zeit aufzubringen ist keine organisatorische Entscheidung, sondern eine innere, persönliche Haltung.

Achten Sie auf:

– die innere Verbindung und Verbindlichkeit Ihrer Kanzleigemeinschaft, Kanzleiwerte und -kultur. Ihre Kanzleiwerte wollen „gelebt" sein – tagtäglich. Jede Werte-Diskrepanz (zwischen „offiziellen" und tatsächlich gelebten Werten) wirkt schädlich, ggf. sogar krankmachend und birgt Konfliktpotenzial,

– ein gutes, professionelles On-Boarding und die gezielte Einarbeitung aller Neuzugänge in den ersten 100 Tagen.

Ihre Arbeitgebermarke wird von Bewerber/innen (und Ihren Mitarbeiter/innen!) umso attraktiver wahrgenommen, je höher die angebotene Wahlfreiheit bzgl. Arbeitsort und -umfang ist. Machen Sie (auch) lebensbiografische Angebote:

- für Jüngere: Arbeitsteilzeitangebote in der „Rushhour des Lebens",
- für Ältere: Altersteilzeit für einen gleitenden Übergang in den Ruhestand, z. B. um Ehrenämter oder Hobbys auszuprobieren.

Ihre Mitarbeiter/innen danken es Ihnen als überzeugte Empfehlungsgeber/innen an Dritte und gewinnen so vielleicht einen passenden Neuzugang für Ihre Kanzlei.

Mitarbeiter zu gewinnen heißt: Denken Sie in Chancen!

Nutzen Sie möglichst viele verschiedene „Kanäle", die erfolgsversprechend erscheinen und experimentieren Sie auch mal mit einer neuen Recruiting-Aktivität.

Ihr Bewerbungsmanagement *muss zügig* und dem/der Bewerber/in zugewandt vonstattengehen. Wenige Tage, gar Stunden können darüber entscheiden, ob ein/e gute/r Bewerber/in bei Ihnen startet – oder bei der Konkurrenz.

Führen Sie Bewerbungsgespräche so, dass Sie möglichst viel über den/die Bewerber/in erfahren und trauen Sie sich, auch mal einen anderen als den sonst gewohnten Persönlichkeitstypus einzustellen, wenn dies fachlich passt.

Unterschätzen Sie nicht Ihr persönliches Netzwerk, auch und gerade, wenn es um Auszubildende geht. Treffen Sie Interessierte dort, wo diese sich umschauen, z. B. auf der Jobbörse der Fachkräfteinitiative „GEMEINSAM handeln" (vgl. Spotlight 1), auf TikTok oder auf regionalen Stellenportalen.

Bilden Sie aus! Eine spürbare (Rück-)Entwicklung vom Bewerber- hin zu einem Arbeitgeberarbeitsmarkt ist in den nächsten Jahren nicht zu erwarten. Sichern Sie sich Ihren Fachkräftenachwuchs daher (auch) über das Ausbilden und Weiterentwickeln junger Berufseinsteiger/innen. Denken Sie auch an die Einstellung sog. „Quereinsteiger" und nutzen Sie ggf. die Förderprogramme des Arbeitgeberservices der Agenturen für Arbeit.

Eine nachhaltige, auf Langfristigkeit angelegte Mitarbeiter/innen-Gewinnung ist kein Selbstläufer, sondern basiert auf einer guten, verbindlichen Beziehung zwischen Vorgesetzten und Mitarbeitenden.

Pflegen Sie eine stete und wertschätzende Kommunikation: *Bleiben Sie im lebendigen Austausch.* Insbesondere die jüngeren Kolleg/innen möchten etwas „bewegen" und erfahren, dass ihr Tun Wirkung entfaltet. *Geben und nehmen Sie Feedback.*

Nutzen Sie das Jahresmitarbeiter/innengespräch als „jährlichen Meilenstein" für die Weiterentwicklung Ihrer Mitarbeiter/innen ebenso wie für Ihre Kanzleientwicklung.

Achten Sie darauf, *Ihre Teams richtig zusammenzustellen*: verschiedene Kompetenzen und Persönlichkeitstypen ergänzen sich oft gut und werden so zum „Hochleistungs-Team".

Bieten Sie zielführende, attraktive Weiterentwicklung an, ggf. kombiniert mit Job-Enrichment. Schöpfen Sie das Potenzial Ihrer Mitarbeiter/innen aus und betrauen Sie sie mit neuen, ergänzenden Aufgaben – soweit man sich beiderseits darauf geeinigt hat.

Verbinden Sie den Begriff „Weiter- oder Fortbildung" *nicht* nur mit fachbezogenen Themen, sondern immer auch mit überfachlichen, persönlichkeitsentwickelnden Lerninhalten und -zielen, die *Sie und Ihre Mitarbeitenden als (Berater-) Persönlichkeiten* voranbringen. Bereits Auszubildende profitieren sehr von neuem Input rund um Themen, die (auch) ganzheitlich weiterbringen.

Fördern und binden Sie Ihre Talente und Leistungsträger/innen und setzen Sie auf eine professionelle Führungskräfteentwicklung junger, angehender Berufskolleg/innen mit (zukünftig) Mitarbeiter/innen- und Mandatsverantwortung. Dies ist ein wesentlicher Impuls für eine zeitgemäße Führungskultur in Ihrem Hause und Ihre Kanzleientwicklung.

Konflikte sollten Sie nicht „aussitzen", sondern beherzt und konstruktiv ansprechen. Seien Sie konsequent, wenn ein/e Mitarbeiter/in nicht (mehr) zur Kanzleigemeinschaft passt – und kündigen Sie als letzten Ausweg. Ergreifen Sie die seltene Gelegenheit eines offenen Feedbacks im Trennungsgespräch (Exit-Interview) mit scheidenden Mitarbeiter/innen: So wertschätzen Sie die Person und profitieren vielleicht von neuen Ansatzpunkten für Verbesserungen an und in Ihrer Kanzlei.

An Mitarbeitende:

Informieren Sie sich über die Kanzleihomepage und im Bewerbungsgespräch zur Kanzleikultur und den maßgeblichen Kanzleiwerten.

Sprechen Sie im Bewerbungsgespräch *Ihre* individuellen Rahmenbedingungen oder Erfordernisse für eine langfristige, gesicherte Ausübung Ihrer Tätigkeit in der Kanzlei an. *Sagen Sie, was Ihnen in der gemeinsamen Zusammenarbeit wichtig ist.*

Legen Sie bei der Auswahl Ihres Kanzlei-Arbeitgebers besonderen *Wert auf die dort angebotenen Weiterbildungsmöglichkeiten.* Diese sollten nicht nur fachliche, sondern auch überfachliche, persönlichkeitsentwickelnde Schulungsangebote beinhalten.

Achten Sie darauf, dass Sie *gut und zielführend eingearbeitet* werden – und fordern Sie dies ein, wenn Ihre Einarbeitung nicht erfolgt wie erwartet oder besprochen. Bitten Sie in Ihrer Probezeit *schon frühzeitig um ein Feedback-Gespräch* und sichern Sie sich damit Orientierung. Gerade in den ersten Monaten ist eine qualifizierte, konstruktive Rückmeldung zur Qualität Ihrer Arbeit, Ihrer Einbindung ins Team etc. sehr hilfreich und wichtig.

Nehmen Sie aufmerksam die gelebte/n Kanzleikultur und Kanzleiwerte wahr und versuchen Sie sich möglichst rasch in die Kanzleigemeinschaft zu integrieren und zum wertvollen Teil des Teams zu werden. Suchen Sie sich sympathische Kolleg/innen, um auch informelles Wissen zu erhalten, fragen Sie nach den „ungeschriebenen" Regeln und Usancen im Hause.

Versuchen Sie sich *Phasen des konzentrierten Arbeitens* zu verschaffen, ggf. regen Sie „stille Arbeitszeiten" (Fokuszeit) an. Seien Sie zuverlässig „on remote" erreichbar, kontaktieren Sie von sich aus bei Bedarf Vorgesetzte und Kolleg/innen.

Suchen Sie umgehend das Gespräch, wenn (Ver-)Änderungen anstehen, damit sich Ihr/e Arbeitgeber/in darauf einstellen und ggf. gemeinsam neue Regelungen vereinbart werden können.

Machen Sie Vorschläge, wenn Sie passende, attraktive Weiterbildungsangebote digital oder in Präsenz für sich und Ihre Kolleg/innen entdecken. *Bieten Sie sich an, die geschulten Inhalte in geeigneter Form kanzleiintern weiterzugeben/vorzutragen.*

Nutzen Sie das Jahresmitarbeiter/innengespräch und andere Gesprächsangebote für ein Feedback – fragen Sie danach.

Machen Sie Vorschläge zur *Verbesserung von Prozessen u. ä. in Ihrem Arbeitsbereich*, soweit Ihnen etwas dazu auffällt. Nutzen Sie vor allem die ersten Monate mit noch unverstelltem Blick!

Nehmen Sie teil an angebotenen Gesprächsplattformen, bieten Sie sich an, Ihr eingebrachtes oder in Seminaren erworbenes Wissen als Multiplikator/in mit Kolleg/innen zu teilen bzw. in internen Schulungen an sie weiter zu geben.

Bieten Sie sich an für die berufspraktische Ausbildung junger Menschen, ggf. machen Sie einen Ausbilderschein bei der IHK. Soweit kanzleiinterne Schulungen für Auszubildende und/oder Mitarbeitende etabliert sind, werden Sie als Referent/in aktiv, um Ihr Wissen zu teilen.

Umgekehrt können „*Alt-Jung-Tandems*" eine gute Möglichkeit für Sie sein, vom Wissen noch erfahrener Kolleg/innen zu profitieren.

Sollte sich Ihnen die Möglichkeit bieten, *nehmen Sie teil an Personal- oder Führungskräfteseminaren*, selbst wenn Sie in Kürze nicht unbedingt die Position einer Führungskraft anstreben. Das dort vermittelte Wissen und der Austausch unter „Gleichgesinnten" bringt viel neuen, hilfreichen Input und regt frische, unverbrauchte Denkansätze an.

Sprechen Sie etwaige Konflikte offen und möglichst sachlich bei Ihrer Führungskraft an.

Sie sind von Ihrem/Ihrer Arbeitgeber/in überzeugt? *Dann empfehlen Sie Ihre Kanzlei an andere interessierte Berufsangehörige weiter.*

Ob Kanzleien, Mitarbeiter/innen oder Bewerber/innen:

Ihnen allen Erfolg und eine glückliche Hand für Ihre zukünftigen Vorhaben!

Literaturverzeichnis

AOK-Fehlzeiten-Report 2024: Bindung von Beschäftigten durch Gesundheitskompetenz, Pressemitteilung vom 09. Oktober 2024.

Bender, Jens: Wenn die Lohnabrechnung lockt. In: Personalmagazin 01/2024, S. 50–52.

Bezold, Britta v.: Die richtigen Mitarbeiter gewinnen! Acht Erfolgs-Strategien für die besten Köpfe Ihrer Kanzlei. Skript DWS Onlineseminar 2014.

Bezold, Britta v.: Mit wirksamer Kanzleiführung zur erfolgreichen Kanzleientwicklung. Seminarunterlage für Berater 2019.

Bezold, Britta v.: Paradigmenwechsel in der Mitarbeitergewinnung und -bindung für Kanzleien. Kanzleien im Krisenmodus – „Jeder sucht alle(s)". In: NWB Steuer- und Wirtschaftsrecht 43, 27. Oktober 2023, S. 2954–2965.

Bezold, Britta v.: Von Arbeitskraft*nehmern* zu Arbeitskraft*gebern* – Zeitenwende in der Mitarbeitergewinnung für die steuerberatende Branche. In: *Lauterbach*, Andrea/ *Brauner*, Detlef (Hrsg.): Berufsziel Steuerberater/Wirtschaftsprüfer. Edition Wissenschaft & Praxis 2024, S. 181–193.

Bezold, Britta v./*Donath*, Bernd/*Wiggershaus*, Timo: Fragen rund um die Steuerfachangestellten-Ausbildung. Ein Leitfaden für Ausbildende und Ausbilder in Steuerberatungskanzleien. Skript DWS Onlineseminar 2015.

Brickwedde, Wolfgang: KI – die Revolution im Recruiting? In: *Groß*, Michael/*Staff*, Jörg (Hrsg.): KI-Revolution in der Arbeitswelt. Perspektiven für Management, Organisation & HR. Haufe Verlag 2023.

Bundesagentur für Arbeit: Engpassanalyse. Statistik zum Fachkräftemangel auf dem Arbeitsmarkt Nürnberg 2023.

Bundessteuerberaterkammer Körperschaft des öffentlichen Rechts: Berufsstatistik der Bundessteuerberaterkammer 2023.

Cobaugh, Heike/*Schwertdtfeger*, Susanne: Vorsicht Führungsfallen! Souverän den Führungsalltag meistern. Beltz Verlag 2014.

Continental AG: Repräsentative Studie zur Generation Z, August 2023, https://www.continental.com/de/presse/studien-publikationen/sonstige-publikationen/umfrage-generation-z./.

DAK Psychreport 2024: Erneuter Höchststand bei psychisch bedingten Fehltagen im Job. Juli 2024, https://www.dak.de/dak/unternehmen/reporte-forschung/psychreport-2024_57364.

DGB-Jugend-Ausbildungsreport August 2024, https://jugend.dgb.de/ausbildung/ausbildungsreport.

DIW-Studie zum Gesamtvolumen der Arbeitsstunden in Deutschland 2023. Pressemitteilung vom 16. April 2024, https://www.diw.de/de/diw_01.c.899502.de/in_deutschland_wird_so_

viel_gearbeitet_wie_noch_nie_____durc___e_wochenarbeitszeit_geht_seit_wiedervereinigung_aber_zurueck.html.

Dobelli, Rolf: Die Kunst des klaren Denkens. 52 Denkfehler die Sie besser anderen überlassen. Hanser Verlag 2011.

Duhigg, Charles: Supercommunicators. Wie man die geheime Sprache zwischenmenschlicher Beziehungen entschlüsselt. Berlin Verlag 2024.

Fischer, Jörn: Lieber ein Dienstrecht als eine Dienstpflicht. In: Frankfurter Rundschau vom 2. April, 2024, S. 10.

Förstl, Hans: „Die Bilanz im Kopf". Interview mit dem Psychiater Hans Förstl über die Kalkulation von Selbstlosigkeit und Mode-Krankheiten, die Illoyalität fördern. In: BRAND EINS Mai 2012, S. 66–70.

Friedman, Gary/*Himmelstein*, Jack: Konflikte fordern uns heraus. Mediation als Brücke zur Verständigung. Wolfgang Metzler Verlag 2013.

Gallup Engagement Index 2016, https://cms-resources.apps.public.k8s.springernature.io/springer-cms/rest/v1/content/12158284/data/v1.

Gallup Engagement Index 2023, https://www.gallup.com/de/472028/bericht-zum-engagement-index-deutschland-2023.aspx#ite-657683

Global Human Capital Trends, *Deloitte 2024*, https://www.deloitte.com/de/de/services/consulting/research/human-capital-trends-deutschland.html.

Gulden, Luisa/*Käfer*, Alina: Der Weg muss sich lohnen. In: Personalmagazin 06/2024, S. 28–31.

Hamatschek, Angela: Die Kunst Mitarbeiter zu gewinnen. Praxisratgeber Mitarbeitermarketing. nwb-Verlag 2017.

Hamm, Ingo: Lust auf Leistung. Wie wir Arbeit wieder lernen. Verlag Franz Vahlen 2024.

Harten, Claus/*Breuninger*, Eberhard: Kommunikation in Führungssituationen (Grundlagen). Seminarunterlage für angehende Führungskräfte 2012.

Harten, Claus: Fit für die Führung. Seminarskript, Weikersheim 2015.

Haufe-Trendbericht: Umfrage-Ergebnisse zum Recruiting in Steuerkanzleien. Trendbericht der Haufe-Online Redaktion vom 24. Januar 2024.

Hays AG: HR-Report 2019: Schwerpunkt Beschäftigungseffekte der Digitalisierung 2019.

HR Trend Report 2023: Die Future of Work und entscheidende Faktoren der Mitarbeiterbindung vom 07. September 2023, https://www.capterra.com.de/blog/4165/hr-trend-report-future-of-work.

Ifo-Konjunktur-Umfrage: Branchen-Ranking zum Fachkräftemangel. Pressemitteilung 16. August 2023, https://www.ifo.de/fakten/2023-08-16/mangel-fachkraeften-hat-leicht-zugenommen.

Julmi, Christian: Pro und Contra Digitale Kompetenzen: Soziale Intelligenz bleibt die wichtigste Schlüsselkompetenz. In: Personalmagazin 24 6/2024, S. 73.

Kinzler, Philipp: Unternehmen auf ‚rauer See'. Führung in Krisenzeiten. In: Existenz-Magazin Deloitte 2022, S. 15–22.

Kompetenzzentrum Fachkräftesicherung Institut der deutschen Wirtschaft (IW): Studie zu Teilzeit-Führungspositionen (dpa). In: Rhein-Neckar-Zeitung vom 6. März 2024.

Kunze, Florian/*Hampel*, Kilian: Wunsch nach Homeoffice leicht rückläufig. Konstanzer Homeoffice-Studie, Ergebnisse aus Befragung vom April 2024, Haufe Verlag 2024, https://www.haufe.de/personal/hr-management/wie-fuehrungskraefte-und-mitarbeitende-ueber-homeoffice-denken_80_623312.html.

Lehmann, Anne: Wie viel Klasse steckt in der Mitte? Erwerbsklassen und ihr Blick auf Arbeit, Gesellschaft und Politik. In: Friedrich-Ebert-Stiftung (Hrsg.): Kartografie der Arbeit 2024.

Lott, Yvonne/*Windscheid*, Eike: Vorteile für Beschäftigte und betriebliche Voraussetzungen für verkürzte Arbeitszeiten. Studie zur Viertagewoche 2023. In: WSI POLICY BRIEF 5/2023, Hans-Böckler-Stiftung, Pressemitteilung vom 08. Mai 2023, https://www.boeckler.de/de/faust-detail.htm?sync_id=HBS-008610 https://www.boeckler.de/de/pressemitteilungen-2675-rund-81-prozent-der-vollzeitbeschaftigten-wollen-vier-tage-woche-49242.htm.

Lutz, Elisa/*Wittmann*, Lisa/*Paul*, Daniel: Mobile Arbeit in der Steuerkanzlei. Kanzleimanagement, Datenschutz, Personalführung, Mitarbeitergesundheit. Schäffer-Pöschel Verlag 2025.

Manderscheid, Katharina/*Cuk*, Ammar/*Gaedke*, Lorenz: Ungleicher Familienalltag durch die Corona-Pandemie. WiSo-HH Working Paper Series No. 72, Universität Hamburg, Fakultät für Wirtschafts- und Sozialwissenschaften, WiSo-Forschungslabor, Hamburg 2022.

Mönikheim, Sabine u. a.: Vom Einzelseminar zur strategischen Personalentwicklung. Seminarunterlage, Bad Mergentheim 2014.

Nink, Marco: Emotionale Mitarbeiterbindung: Impulse für die deutsche Wirtschaft. Gallup-Institut (Hrsg.), https://www.gallup.com/de/470642/emotionale-mitarbeiterbindung-impulse-deutsche-wirtschaft.aspx.

Pink, Daniel: Geld ist wichtig, nur nicht so sehr, wie wir denken, In: Personalmagazin 03/2024, S. 34–37.

Pilotstudie zur Vier-Tage-Woche in Deutschland, Pressemitteilung der Wirtschaftswissenschaftlichen Fakultät Universität Münster vom 25. September 2024, https://www.wiwi.uni-muenster.de/fakultaet/de/news/4387.

Platen, Anke v.: Erst zuhören, dann führen. In: Personalmagazin 01/2024, S. 28–29.

Pollmanns, Sebastian: Künstliche Intelligenz in der Steuerberatung – mehr als nur Chat GPT und Copilot. Wie die Fokussierung auf Chat GPT & Co. von strategischen Herausforderungen ablenkt. In: NWB Nr. 47 vom 24. November 2023, S. 3205–3214.

Pörksen, Bernhard: Zuhören. Die Kunst, sich der Welt zu öffnen. Hanser Verlag 2025.

Randstad-ifo-Personalleiter-Umfrage: 11 % der Unternehmen bieten die Viertage-Woche. Pressemitteilung vom 05. Juli 2024, https://www.ifo.de/pressemitteilung/2024-07-05/randstad-ifo-umfrage-firmen-bieten-eine-vier-tage-woche.

Rech, Gregory: Präsenzarbeit muss besser werden. In: Personalmagazin 06/2024, S.33.

Rundstedt & Partner: Umfrage Talents & Trends: Was Mitarbeiter ändern würden, Düsseldorf 2019.

Schüler-Lubienetzki, Heidrun/*Lubienetzki*, Ulf: Schwierige Menschen am Arbeitsplatz. Handlungsstrategien für den Umgang mit herausfordernden Persönlichkeiten (2. Aufl.). Springer Verlag 2017.

Schlude, Antonia/*Schwind*, Mara/*Fischer*, Micha/*Stürz*, Roland A.: Verbreitung und Akzeptanz von Homeoffice in Deutschland. Bayerisches Forschungsinstitut für Digitale Transformation (Hrsg.) 2023. https://www.bidt.digital/forschungsprojekt/verbreitung-und-akzeptanz-von-homeoffice-in-deutschland/.

Spielcamp, Matthias: Die Risiken von KI. Radiobeitrag „Das politische Feuilleton" Deutschlandfunk Kultur vom 17. Juni 2024.

Sprenger, Reinhard K.: Radikal Digital. Weil der Mensch den Unterschied macht. DVA 2018.

State of Hybrid Work 2023 (Internationale Studie im Auftrag von Owl Labs, durchgeführt von Vitreous World. In: Zeitung für Kommunalwirtschaft, 11. Oktober 2023.

Statistisches Bundesamt (DeStatis): 2,1 % mehr neue Ausbildungsverträge in der dualen Berufsausbildung im Jahr 2023. Pressemitteilung Nr. 328 vom 29. August 2024, https://www.destatis.de/DE/Presse/Pressemitteilungen/2024/08/PD24_328_212.html#:~:text=WIESBADEN%20%E2%80%93%20Im%20Jahr%202023%20ist,Deutschland%20einen%20neuen%20Ausbildungsvertrag%20ab.

Statistisches Bundesamt (DeStatis): Erwerbstätigkeit in Deutschland. Pressemitteilung vom 07. Oktober 2024, https://www.destatis.de/DE/Themen/Arbeit/Arbeitsmarkt/Erwerbstaetigkeit/_inhalt.html.

Stiefel, Rolf Th.: Strategieumsetzende Personalentwicklung. Schneller lernen als die Konkurrenz. Linde-Verlag 2010.

Stiftungsstudie: Stifterinnen und Stifter in Deutschland. Engagement, Motive, Ansichten. Hrsg. vom Bundesverband Deutscher Stiftungen, Berlin 2015.

Suling, Lena/*Wildner*, Julia: Führung in der Transformation. Megatrends und Management als Motor des Wandels. In: Institut der deutschen Wirtschaft Köln e. V. (Hrsg.): IW- Report 19– 2024, April 2024.

Truchseß, Nicole/*Brandl*, Markus: Mehr Bewerber! So begegnen Personaldienstleister erfolgreich dem Fachkräftemangel. Wiley-VCH Verlag 2020, S. 217.

TK-Zukunftsstudie: „#whatsnext- Gesund arbeiten in der hybriden Arbeitswelt, März 2023, https://www.tk.de/resource/blob/2145756/3005523ae7a54b38cbdd7445021cdb11/studie-whatsnext-2023-data.pdf.

T3N Magazin Printmagazin für digitales Business: „Schon wieder eine Kündigung? 5 Gründe, warum die Mitarbeiter davonlaufen" 2017.

Umfrage zu Ausbildung in Steuerberater-Kanzleien. Eine Studie der Steuerberaterkammer Nürnberg, Mai 2023.

Weltz, Friedrich: Die doppelte Wirklichkeit der Unternehmen und ihre Konsequenzen für die Industriesoziologie. In: Soziale Welt. Zeitschrift für sozialwissenschaftliche Forschung und Praxis, Jahrgang 39, 1988, Heft 1, S. 96–103.

Winter, Irene: Zum Bleiben animieren. In: Steuer Consultant, 12/2013, S. 42–44.

XING-Studie (Tochterunternehmen von New Work SE): „Hätte ich's doch gleich gewusst": Jeder zweite Deutsche hat bereits im ersten Jahr einen neuen Job wieder gekündigt. In: Presseportal na news aktuell, Bericht vom 16. August 2023.

XING-Wechselbereitschaftsstudie 29. Januar 2024, https://new-work.se/de/newsroom/pressemitteilungen/2024_xing_wechselbereitschaftsstudie.

Zittelmann, Rainer: Reich werden und bleiben. Ihr Wegweiser zur finanziellen Freiheit (7. Aufl.). FBV 2022.

Erwin Hoffmann

Menschen & Organisationen entwickeln

Beratungs-, Coaching- und Trainingskompetenzen für Wirtschaftsprüfer und Steuerberater (mit internen und externen Einsatzmöglichkeiten)

Wie können Sie als Wirtschaftsprüfer oder Steuerberater die Qualität Ihrer Arbeit erhöhen, Ihre Mitarbeiter leistungsstärker machen und weitere Aufträge generieren? Die Antwort liegt in der eigenen Entwicklungskompetenz. Dieses Buch bietet das nötige Know-how in den Bereichen Organisationsentwicklung und -beratung, Coaching und Training, mit dem sich nicht nur die interne Personal- und Kanzleientwicklung effizienter und effektiver gestalten lässt, sondern aus dem sich auch gewinnbringende Potentiale für Mandanten ergeben. Ein ganzheitlicher Blick auf die eigene Organisation und die des Mandanten ermöglicht es, ausbaufähige Strategien, Prozesse und Strukturen aufzudecken und auszuschöpfen. Mit Hilfe von Coaching-Instrumenten und praktischen Trainingskompetenzen können sowohl eigene Mitarbeiter als auch Mandanten zielorientiert und nachhaltig gefördert werden. Nicht zuletzt ergeben sich dadurch signifikante Umsatzsteigerungen für Ihr Unternehmen.

zahlr. Tab. und Abb., 209 Seiten, 2024
ISBN 978-3-89673-795-3, € 49,90
Titel auch als E-Book erhältlich.